Colecție coordonată de
Silviu Dragomir

Introducere în psihologia jungiană

Carl Gustav Jung

Notele seminarului de psihologie analitică susținut în 1925 de C.G. Jung

Editor al ediției originale: William McGuire
Editor al ediției revizuite: Sonu Shamdasani

Traducere din engleză de
Ștefania Gubavu

MISTERELE
INCONȘTIENTULUI
COLECTIV

TREI

Editori
Silviu Dragomir
Vasile Dem. Zamfirescu

Director editorial
Magdalena Mărculescu

Redactor
Manuela Sofia Nicolae

Design
Faber Studio

Ilustrație copertă
Guliver/Getty Images/ © Hulton Deutsch

Director producție
Cristian Claudiu Coban

DTP
Mihaela Gavriloiu

Corectură
Elena Bițu
Lorina Chițan

Descrierea CIP a Bibliotecii Naționale a României
Introducere în psihologia jungiană / ed.: Carl Gustav Jung; cuvânt-înainte de Sonu Shamdasani; trad.: Ștefania Gubavu. – București: Editura Trei, 2017
Index
ISBN 978-606-40-0110-8

I. Jung, Carl Gustav (ed.)
II. Shamdasani, Sonu (pref.)
III. Gubavu, Ștefania (trad.)

159.9

Titlul original: Analytical Psychology. Notes of a Seminar Given in 1925
Autor: Carl Gustav Jung

O.P. 16, Ghișeul 1, C.P. 0490, București
Tel.: +4 021 300 60 90; Fax: +4 0372 25 20 20
E-mail: comenzi@edituratrei.ro
www.edituratrei.ro

ISBN: 978-606-40-0110-8

Cuprins

Prefață la ediția din 2012 a Seriilor Philemon, de către Sonu Shamdasani 7
Introducere de Sonu Shamdasani 9
Introducere la ediția din 1989, de William McGuire 29
Mulțumiri 45
Membrii seminarului 47
Lista de abrevieri 49
Cuvânt-înainte, Cary F. De Angulo 51

Prelegerea I 55
Prelegerea a II-a 63
Prelegerea a III-a 72
Prelegerea a IV-a 88
Prelegerea a V-a 101
Prelegerea a VI-a 113
Prelegerea a VII-a 122
Prelegerea a VIII-a 133
Prelegerea a IX-a 143
Prelegerea a X-a 152
Prelegerea a XI-a 166
Prelegerea a XII-a 178
Prelegerea a XIII-a 191
Prelegerea a XIX-a 205
Prelegerea a XV-a 214
Prelegerea a XVI-a 219
  Anexă la prelegerea a XVI-a 235
  „She“ 239

„The Evil Vineyard“ 250
„L’Atlantide“ 260

Index 271
Index general 271
Cazurile rezumate 278
Vise, fantezii și viziuni 279

Prefață la ediția din 2012 a Seriilor Philemon

Dintr-o perspectivă istorică, aceste seminarii au fost în multe privințe cele mai importante pe care Jung le-a predat vreodată, deoarece reprezintă singura sursă directă și de încredere în care Jung vorbește despre evoluția ideilor sale și despre experimentarea sa de sine, care a dus la nașterea *Cărții Roșii, Liber Novus*. Cu toate acestea, seminariile nu au primit atenția deosebită pe care o merită. În 1989 au fost publicate în cadrul Seriilor Bollingen, într-o ediție editată de William McGuire (1917–2009).[1] Ediția a fost realizată cu un profesionalism excelent.[2] Publicarea *Liber Novus* oferă posibilitatea unei noi prezentări a seminariilor, deoarece discuțiile lui Jung din acestea apar acum într-o nouă lumină. Odată cu această ediție revizuită din cadrul Seriilor Philemon a fost adăugată o nouă introducere, împreună cu referințe către subiecte despre care Jung vorbește în *Liber Novus*, precum și alte adnotări, cu noi informații. Toate acestea au fost identificate până în 2012. Greșelile prezente în ediția din 1989 au fost omise, fără a mai fi menționate. Cercetări ulterioare au indicat faptul că pasajele din cartea lui Joan Corrie *ABC of Jung's Psychology*, identificate ca fiind din acest seminar și reproduse în addenda cărții, erau de fapt, din seminarul lui Jung din Swanage, Anglia, prezentat în același an, și astfel au fost omise din prezentul material. McGuire a presupus că seminariile au avut loc în

---

1 Vezi John Beebe, „Obituary, William McGuire", *Journal of Analytical Psychology* 55 (2010): pp. 157–158.

2 În 1988 am participat la realizarea acestui volum făcând muncă de cercetare, ceea ce a fost, la acel moment, o experiență valoroasă.

fiecare luni, între martie și iulie, fără nicio pauză, și astfel a adăugat date fiecărei prelegeri. Însă însemnările dnei Cary Baynes, recuperate de curând, sugerează faptul că seminariile aveau loc de două ori pe săptămână, astfel că datele adăugate anterior au fost șterse.

Sonu Shamdasani

Introducere

SONU SHAMDASANI

24 martie 1925, Zürich. Cary Baynes a notat:

> Ieri a început noua serie, adică primul dintre seminarii. Acestea, asemenea războaielor din vechime prezentate în manualele școlare, își au cauzele lor, atât directe, cât și îndepărtate, din care primele sunt prezentate magistral în scrisoarea adresată de Jung grupului. Se spune că, atunci când dna Corrie a primit scrisoarea menționată mai sus, a simțit ca și cum tatăl ei ar fi murit.[3] A fost o stare generală de plâns, jale și furie în rândul celor fideli, însă reprezenta și o sărbătorire a spiritului. Cum avusesem doar două ore de analiză de la începutul lunii decembrie, participarea la seminarii mi s-a părut a fi o oportunitate de neratat.
>
> Ne întâlnim în fiecare luni și joi, de la 16:30 la 18, în camerele de pe Gemeinde Strasse.[4] Ieri au fost prezente următoarele persoane: dr. Shaw, dr. Kay (28 de ani, sosind din Australia, văzut de mine pentru prima dată; menționez că era foarte frumos), dra Sergeant, Kristine Mann, dr. Ward, dr. Gordon, Beckwith[5] (arăta ca și cum

---

3 În 1922 Joan Corrie a publicat un eseu intitulat „A Personal Experience of the Night Sea Journey under the Sea", în care relatează și analizează visele pe care le-a avut pe parcursul analizei ei cu Jung. *British Journal of Psychology (Medical Section)* 2: pp.303–312.

4 Agenda lui Jung confirmă faptul că întâlnirile au avut loc lunea și joia. A fost și o pauză de trei săptămâni, de la mijlocul lunii aprilie până la începutul lui mai (informații obținute mulțumită lui Andreas Jung).

5 Pentru informații despre Sergeant, Mann și Gordon vezi în continuare.

fusese înțepat de o albină, convins că seminariile însemnau pierderea orei lui cu Jung, ceea ce nu era adevărat, însă anima l-a menținut pe această poziție cât de mult s-a putut), Murray[6] (32 de ani, ultima dată sosind din Cambridge, Anglia, dar uneori și din SUA — a venit cu 60 de întrebări și înțelesese *Tipurile*[7] — se bâlbâie pe gustul Reginei[8], într-un mod mult mai atrăgător decât mine — de profesie chimist, deține un teren sălbatic în Vermont, unde speră să îl atragă pe Jung pentru o conferință; când i s-a amintit de California, a spus că această zonă nu este potrivită pentru că este în transformare și că, după ce a fost ales locul conferinței, s-a hotărât ca acolo să se contruiască în două săptămâni un bloc de apartamente; Vermont, pe de altă parte, va fi la fel încă 80 de ani de aici înainte — aceasta mie mi s-a părut o părere conservatoare. Cred că ar fi putut să spună 800 de ani), Aldrich, dna Dunham (Chicago), eu, dra Hincks și dra Corrie. În această ordine ne-am așezat, părând înțelepți.

Jung a spus că va începe cu o expunere istorică despre psihologia analitică, după care putem pune orice întrebări, așa cum am făcut și la Cornwall, iar el le va selecta pe cele potrivite pentru discuție.[9] I-am reamintit că fuseserăm de acord cu privire la o temă generală (transferul) și l-am întrebat dacă alege să discute tema acum. A spus că nu. Preferă să vorbim despre ce ne interesează pe noi, așa cum am face și într-o analiză

---

6 Aproape de Paște, Murray a petrecut trei săptămâni în Zürich, pentru ședințe de analiză cu Jung. Pentru detalii, vezi Forrest Robinson, *Love's Story Told: A Life od Henry A. Murray* (Cambridge, MA: Harvard University Press, 1992), pp. 120 și următoarele.

7 n.t. Referire la cartea *Tipuri psihologice* de Jung.

8 Aluzie la balbismul prințului Albert (1895–1952). După discursul de închidere a Expoziției Imperiului Britanic de la Wembley, din 31.10.1925, a început să ia ore de logopedie. Ascensiunea lui ulterioară la tronul Marii Britanii a fost susținută de mama sa, Mary of Teck. (*N. red.*)

9 Se face referire la seminariile lui Jung din 1923, de la Polzeath.

individuală. Dr. Shaw a spus că dorește să afle ceva mai mult despre principiul enantiodromiei — mai mult decât a fost prezentat în capitolul despre Schiller.[10] Jung i-a zis să înceapă sau ceva asemănător, dar să formuleze printr-o întrebare. Dl Aldrich a spus că ar dori să îl audă pe Jung elaborând mai mult despre filosofia sa de viață și că cei care doresc să practice analiza pot să își păstreze întrebările pentru orele private cu Jung. Am protestat față de aceasta și am spus că unii dintre noi nu au ore cu Jung și aș fi foarte dezamăgită dacă seminarul nu oferă șanse tuturor. Față de acestea Jung a spus că Aldrich își arată coarnele în fața auditoriului preponderent feminin, moment în care s-au auzit aplauze puternice. Din tonul impunător al lui Aldrich, ai fi putut presupune că a avut de suferit cumplit din cauza oamenilor care urmau să practice analiză. Jung a spus că, în ceea ce privește discutarea filosofiei lui de viață, este o arie mult prea largă și că Aldrich ar trebui să o separe în întrebări. Apoi dra Corrie nu a fost de acord cu analiza istorică, spunând că ar prefera să rămână cu ceva de la el. M-am bucurat că a spus asta, deoarece și eu mă gândeam că Jung avea de gând să recapituleze introducerea pe care ne-a făcut-o la Cornwall și ar fi fost păcat. Însă el a intenționat cu totul altceva, s-a referit la evoluția propriilor sale idei despre analiză, iar aceasta era, desigur, o temă pe care toți am primit-o cu bucurie. El a spus că a fost dintotdeauna impresionat de întinderea ariei pe care o acoperă psihologia analitică și astfel s-a gândit că este important pentru cineva să aibă o imagine asupra acestei întinderi,

---

10 Vezi Jung, *Tipuri psihologice*, OC 6, par. 150. Jung scrie: „Enantiodromie înseamnă «a alerga în sens contrar». Prin această noțiune, filosofia lui Heraclit desemnează jocul contrariilor la nivelul devenirii, anume concepția după care tot ceea ce există se transformă în contrariul său", par. 708.

iar apoi și-a început prelegerea, pe care o voi prezenta prin propriile lui cuvinte, atât cât pot, în speranța de a surprinde caracterul plin de viață al prezentării.[11]

Descrierea însuflețită făcută de Cary Baynes comentariilor prietenoase din cadrul acestor seminarii se oprește aici. În mod clar, auditoriul nu a avut nicio idee despre ceea ce Jung urma să prezinte. Dar înainte de a ne întoarce la aceasta, trebuie să privim situația în care se afla Jung în 1925.

JUNG ÎN 1925

În 1921 apăruse lucrarea *Tipuri psihologice*, fiind foarte apreciată. Ediția în engleză a apărut în 1923 și a primit multe recenzii elogioase. Într-un articol întins pe două pagini în *New York Book Reviews*, Mark Isham concluzionează: „Această operă este deosebit de profundă, desăvârșită, educativă, clasică și mult mai mult decât incitantă. Este stimulantă, eliberatoare și tonică. Autorul dă dovadă de o înțelegere plină de simpatie a tipului de gândire introvertit și cu nimic mai prejos a celorlalte tipologii... Jung a dezvăluit regatul interior al sufletului extraordinar de bine și a realizat descoperirea de prim rang asupra semnificației imaginației. Cartea sa cuprinde o multitudine de domenii de cunoaștere și concepte, despre care se pot scrie numeroase recenzii cu subiecte foarte diferite".[12]

---

11 Cary Baynes Papers, Contemporary Medical Archives, Wellcome Library (menționate în continuare *CFB*). Însemnările lui Cary Baynes sunt reproduse cu permisiunea Ximenei Roelli de Angulo.

12 10 iunie 1923. Cu privire la primirea cărții, vezi Sonu Shamdasani, *Jung and the Making of Modern Psychology: The Dream of a Science* (Cambridge: Cambridge University Press, 2003), pp. 83 și următoarele și pp. 334 și următoarele.

În ceea ce privește lucrările publicate, perioada care a urmat după *Tipuri psihologice* până la prezentul seminar a fost una dintre cele mai tăcute din cariera lui Jung. În anul 1921 s-a publicat contribuția la un simpozion din cadrul Societății Britanice de Psihologie, „Valoarea terapeutică a abreacției"[13]; în 1922 s-a publicat o prelegere ținută la Societatea pentru limba și literatura germană din Zürich, „Despre legăturile psihologiei analitice cu opera literară".[14] Atipic pentru Jung, nu s-a publicat nimic nou în anii 1923 și 1924. Această situație poate avea legătură cu faptul că mama sa a murit în ianuarie 1923. În anul 1925 au apărut două articole, un rezumat din 1923 despre „tipurile psihologice", care a fost prezentat la Congresul internațional de educație din Territet, Elveția[15], și o contribuție la lucrarea contelui Hermann Keyserling pe tema căsătoriei, intitulată „Căsnicia ca relație psihologică".[16] Focusul creativității lui Jung era în mod evident în altă parte, și anume în transcrierea *Cărții Roșii, Liber Novus*,[17] și începerea construcției turnului său de la Bollingen, pe țărmurile de nord ale lacului Zürich.

Originea operei poate fi expusă pe scurt. În iarna anului 1913, Jung a dat frâu liber gândirii sale fantasmatice, notând cu atenție ceea ce apărea. El a numit mai târziu acest proces imaginație activă. Și-a notat aceste fantasme în *Cărțile Negre*. Acestea nu sunt jurnale personale, ci mai degrabă înregistrări ale unui experiment cu sine însuși. Dialogurile din imaginația activă pot fi privite ca o gândire într-o formă dramatizată.

Când a izbucnit Primul Război Mondial, Jung a considerat că o parte a imaginațiilor sale erau de fapt anticipări ale

---

13 OC 16.
14 OC 15.
15 OC 6.
16 OC 17.
17 Jung, *Cartea Roșie, Liber Novus*, editată de Sonu Shamdasani, București, Editura Trei, 2011.

acestui eveniment. Acest fapt l-a dus la elaborarea primei schițe a cărții *Liber Novus*, ce a constat în transcrierea principalelor fantasme din *Cărțile Negre*, împreună cu un rând de interpretări și o formulare lirică. Jung a încercat atât să deducă principii psihologice generale din fantasme, cât și să înțeleagă în ce măsură evenimentele descrise în fantasme reprezintă, într-o formă simbolică, întâmplări ce urmează să se petreacă în lume. Lucrarea, cu toate că nu a fost publicată în timpul vieții sale, a fost scrisă spre a fi publicată. Tema generală a lucrării constă în modul în care Jung și-a regăsit sufletul și a învins disconfortul contemporan al alienării spirituale. Acest punct este atins în cele din urmă prin faptul că permite renașterea unei noi imagini a lui Dumnezeu în sufletul său și prin elaborarea unei noi viziuni asupra lumii sub forma unei cosmologii psihologice și teologice. *Liber Novus* reprezintă prototipul viziunii lui Jung asupra procesului de individuație.

Conținutul lucrării a trecut printr-o serie de schițe, iar apoi a fost transcris de Jung într-o caligrafie ornamentată în stil gotic într-un volum in-folio de dimensiuni mari, cu coperți de piele roșie, căreia i-a adăugat litere ornamentate la începutul fiecărui capitol, margini decorate și un număr însemnat de picturi. Jung a terminat manuscrisul celor două părți din *Liber Novus* în 1915, iar a treia parte, *Încercări*, în 1917. După aceea s-a apucat de transcrierea migăloasă. Inițial, picturile au reprezentat ilustrări ale fantasmelor prezentate în text, ulterior putând fi considerate imaginații active ele însele, uneori referindu-se la fantasmele din aceeași perioadă din *Cărțile Negre*. Jung întrerupe brusc transcrierea în jurul anului 1930. Până în ianuarie 1921 ajunsese la pagina 127 din volumul caligrafiat, iar până în august 1925 ajunsese la sfârșitul paginii 156.

În anul 1920, Jung a cumpărat un teren pe țărmurile de nord ale lacului Zürich, în Bollingen. A simțit nevoia să își reprezinte cele mai lăuntrice gânduri în piatră și să își construiască o locuință primitivă: „Bollingen a fost ceva deosebit de important pentru mine, deoarece cuvintele și scrisul nu erau suficient de reale. A trebuit să îmi fac confesiunea în piatră".[18] Turnul a fost „o reprezentare a procesului individuării". De-a lungul anilor a pictat fresce și a făcut gravuri pe pereți. Turnul poate fi privit ca o continuare tridimensională a cărții *Liber Novus: Liber Quartus*.

În 1924 și 1925, publicarea lucrării pare să fi fost una dintre preocupările cele mai importante pentru Jung. La începutul anului 1924, acesta i-a cerut lui Cary Baynes să facă o transcriere tipărită a textului și a discutat cu ea problema publicării lucrării. Aceasta notează în jurnalul său:

> Atunci tu ai spus că trebuie să scriu exact conținutul *Cărții Roșii* — cândva înainte de a-l da spre copiere, dar de atunci ai adăugat mult material și ai vrut să îl copiez din nou, spunându-mi că îmi vei explica lucrurile pe măsură ce continui, deoarece înțelegi aproape tot de acolo. Astfel vom putea ajunge să discutăm multe lucruri care nu au apărut în analiza mea și aș putea înțelege ideile tale de la temelie.[19]

În aceeași perioadă, Jung a discutat modalitatea de a fi publicată lucrarea și cu colegul său, Wolfgang Stockmayer.[20] În 1925, Peter Baynes a tradus *Septem Sermones ad Mortuous*,[21] care a fost publicată privat de către Watkins în Anglia.

---

18 Din interviurile Anielei Jaffé cu Jung pentru redactarea biografiei *Amintiri, vise, reflecții*, Humanitas, București, 2008, p. 262.

19 26 ianuarie 1924, reprodusă în *Cartea Roșie. Liber Novus*, Editura Trei, București, 2011, p. 213.

20 Ibid, p. 214.

21 „Șapte predici către morți", în *Amintiri, vise, reflecții*, Humanitas, București, 2008, p. 434. (N.t.)

În timp ce se ocupa cu transcrierea, Cary Baynes l-a îndemnat pe Jung să susțină un seminar pe tema lucrării. Ea notează în jurnalul său:

> Când l-am întrebat pe Baynes dacă și-ar dori un seminar despre *Cartea Roșie*, n-am avut altceva în minte decât ceea ce făceai împreună cu el. De când am început să o citesc, m-am gândit că ar fi o idee bună aceea ca, în loc să o discuți cu mine, așa cum ai zis că vei face, să fie inclusă și Mona Lisa.[22] Poate că ea cunoaște tot ceea ce se află în lucrare și înțelege atât de bine încât această propunere nu o va atrage, însă m-am gândit că poate o va interesa... el [Peter Baynes] m-a întrebat... de ce este o atât de mare problemă pentru mine publicarea *Cărții Roșii*. Aș fi putut să i-o retez scurt spunându-i că este o problemă pentru mine deoarece tu ai prezentat-o astfel... atunci i-ai spus propria părere și a fost complet blocat... Când am spus că vreau să te aud vorbind despre *Cartea Roșie* în exterior și tu te încăpățânai să crezi că am în minte ceaiuri dansante, ți-am întors-o, spunându-ți că, dacă a ta *Carte Roșie* nu e suficient de măreață pentru a se vorbi despre ea și într-un cerc mai larg, atunci ar trebui să faci ceva în legătură cu asta.[23]

Nu se știe dacă a avut loc un astfel de seminar. Însă este posibil ca aceste discuții să fi avut un rol important în decizia lui Jung de a vorbi pentru prima oară în public despre experimentul cu sine însuși și despre câteva imaginații din *Liber Novus*.

---

[22] Emma Jung (informație de la Ximena Roelli de Angulo).
[23] 5 iunie 1924, CFB.

În această perioadă, Jung s-a retras din Clubul psihologic, pe care îl fondase în 1916.[24] În data de 25 noiembrie 1922, împreună cu Emma Jung și Toni Wolff, a părăsit Clubul.[25] Pe perioada retragerii de la club, Jung a susținut seminariile de la Polzeath, Cornwall, Anglia, în iulie 1923. În anul precedent a fost înființat Clubul de psihologie analitică din Londra. Seminariile au fost organizate de Peter Baynes și Esther Harding. Au participat douăzeci și nouă de persoane.[26] Au avut două teme principale — tehnica analizei și efectele psihologice ale creștinismului de-a lungul istoriei. În această perioadă, un număr crescând de persoane au venit din Anglia și America în Zürich pentru a lucra cu Jung, alcătuind un grup neoficial de expatriați. În 22 august 1922, Jaime de Angulo îi scria lui Chauncey Goodrich lansând „o provocare tuturor fraților suferinzi de nevroză — mergeți, frații mei, mergeți la Mecca, mă refer la Zürich, și beți din fântâna vieții toți cei care aveți sufletele moarte, mergeți și căutați viață nouă".[27]

În data de 30 aprilie 1923, Eugen Schlegel a venit cu inițiativa ca Clubul să încerce să îl implice pe Jung din nou. În această privință a urmat un schimb de scrisori între Jung și Alphonse Maeder în acel an. Poziția lui Jung a fost aceea că se va întoarce doar dacă această colaborare este dorită clar și în unanimitate. În cadrul Clubului erau discuții aprinse pe această temă. De exemplu, în data de 29 octombrie 1923, von Muralt a susținut faptul că Jung folosea oamenii pentru scopurile proprii, că relațiile mai personale cu el erau dificile dacă

---

24 Vezi Sonu Shamdasani, *Cult Fictions: C.G. Jung and the Founding of Analytical Psychology* (Routledge, Londra, 1998).

25 Friedel Muser, „Zur Geschichte des Psychologischen Clubs Zürich von den Anfängen bis 1928", Sonderdrucks aus dem *Jahresbericht des Psychologischen Clubs Zürich*, 1984, p. 8.

26 Informație de la Barbara Hannah, *Jung, His Life and Work: a Biographical Memoir* (New York: Putnam, 1976), p. 149.

27 Goodrich Papers, Bancroft Library, University of California, în San Francisco.

cineva nu îi accepta teoriile, că atitudinea sa față de oameni nu era cea a unui analist etc. Ne putem imagina reacția lui Jung față de situația în care se afla, în care o instituție pe care el a fondat-o, pe baza viziunii sale, era dusă în alte direcții, în timp ce el era pus în rolul unui tiran. În februarie 1924, Hans Trüb s-a retras din funcția de președinte al Clubului și lui Jung i-a fost trimisă o scrisoare prin care i se cerea să revină, ceea ce a și făcut o lună mai târziu.[28]

Mai târziu în acel an, Jung a început prezentarea unei prelegeri în limba germană, în trei părți, pe tema psihologiei viselor (1 noiembrie, 8 decembrie, 21 februarie 1925), urmată de o discuție, în data de 23 mai 1925.[29] Este de remarcat faptul că seminariile în limba engleză prezentate în această carte, chiar dacă au fost ținute la Clubul psihologic, nu au fost oficial seminarii ale clubului — nu există nicio menționare a acestora în minutele sau raportul anual ale clubului; de asemenea, din cei douăzeci și doi de membri și trei invitați ai Clubului din 1925, doar puțini au luat parte. De fapt, seminariile par a fi fost evenimente private organizate de Jung, care s-a întâmplat să fie ținute la Clubul psihologic. Pare să fi existat o mai mare continuitate între cei care au participat la seminariile lui Jung de la Polzeath și acestea (grupurile de participanți erau cam de aceleași dimensiuni). Prin urmare, a existat un dezacord între membrii locali ai Clubului, care doar de curând îl reprimiseseră pe Jung în mijlocul lor, și auditorii internaționali care au participat la seminariile în engleză ținute de Jung, de aceea și o altă dinamică psihologică. În anii ce au urmat, participanții vorbitori de engleză au jucat rolul principal în răspândirea ideilor sale.

---

28 Informația din acest paragraf este din scrierea lui Muser, „Zur Geschichte des Psychologischen Clubs Zürich von den Anfängen bis 1928" și din minutele întâlnirilor Clubului psihologic de la Zürich. Mulțumiri lui Andreas Schweizer pentru ajutor în consultarea arhivelor Clubului.

29 *Jahresbericht des Psychologischen Clubs Zürich*, 1925.

SEMINARIILE

Jung a început lucrarea *Tipuri psihologice* comentând asupra naturii subiective a cunoașterii, „ecuația personală“. El scrie faptul că, în psihologie, conceptele „vor fi mereu un produs al constelației psihologice subiective a cercetătorului“.[30] Conștientizarea influenței ecuației personale, care reprezintă baza subiectivă a cunoașterii, constituie o condiție necesară pentru evaluarea științifică a altor oameni. În aceste seminarii, Jung a vorbit deschis despre ecuația sa personală — nu despre biografia sa ca atare, ci despre direcția sa, formarea perspectivei sale psihologice, reperele sale subiective. Pentru prima dată a vorbit despre tipul său psihologic. Și-a început prezentarea menționând faptul că și-a propus să ofere o „imagine“ asupra „întinderii câmpului“ psihologiei analitice, și a început astfel prin creionarea nașterii propriilor concepții, odată cu momentul în care a început să fie interesat de aspectele ce țin de inconștient. În opoziție frapantă față de prezentările freudo-centrice ale activității sale, Jung nu s-a dus apoi direct către legătura sa cu Freud, ci către lecturile sale anterioare din Schopenhauer și von Hartmann, către interesul său pentru spiritualism, plasând astfel munca sa pe o direcție intelectuală și experiențială total diferită de cea a lui Freud. Jung a subliniat faptul că, doar după ce și-a format părerile inițiale despre inconștient și libido și după ce s-a făcut remarcat cu cercetările experimentale în domeniul psihopatologiei, a intrat în legătură cu Freud. Cu toate că a simțit că prin munca sa a confirmat o parte din teoriile lui Freud, și-a păstrat unele rețineri încă de la început. În lucrările publicate, Jung și-a exprimat divergențele teoretice față de

---

30 Jung, *Tipuri psihologice*, OC 6, par. 9. Pe această temă vezi și Sonu Shamdasani, *Jung and the Making of Modern Psychology: The Dream of a Science*, prima parte.

Freud.[31] Aici, în aceste seminarii, vorbește pentru prima dată deschis despre relația lor și despre limitările personale ale lui Freud — lipsa lui de onestitate în ce privește cazurile sale, incapacitatea de a primi critici și, în cele din urmă, plasarea propriilor idei mai presus de adevăr. Acestea au constituit primul răspuns al lui Jung la atacul la persoană al lui Freud cu privire la relația lor, în *Despre istoria mișcării psihanalitice*, din 1914.[32]

Jung a menționat apoi vise importante, pe care Freud nu le-a înțeles corect, fapt ce i-a oferit o nouă înțelegere cu privire la funcționarea autonomă a inconștientului. Ulterior și-a dat seama că, în lucrarea *Transformations and Symbols of the Libido* (1912), el își analiza propria funcție a imaginației. Ca urmare, s-a hotărât să facă lucrul acesta într-o manieră mai organizată. În continuare, Jung a povestit despre viziunile pe care le-a avut pe drumul către Schaffhausen, în octombrie 1913, pe care, după izbucnirea războiului, le-a interpretat ca fiind previziuni și ca reprezentând începutul experiențelor sale de imaginație activă. În toamna anului 1913 s-a concentrat pe dialogurile sale cu sufletul, prima coborâre vizuală din 12 decembrie, visul în care îl ucide pe Siegfried în 18 decembrie și întâlnirile cu Ilie și Salomea imediat după. Adunându-le, această perioadă de experimentare cu sine pe care Jung a prezentat-o în seminarii s-a desfășurat din octombrie până în decembrie 1913. Aceasta constituie temelia primei părți din *Liber Novus, Liber Primus*. Împreună cu discuția, aceste relatări formează partea principală a seminarului. A fost prima dată și, de fapt, singura dată în care Jung a vorbit în public despre acest subiect. Cu toate acestea, este semnificativ faptul că,

---

31 Vezi, de exemplu, Jung, *Jung contra Freud: The 1912 New York Lectures on the Theory of Psychoanalysis*, cu o nouă introducere de către Sonu Shamdasani (Princeton, NJ: Princeton University Press, 2012).

32 Freud, „Despre istoria mișcării psihanalitice", în *Opere*, vol. 16, București, Editura Trei, 2007, pp. 47–121.

în timp ce relata aceste episoade, Jung nu a făcut referire directă la *Liber Novus*, fapt ce ar fi stârnit curiozitatea multora. Seminarul poate fi considerat un experiment prin prezentarea psihologiei analitice la persoana întâi, cu propriul „caz" ca fiind cea mai clară exemplificare a teoriilor sale. În același timp, a recunoscut deschis în fața auditoriului: „V-am spus lucruri foarte importante, dar să nu credeți că v-am spus totul!"[33] În acest punct, prezentarea sa a răspuns cumva cererii lui Cary Baynes cu privire la susținerea unui seminar despre *Liber Novus* și este posibil ca Jung să fi fost interesat să afle răspunsul auditoriului cu privire la dilemele sale legate de publicarea lucrării.

Relatarea de către Jung a acestor episoade personale nu repetă sub nicio formă comentarea lor din stratul secund al *Liber Novus* și poate fi considerată ca fiind o a treia parte a analizei lor. În opoziție cu limbajul însuflețit și sugestiv al celui de-al doilea strat din *Liber Novus*, aici Jung folosește conceptele sale psihologice, mai exact, încearcă să demonstreze cum a dezvoltat conceptele psihologice prin reflectarea asupra acestor întâlniri cu inconștientul. După cum el însuși a spus foarte clar: „M-am inspirat din experiențele pacienților mei, însă rezolvarea problemei am găsit-o în interior, prin observarea manifestărilor inconștientului".[34] În același timp, prezentările sale din cadrul seminarului au avut un rol pedagogic. Auditoriul era alcătuit în mare parte din oameni cu care el lucra și putem presupune că folosirea imaginației active juca un rol determinant în analiza lor. Așadar, el își folosea propriul material psihic drept exemplar didactic, arătându-le astfel cum propria sa tipologie psihologică era reprezentată și trăită în fantasmele sale, cum s-a întâlnit cu

---

33 Vezi mai jos, p. 100.
34 Vezi mai jos, p. 99.

figura animei și cea a bătrânului înțelept și s-a împăcat cu ele, precum și nașterea funcției transcendente ca o rezolvare a conflictului opuselor. În completare, o importantă parte a discuțiilor din cadrul seminarului s-a centrat pe semnificația artei moderne și cum poate fi înțeleasă din punct de vedere psihologic. Pare că nevoia de a-și poziționa propria operă creatoare era prezentă în fundalul minții lui Jung.

După relatarea și discutarea materialului său, Jung a prezentat o schemă generală arătând modul în care pot fi înțelese astfel de figuri interioare. Dintr-o perspectivă istorică, cineva poate regreta faptul că participanții nu l-au presat pe Jung să prezinte și să comenteze mai mult din materialul său personal. Seminarul s-a încheiat cu o temă în care participanților li s-a cerut să studieze trei romane cunoscute care prezintă tema animei, *She*, de Rider Haggard, *L'Atlantide*, de Benoît, și *Das grüne Gesicht* (*Fața verde*), de Meyrink. La solicitarea cursanților, o lucrare legată de animus, *The Evil Vineyard*, de Marie Hay, a înlocuit-o pe cea a lui Meyrink.[35] După cum a spus Jung, scopul acestui exercițiu era să îi ofere „o imagine clară despre ceea ce ați câștigat din aceste prelegeri".[36] Nu era prima dată când Jung făcea referire la scrieri cunoscute pentru a-și ilustra opera. Capitolul V din *Tipuri psihologice* prezintă analiza sa asupra romanului *Prometheus und Epimetheus*, al autorului elvețian Carl Spitteler. Lui Spitteler i s-a acordat Premiul Nobel pentru Literatură în anul 1919.[37] Publicat în 1887, romanul lui Rider Haggard, *She*, a continuat să fie un bestseller. Producția unui film mut pe baza romanului, pentru care Rider Haggard a scris replicile, s-a încheiat în 1925. Folosirea

---

35 Dat fiind interesul lui Jung pentru Meyrink, privind în retrospectivă, regretăm că nu avem o înregistrare a comentariilor lui Jung cu privire la romanul acestuia. Vezi și *Cartea Roșie. Liber Novus*, Editura Trei, București, 2011, p. 207 și p. 212.

36 Vezi mai jos, p. 214.

37 Vezi *Tipuri psihologice*, OC 6, Capitolul V.

unor romane cunoscute a avut rolul de a demonstra faptul că dinamica psihică din procesul de individuație nu este nici pe departe o chestiune ezoterică.

La câteva săptămâni după încheierea acestor seminarii, din 6 iulie, Jung a mers în Anglia pentru a susține o altă serie de seminarii în limba engleză, în Swanage, Dorset, între 25 iulie și 7 august. Din nou, seminariile au fost organizate de Peter Baynes și Esther Harding. Tema a fost analiza viselor. La acestea au luat parte în jur de o sută de persoane.[38] Jung a început prin a prezenta o istorie a interpretării viselor, continuând cu analiza unei serii de vise ale unei femei văduve, în vârstă de cincizeci și trei de ani.

EFECTELE SEMINARULUI

Cary Baynes a luat notițe ale seminarului și imediat după încheiere au fost discuții cu privire la posibila publicare a notițelor, idee ce pare că a fost inițial propusă de dr. Harriet Ward. Într-o înregistrare din jurnalul său, din 26 septembrie 1925, Cary Baynes a relatat o parte a acestor deliberări:

> După ce am discutat cu Emma despre notițe și am aflat că reacția ei față de publicarea acestora este aceeași cu a mea, toate rezistențele mele la această idee au revenit foarte puternic și aș dori să îți prezint situația încă o dată. Cred că prelegerile pe care le-ai ținut primăvara aceasta reprezintă cel mai important lucru care s-a întâmplat în psihologie în acest secol, deoarece în ele

38 Informații din Hannah, *Jung, His Life and Work*, p. 166 și din notele de seminar ale Estherei Harding, Kristine Mann Library, New York.

prezinți evoluția unei idei de la originea ei în natură, ca arhetip, către o noțiune abstractă, un concept, o desăvârșire a ingenuității umane, am putea spune. O astfel de acțiune nici măcar nu a fost visată vreodată până acum, cu atât mai puțin întreprinsă, și din acest motiv consider că aceste prelegeri trebuie să fie tratate corespunzător importanței conținutului lor. Dar, vei spune, ce cale mai bună decât a fi tipărite poate fi? Eu cred că tipărirea lor le alterează într-un mod foarte dureros. Se știe că, atunci când ceva este tipărit, este privit ca fiind într-o formă mai mult sau mai puțin definitivă, dar aceste notițe nu sunt deloc așa, nu pot fi. Ele se doresc a fi doar o repovestire schematică a ceea ce ai spus. Ele fac parte din *ébauche* [schițarea] în lut a ceea ce urmează a fi sculptat și astfel sunt magice, însă, îndată ce sunt transformate în ceva ce nu sunt, magia le părăsește și devin fade. Mai mult decât atât, când folosești cuvinte rostite, poți construi structuri extraordinare într-un timp foarte scurt, dar când se ajunge la cuvântul scris sau mai degrabă la cel tipărit, structurile trebuie să aibă temelii vizibile pentru a fi durabile, așa este în domeniul științei. Toate cele trei seminarii, Swanage, cel de aici și Cornwall, sunt pline de gânduri pasagere care curgeau cu fermitate atunci când le-ai rostit, dar își pierd tăria de-a lungul paginilor de notițe, neavând aceeași forță. Dacă le-ai scrie, și-ar recăpăta tăria, dar ca notițe nu, iar acesta este un alt motiv pentru care consider că nu ar trebui să fie prezentate cu formalismul pe care tipărirea li-l dă. Ar trebui păstrate doar așa cum sunt, material brut de cercetare, până când va veni momentul în care vei dezvolta ideile într-o carte pe care, fără îndoială, o vei realiza în timp. Cea mai bună metodă de a le păstra pare a fi a le da la multiplicat și să fie distribuite doar participanților, cu câteva excepții cum ar fi Baynes, Shaw și alți câțiva ca ei... Primăvara aceasta, când am vorbit cu tine despre ideea publicării, ai privit-o doar ca pe o fantezie inofensivă a lui Ward. Nu am nicio îndoială că ai gândit același lucru când Hinkle a propus să traducă *Wandlung* [Transformations and Symbols of the Libido], dar uite ce departe de inofensivă s-a dovedit a fi acea fantezie![39]

Ne putem imagina impactul pe care l-ar fi avut aceste seminarii dacă *ar fi fost* publicate atunci, ținând cont de detaliile conținute cu privire la experimentul cu sine întreprins de Jung. Cary Baynes a evidențiat cu acuratețe aspectul cel mai impresionant al seminariilor, și anume modul în care relatările lui Jung au oferit o imagine nemaivăzută asupra procesului creator, trasând succesiunea de episoade de la apariția fantasmelor, la reflecțiile sale asupra lor până la rezultatul final sub forma conceptelor psihologice, într-o nouă viziune asupra psihologiei omului.

Propunerea lui Cary Baynes privind distribuirea restrânsă a seminariilor a fost acceptată. Jung a luat cu el notițele pentru a le revizui când a plecat în călătorie în Africa. Pe 19 octombrie, îi scrie „plecând din Lisabona": „Am lucrat cu fidelitate pe notițe, după cum vei vedea. Cred că sunt, în ansamblu, foarte corect redate. Unele prelegeri sunt chiar cursive, anume acelea în care nu îți poți opri transferul libidoului în ele".[40] Atenta verificare de către Jung a acestor seminarii le diferențiază de notițele altor seminarii și le asigură veridicitatea.

---

39 În 10 aprilie 1942, Jung i-a scris lui Mary Mellon: „«The Psychology of the Unconscious» trebuie tradusă din nou, este neapărată nevoie" (Arhivele Jung, Swiss Federal Institute of Technology, Zürich), în engleză. Conform lui Joseph Henderson, Jung dorea ca textul să fie tradus din nou, însă se confrunta cu probleme legate de dreptul de autor (comunicare personală).

40 CFB.

Din lista primelor cincizeci de exemplare distribuite, în afara celor date participanților la seminar, au fost înmânate copii următoarelor persoane: dr. Peter Baynes, dna Sigg, Chauncey Goodrich, dra von Sury, dna Füglisteller, profesorul Vodaz, dr. James Young, dr. Irma Putnam, dr. Elizabeth Whitney, dr. Wolfgang Kranefeldt, dna Altherr, dra N. Taylor, Frances Wickes, Wilfred Lay, dr. Helen Shaw, Willard Durham, dr. Adela Wharton, dra M. Mills și Clubului de psihologie.[41] După pregătirea notițelor seminarului, cât timp Jung se afla în Africa, Cary Baynes s-a reapucat de transcrierea *Liber Novus*.[42] După întoarcerea sa din Africa, în aprilie 1926, Jung și-a continuat munca de transcriere a *Liber Novus* în volumul cu caligrafie specială. Totuși, din acest moment până când a lăsat manuscrisul, în 1930 (înainte de a relua studiul acestuia ultima oară spre sfârșitul anilor '50), sunt doar zece pagini de text caligrafiate, două picturi încheiate (mandalele „Fereastră către eternitate" și „Castelul de aur" și o pictură neterminată).[43]

În anul 1926 Jung a publicat lucrarea *The Unconscious in the Normal and Sick Life of the Soul: An Overview of the Modern Theory and Method of Analytical Psychology*.[44] Aceasta este revizuirea cărții din 1917, *The Psychology of the Unconscious Processes: An Overview of the Practice and Theory of Analytical Psychology*.[45] Principalele schimbări între această ediție și cea de-a doua, din 1918, constau în revizuirea materialului despre tipurile psihologice, extinderea și revizuirea discuției

---

41 CFB.

42 În luna februarie a aceluiași an, ea a început traducerea ediției germane *I Ching*, de Richard Wilhelm — sarcină de care se va ocupa decenii (Cary Baynes către Chauncey Goodrich, Goodrich Papers, Bancroft Library, University of California, San Francisco, 15 februarie 1925).

43 *Liber Novus*, pp. 157 și următoarele.

44 *„Das Unbewusste im normalen und kranken Seelenleben. Ein Überblick über die moderne Theorie und Methode der analytischen Psychologie"* (Zürich: Rascher Verlag, 1926). Versiunea revizuită în 1943 este prezentă în OC 7.

45 În engleză în Jung, *Collected Papers on Analytical Psychology*, editată și tradusă de Constance Long (Londra: Baillière, Tindall and Cox, 1917).

despre inconștient și adăugarea în plus a unor informații pe tema procesului de individuație și a psihoterapiei. În 1928 publică „*Relația dintre eu și inconștient*“[46] și o versiune mult îmbunătățită și extinsă a articolului său din 1916, „Structura inconștientului“.[47] Capitolele ce tratează tema confruntării cu anima, animus și despre personalitatea mana detaliază o parte a prezentării sale din cadrul acestor seminarii, prin citarea din cărțile lui Rider Haggard și Benoît, fără a oferi nicio informație biografică.[48] Când Jung a publicat trei dintre picturile sale din *Liber Novus* în comentariul pe care l-a făcut lucrării *Secretul Florii de aur*, în 1929, drept exemple de „mandale europene“, le-a prezentat sub anonimat.[49] Începând de atunci, Jung va evita să vorbească despre el însuși, fie așa cum a făcut în prezentările din acest seminar, fie prin a nu publica *Liber Novus*.

La sfârșitul anilor '50, când Aniela Jaffé era implicată în procesul de redactare a biografiei lui Jung care s-a finalizat cu *Amintiri, vise, reflecții*, ea a parcurs diferite părți ale acestor seminarii pentru a completa informațiile obținute din interviurile sale cu Jung, mai ales discuțiile privind relația lui Jung cu Freud și experimentul său cu sine, în capitolul despre „confruntarea cu inconștientul“.[50] Din păcate, maniera în care informațiile culese au fost combinate și ordonate face imposibilă stabilirea unei succesiuni clare a evenimentelor din acea perioadă și nu păstrează coerența discuției din cadrul seminarului. De asemenea, nu se poate face o distincție clară între discutarea de către Jung a materialului în 1925, perioadă în care el era implicat încă în transcrierea textelor și picta, și

46 OC 7.
47 Ibid.
48 OC 7, par. 296 și următoarele.
49 OC 13, în curs de apariție la Editura Trei, București.
50 C.G. Jung, *Amintiri, vise, reflecții*, editată de Aniela Jaffé (trad. Humanitas, București, 2008).

amintirile și reflecțiile ulterioare, ce au fost împărtășite cu peste treizeci de ani mai târziu.

Cele de mai sus ne ajută să înțelegem caracterul unic al acestui seminar între scrierile lui Jung, aspect ce nu a fost pe deplin înțeles atunci când în sfârșit a fost publicat, în 1989. Tipărirea *Liber Novus* în 2009 dă posibilitatea citirii seminarului într-o lumină nouă și înțelegerii lui ca un însoțitor esențial al acelei lucrări: reprezintă un capitol suplimentar în transformarea materialului din inconștient de către Jung și elaborarea sa atât într-o formă conceptuală, cât și ca experiment pedagogic. Combinația unică a planurilor personal, istoric și conceptual face ca acest seminar să fie cea mai clară și completă introducere în psihologia jungiană.

Introducere la ediția din 1989

WILLIAM McGUIRE

Acest seminar, cu un titlu neobișnuit de general, este primul pe care Jung l-a susținut în condiții relativ oficiale și tot primul care a fost înregistrat și multiplicat în beneficiul comunității crescânde de cursanți vorbitori de limbă engleză.[51] În anul 1925, când Jung împlinea cincizeci de ani, se simțea nevoia clară de o prezentare adusă la zi a teoriei și metodelor psihologiei analitice pentru publicul format din oameni educați, care nu sunt specialiști, în special pentru vorbitorii de engleză. Trecuseră opt ani de când Jung a publicat o mică lucrare (expresia sa), *Die Psychologie der unbewussten Prozesse*,[52] descrisă în subtitlu ca *Ueberblick*, prezentare generală. O traducere a acesteia, „The Psychology of the Unconscious Processes", a fost disponibilă de-abia în a doua ediție din *Collected Papers of Analytical Psychology* (1917), ce cuprinde pe parcursul a 520 de pagini un amestec de scrieri prefreudiene, freudiene și postfreudiene, coordonat

---

51 Pentru seminariile neoficiale pe care Jung le-a susținut în anii 1912–1913 (?), 1920 și 1923, precum și cele mai oficiale (și prelegerile EHT), pe care le-a susținut din 1928 până în 1941, cf. *„Analiza viselor"*, Introducere (pentru abrevierea titlurilor, vezi lista abrevierilor p. 49). Un alt seminar neoficial a avut loc la Swanage, pe 25 iulie, la nici două săptămâni după terminarea seminarului acesta și cu o zi înainte ca Jung să sărbătorească cincizeci de ani. Notițele stenografiate de către M. Esther Harding ale acestui seminar și ale celui din 1923 au supraviețuit.

52 Inițial aceasta era o lucrare de treizeci și șase de pagini, „Neue Bahnen der Psychologie", apărută în *Raschers Jahrbuch für schweizer Art und Kunst* (Zürich, 1912); tradusă în prima ediție din „Collected Papers on Analytical Psychology" (1916); apărută în limba română cu titlul „Căi noi în psihologie", în OC 7, pp. 275–302.

de către psihiatra britanică Constance E. Long. Acel volum, împreună cu cele două scrieri de referință, *Psychology of the Unconscious* și *Psychological Types*, reprezentau în 1925 lista de lucrări disponibile în limba engleză pentru cei care se formau în psihologie jungiană. În luna aprilie a aceluiași an, la o lună după ce a început prezentul seminar, Jung a revizuit, completat și a îmbunătățit popularizarea lucrării din 1917, redenumită *Das Unbewusste im normalen und kranken Seelenleben* (1926), având drept scop „să ofere o idee aproximativă asupra subiectului și să provoace gândirea, dar fără a intra în toate detaliile". Poate că procesul de analiză și discutare a sistemului său pentru seminar a determinat această revizuire. Lucrarea din 1926 a ajuns la publicul american și britanic în 1928, tradusă de H.G. și C.F. Baynes cu titlul „The Unconscious in the Normal an Pathological Mind", care, împreună cu o altă lucrare cu caracter general, „The Relations between Ego and the Unconscious"[53], au compus *The Two Essays of Analytical Psychology*. Cele două lucrări au fost considerate mulți ani drept cea mai bună introducere în psihologia analitică.

•

La începutul acestui an de cotitură, 1925, Jung fusese împreună cu un grup de prieteni la Marele Canion al fluviului Colorado; câteva zile mai târziu a vizitat Taos Pueblo, la nord de Santa Fe, New Mexico, după care New Orleans, Chattanooga și orașul

---

[53] Inițial o prelegere de douăzeci și șapte de pagini, ținută în 1916 la Zürich School of Analytical Psychology, prima oară publicată în traducere franceză, „La structure de l'inconscient", *Archives de psychologie* (Geneva), XVI, 1916. O traducere în engleză a apărut în *Collected Papers*, ediția a doua (1917). În germană a apărut prima dată mult revizuită și extinsă, cu titlul „Die Beziehungen zwischen dem Ich und dem Unbewussten" (1928), sursa traducerii din „Două scrieri despre psihologia analitică" OC 7, 2007 (*N. red.*).

New York.[54] A sărbătorit împlinirea vârstei de cincizeci de ani pe 26 iulie, la Swanage, pe coasta de sud a Angliei. În ultima zi a anului se afla la lacul Kioga, în Uganda, pregătindu-se să înceapă o călătorie în josul Nilului cu vaporul cu aburi.[55] Pe parcursul acelor călătorii aventuroase, însoțitorii lui Jung au fost englezi și americani: în partea de sud-vest a Americii au fost George F. Porter și Fowler McCormick, ambii din Chicago, și Jaime de Angulo, de origine spaniolă; în Africa, analistul englez H. Godwin Baynes, americanul George Beckwith și o englezoaică, Ruth Bailey. Toți, cu excepția drei Bailey, au fost analizanți ai lui Jung la un moment dat.

Dintre cei douăzeci și șapte de membri înscriși la seminarul din 1925, treisprezece erau americani, șase erau englezi, cinci (ținând cont de singurele mențiuni — numele de familie) puteau fi americani sau englezi, doi erau elvețieni, iar unul era german.[56] Șapte (toate femei) erau analiști jungieni, dintre care doi erau din Elveția: Emma Jung, care începuse deja să profeseze (copiii cei mai mici aveau paisprezece, respectiv unsprezece ani); Tina Keller, care mai târziu s-a mutat în California cu soțul său, Adolf Keller, un pastor protestant atras de timpuriu de psihanaliză — și care a luat parte la Congresul de la Weimar din 1911.[57] Grupul de americani cuprindea trioul de la New York — M. Esther Harding, Eleanor Bertine și Kristine Mann, toate medici. Harding, din Shropshire, vestul Angliei, absolvise Școala de medicină pentru femei de la Londra, în 1914. Colega sa, Constance Long, i-a prezentat lucrarea *Psychology*

---

54 William McGuire, *Jung in America, 1924–1925*, Spring, 1978, pp. 37–53.

55 Barbara Hannah, *Jung, His Life and Work: A Biographical Memoir* (New York, 1976), p. 176.

56 2012: șase noi nume au fost adăugate din lista lui Cary Baynes — dintre aceștia unul era britanic, însă originea celorlalți este neclară.

57 2012: despre Adolf și Tina Keller, vezi Marianne Jehle-Wildberger, *Adolf Keller, 1872–1963: Pionier der ökumenischen Bewegung* (Zürich: Theologischer Verag, 2009); și Wendy Swan, ed., „*Memoir of Tina Keller-Jenny: A Lifelong Confrontation with the Psychology of C.G. Jung*, (New Orleans: Spring Journal Books, 2011).

of the Unconscious („Psihologia inconștientului"), recent tipărită sub traducerea lui Beatrice Hinkle. În anii '20 Harding a început să meargă la Zürich pentru analiza individuală cu Jung, iar acolo le-a întâlnit pe Mann și Bertine. Mann își părăsise cariera de profesor de limbă engleză ca să se pregătească pentru un doctorat în medicină în cadrul Colegiului de Medicină de la Cornell University, unde Eleanor Bertine îi era colegă. Ambele au absolvit în 1913. În cursul anului 1920 și-au început analiza cu Jung, călătorind periodic în Elveția, iar în 1924 s-au hotărât să i se alăture lui Esther Harding profesând psihoterapie analitică în SUA. Cele trei femei au pus bazele comunității jungiene din New York: Clubul de psihologie analitică (și inegalabila bibliotecă ce poartă numele Kristinei Mann), Institutul C.G. Jung și Fundația C.G. Jung.[58]

Cealaltă americancă, Elida Evans, nu a făcut parte din cercul de jungieni de la New York, cel puțin așa se pare. În 1915 fusese în Zürich pentru analiza cu Maria Moltzer, iar în 1920 Jung a prezentat cartea ei despre psihologia copilului. Tot în acei ani, ca analist în New York, fără pregătire de bază în medicină, l-a sprijinit pe Smith Ely Jelliffe, un psihanalist care era în relații de prietenie atât cu Jung, cât și cu Freud.[59] Cealaltă analistă înscrisă la seminar, dr. Helen Shaw, este o persoană mai puțin cunoscută. Membru marcant al seminarului de analiză a viselor, se spunea despre ea că avea legături profesionale atât cu Anglia, cât și cu Australia.[60]

O altă categorie de persoane care au luat parte cu interes la aceste seminarii era aceea a oamenilor de litere. Scriitorul

---

58 Doreen B. Lee, „The C.G. Jung Foundation: The First Twenty-One Years", *Quadrant*, 16: 2 (toamna anului 1983), pp. 57–61.

59 John C. Burnham și William McGuire, *Jelliffe: American Psychoanalyst and Physician, & His Correspondence with Sigmund Freud and C.G. Jung* (Chicago, 1983), index, Evans. Conform introducerii lui Jung la lucrarea Elidei Evans, „*The Problem of the Nervous Child*", C. W. 18, par. 1793–1794.

60 Informație oferită de dr. Joseph Henderson, cf. „*Analiza viselor*", index, Shaw.

american Charles Roberts Aldrich, dacă ne este permis să evaluăm comentariile sale din seminar, era un intelectual de un rafinament deosebit. El l-a ajutat pe Jung să revizuiască textul în limba engleză al prelegerilor pe tema psihologiei și educației, pe care acesta le-a susținut la Londra, în primăvara anului 1924. Când Aldrich a părăsit orașul Zürich pentru a se reîntoarce acasă, în California, i l-a dăruit lui Jung pe câinele său, Joggi, care a fost apropiat de Jung ani de zile, având locul său în cabinetul de consultații.[61] În 1931, Aldrich publică în International Library of Psychology and Scientific Method C.K. Ogden o lucrare erudită, *The Primitive Man and Modern Civilization*, cu o introducere făcută de antropologul Bronislaw Malinowski, o prefață de Jung[62] și o dedicație în amintirea lui George F. Porter, care fusese cu Jung în New Mexico și se sinucisese în anul 1927. Și cariera lui Aldrich s-a încheiat cu moartea sa bruscă, în 1933, moarte pe care și-a prezis-o în acea zi, cu toate că era perfect sănătos.[63] Un alt american, poetul Leonard Bacon, a venit la Zürich în 1925 pentru a începe analiza cu Jung, care l-a invitat să participe la seminar.[64] Experiențele trăite în acel an au fost oglindite într-un volum de poezii, *Animula Vagula* (1926). Cariera ulterioară a lui Bacon, ca poet, critic și traducător, a fost remarcabilă; în 1940 a primit Premiul Pulitzer pentru poezie.

Încă un om de litere american, Elizabeth Shepley Sergeant, pare să fi fost unul dintre primii sau chiar primul analizand al lui Jung din SUA. Pe când avea în jur de douăzeci de ani, în timp ce călătorea cu o mătușă prin Europa, Sergeant a suferit o formă de tulburare nevrotică și a fost

---

61 Jung către Aldrich, 5 ianuarie 1931, în *Jung: Letters*, vol. 1, p. 80; Elizabeth Shepley Sergeant, „Doctor Jung: A Portrait in 1931", *Jung Speaking*, pp. 51–52.

62 OC 18, par. 1296–1299, în curs de apariție la Editura Trei.

63 *The New York Times*, 9 aprilie 1933, IV, 7: 5.

64 Bacon, *Semi-centennial: Some of the Life and Part of the Opinions of Leonard Bacon* (New York, 1939), p. 182.

tratat la un sanatoriu din Zürich în iarna dintre anii 1904 și 1905. Din informațiile familiei, este posibil ca atunci să fi fost analizată prima dată de către Jung.[65] În acea perioadă, cu toate că Jung nu îl întâlnise pe Freud, începuse să folosească metoda freudiană, uneori împreună cu metoda asociațiilor de cuvinte, în cadrul spitalului Burghölzli — așa cum făcuse și în cazul Sabinei Spielrein.[66] Sergeant a devenit o foarte cunoscută ziaristă; a fost corespondent pentru ziarul *The New Republic* în timpul Primului Război Mondial și a fost rănită în timp ce se afla pe un câmp de luptă de lângă Reims. Timp de șase luni, cât a fost spitalizată în Paris, a fost vizitată de prieteni, printre care Walter Lippmann, Simon Flexner și William C. Bullitt.[67] Pe parcursul îndelungatei sale cariere atât de jurnalist, cât și de critic literar, subiectele sale i-au inclus pe Robert Frost, Willa Cather, William Alanson White, Paul Roberson, H.L. Mencken și mulți alții. Printre mai multe articole despre Jung, un „portret" pe care Sergeant l-a publicat în 1931 îl prezintă la un seminar la care aceasta a luat parte:

> Când, miercuri dimineața la unsprezece, ... dr. Jung intră în marea sală de la Clubul psihologic unde se ține seminarul său, zâmbind cu adâncă prietenie la unul sau altul, servieta maro pe care o ține strâns sub braț pare a fi depozitarul acestei adunări — un mic grup de oameni din mai multe țări a căror preocupare comună este psihicul. Liniștea se lasă în cameră

---

65 Linda H. Davis, *Onward and Upward: A Biography of Katherine S. White* (New York, 1987), pp. 27–28. Katherine S. White, editor la *The New Yorker*, era sora mai mică a drei Sergeant.

66 Jung către Freud, 23 octombrie 1906, *Corespondența Freud/Jung*; Aldo Carotenuto, *A Secret Symmetry: Sabina Spielrein between Jung and Freud* (New York, ediția a doua, 1984), pp. 139 și următoarele; 2012: pentru arhivele din spital despre Spielrein, vezi „Burghölzi Hospital Records of Sabina Spielrein", *Journal of Analytical Psychology* 46 (2001): 15–42.

67 Sergeant, *Shadow Shapes: The Journal of a Wounded Woman* (Boston, 1920).

când Jung, pentru o clipă, stă tăcut și serios, privind spre manuscrisul său așa cum un marinar s-ar uita la busola sa, punându-l în relație cu adierile și valurile psihice, al căror impact l-a simțit de când a intrat pe ușă. Liniștea adunării nu înseamnă numai respect, ci și așteptare arzătoare. Ce aventură existențială vom trăi astăzi împreună cu acest gânditor creativ? Ce întrebare, precum sunetul unui clopot de bronz, o va lăsa să răsune în mințile noastre? Ce viziune puternică asupra timpurilor noastre ne va oferi astfel încât să ne ajute să ne rupem de modul în care ne vedem problemele, subiectiv și apăsător, și să pătrundem într-un tărâm mai obiectiv și mai larg?[68]

Jung a aflat de la Cary Baynes și Jaime de Angulo de cercetările antropologului Paul Radin cu privire la etnografia și religia indienilor nord-americani. Aceștia l-au cunoscut pe Radin în California, înainte de 1920. În acel an, Radin a fost în Anglia pentru a lucra la Cambridge University, sub coordonarea antroplogului W.H.R. Rivers, ținând prelegeri, predând și continuându-și activitatea sa de cercetare.[69] Cinci ani mai târziu era încă la Cambridge când Jung, entuziasmat poate de proaspetele întâmplări cu Jaime de Angulo și Mountain Lake, la Taos Pueblo, l-a invitat pe Radin la Zürich pentru a le vorbi, lui și studenților săi, despre religia indienilor nord-americani. (Se spune că Jung i-a plătit călătoria.) Radin le-a vorbit neoficial membrilor Clubului psihologic, a luat parte la seminar și a legat o prietenie pe viață cu Jung. Un coleg antropolog scria că „în acești ani, în afară de Rivers,

---

68 „Doctor Jung: A Portrait", în *Harper's*, mai 1931; în „Jung Speaking", pp. 52–53.

69 Cora du Bois, „Paul Radin: An Appreciation", în *Culture in History: Essays in Honor of Paul Radin* (New York, 1960), p. Xiii.

C.G. Jung era cel care îl stimula mental pe un om care deja era foarte preocupat de religie și literatură comparată". Se înțelege de la sine faptul că Radin nu a fost niciodată jungian. Poate chiar contactul cu mintea educată, dar mistică, a lui Jung, l-a ajutat să-și consolideze raționalismul sceptic și l-a îndepărtat de explorări în cele mai întunecoase adâncimi ale inconștientului.[70] În anii '40, Radin (nerenunțând niciodată la viziunea sa marxistă asupra societății) a devenit un mentor influent al fundației Bollingen, al cărei sprijin l-a ajutat să continue să scrie. A ținut prelegeri în cadrul conferințelor de la Eranos și a colaborat cu Jung și Karl Kerényi la o carte despre arhetipul Trickster-ului.

Cât timp au stat în Zürich, Radin și soția sa, Rose, și-au găsit cunoștințe din California: Kenneth Robertson și soția sa, Sidney. Robertson, care studiase testarea psihologică cu L.M. Terman la Stanford University, a plecat în Europa intenționând să se formeze ca analist. În Paris, la o librărie numită „Shakespeare & Co.", a găsit un exemplar din *Psychology of the Unconscious* și imediat i-a scris lui Jung, care l-a invitat să vină să se formeze la Zürich — din câte s-a aflat, pentru a lucra în analiză cu Toni Wolff și pentru a participa la seminar. Sidney Robertson, la rândul ei, a lucrat cu Kristine Mann și a participat la seminar, fără a lua cuvântul. (Într-un interviu recent, ea și-a amintit că Herman Hesse și Richard Strauss au venit la o prelegere, de asemenea fără a lua cuvântul.) Jung, care i-a dat tinerei Sidney Robertson sarcina de a-i corecta și dactilografia prelegerile despre psihologie și educație, a declarat despre soțul acesteia că este neanalizabil. Cu toate acestea, familia Robertson, împreună cu alți câțiva participanți la seminar, l-a urmat pe Jung la Swanage, la seminarul despre simbolismul viselor de la sfârșitul lunii iulie. După aceea

---

70 Ibid.

s-au reîntors acasă, în Oakland, unde Robertson a încercat o perioadă să profeseze ca analist, apoi a renunțat și a găsit un loc de muncă la poștă. Totuși, de-a lungul anilor, el a păstrat relații de prietenie cu primii jungieni din Bay Area, familiile Whitney și Gibb.[71]

Două englezoaice din domeniul literar: Charlotte A. Baynes și Joan Corrie. Baynes (se pare fără legătură cu analistul H.G. Baynes) a publicat mai târziu o carte pe care Jung a citat-o deseori în scrierile sale despre alchimie: *A Coptic Gnostic Treatise, Contained in the Codex Brucianus* (1933). Când a ținut o prelegere la conferința Eranos din 1937, ea a fost prezentată ca antropolog, profesor de gnosticism în cadrul Oxford University și Ofițer al Ordinului Imperiului Britanic. Ceea ce știm este că ea a lucrat și într-un sit arheologic din Ierusalim. Joan Corrie era de câțiva ani activă în Anglia, ca discipol al lui Jung. După ce a luat parte la seminarul din 1925, a scris o mică lucrare ce a reprezentat prima prezentare a ideilor lui Jung pentru publicul larg: *ABC of Jung's Psychology* (Londra și New York, 1927), ce include scheme și citate din cadrul seminarului din 1925.[72]

Un german din domeniul literar: Oskar A.H. Schmitz, romancier, critic al scenei europene contemporane, remarcat prin inteligența sa, a urmat cursuri de psihologie abisală și de yoga. Cu toate că era cu aproape trei ani mai în vârstă decât Jung, Schmitz considera că este discipolul lui Jung — și cu siguranță era cel mai bătrân. Îl prezentase pe Jung contelui Hermann Keyserling, fondatorul mișcării „School of Wisdom", din Darmstadt, unde Jung a ținut ocazional prelegeri și unde, în 1923, l-a întâlnit pe Richard Wilhelm, maestrul său în arta

71 Informație personală de la Sidney (soția lui Henry) Cowell. După ce a divorțat de Robertson, s-a căsătorit cu compozitorul american Henry Cowell. A continuat prietenia cu Radin.

72 Unele fragmente nu se regăsesc în transcrierea făcută de Cary de Angulo; în ediția de față acestea sunt prezentate drept completări.

I Ching.[73] Schmitz avea o grabă evidentă de a profesa ca analist și posibil să fi făcut asta: i-a scris odată lui Jung cerându-i sfatul cu privire la plată și ore.[74] După moartea bruscă a lui Schmitz, în anul 1931, Jung i-a adus un omagiu post-mortem scriind prefața la lucrarea lui Schmitz „The Tale of the Otter", care a izvorât din confruntarea sa cu inconștientul.[75]

Un participant la seminar care nu poate fi încadrat nicăieri a fost Elizabeth Houghton, fiica lui Alanson Bigelow Houghton, ambasadorul SUA în Germania din 1921 până în 1925 și în Marea Britanie din 1925 până în 1929. Ea era verișoară cu Katherine Houghton Hepburn, o susținătoare de început a conceptului de natalitate controlată. Conform jurnalului mamei ei de la Londra (care nu menționează nimic despre Zürich sau psihologie),[76] fata avea șaisprezece ani atunci când a participat la seminar — ceea ce înseamnă că participarea trebuie să se fi petrecut doar la invitația lui Jung. Ulterior, Elizabeth Houghton s-a dedicat Crucii Roșii și altor activități caritabile, dar nu a rămas în cercul jungian.

•

Lui Cary F. de Angulo i se datorează existența acestei înregistrări a seminarului susținut de Jung. Sub numele de Cary F. Baynes, este foarte cunoscută pentru traducerea *I Ching*,

---

73 Gerhard Wehr, *Jung: A Biography*, tr. Dr. D. M. Weeks (Boston și Londra, 1987), p. 6, Cf. Jung, „Căsătoria ca relație psihologică" (1925), OC, vol. 17, par. 324 și următoarele.; „Suflet și pământ" (1927), OC, vol. 10, par. 49 și următoarele. Vezi și *Sinnsuche oder Psychoanalyse: Briefwechsel Graf Hermann Keyserling — Oskar A.H. Schmitz aus den Tagen der Schule der Weisheit* (Darmstadt, 1970), Register, Jung. 2012: vezi și „C.G. Jung: Letters to Oskar Schmitz, 1921–1931", *Psychological Perspectives* 6 (1975).

74 *Jung: Letters*, vol. 1, p. 54 (20 septembrie 1928).

75 OC vol. 18, par. 171 și următoarele.

76 Adelaide Louise Houghton, *The London Years* 1925–1929 (New York, 1963; publicate privat), însemnările din 28 octombrie 1925, 21 februarie 1926./ Informație personală oferită de James R. Houghton.

iar ca traducător și prietenă a lui Jung, a fost o personalitate deosebit de importantă în lumea psihologiei analitice. Cea de-a doua formă a numelui ei este mult mai familiară, astfel că este mult mai ușor să o folosim aici.

Cary Baynes a fost probabil singurul membru al seminarului (poate din *toate* seminariile) care nu s-a dus la Zürich dintr-un interes pentru Jung, clinic sau de alt fel. Dar mai bine să începem cu începutul.[77]

S-a născut în Mexico City, în anul 1883. Tatăl ei, Rudolph Fink, originar din Darmstadt, construia o cale ferată spre Veracruz. Cary și sora mai mare, Henri, au crescut în Louisville, Kentucky, orașul natal al mamei lor. La Vassar College (promoția 1906), Cary s-a făcut remarcată la un curs despre argumentare predat de o profesoară de limbă engleză, Kristine Mann. În 1911 ea a obținut titlul de doctor în medicină la John Hopkins University. În anul precedent se căsătorise cu Jaime de Angulo, și el absolvent de medicină la John Hopkins, de origine spaniolă, ajuns pe țărmurile din California, la Big Sur. Cary nu a profesat niciodată ca medic; soțul ei a profesat doar ca medic militar în armata SUA, însă a făcut carieră ca antropolog. El a fost un cercetător strălucit al dialectelor indienilor din America. În 1921 Cary l-a părăsit pe de Angulo. Cu fiica sa, Ximena, în vârstă de trei ani, s-a dus în Europa împreună cu profesoara din facultate, Kristine Mann, care devenise medic și susținătoare a psihologiei jungiene. Stabilindu-se în Zürich, Cary a fost convinsă de către Mann să lucreze cu Jung. În vara anului 1923, ea a participat la seminarul susținut de Jung la Polzeath, Cornwall. Până în 1925, când a înregistrat prezentul

[77] Date biografice de la Ximena de Angulo Roelli. Vezi și W. McGuire, *Bollingen: An Adventure in Collecting the Past* (Princeton, 1982), index, „Baynes, Cary. F.“, și p. 330. 2012: din amintirile Ximenei Roelli, în Zürich a intrat în analiză cu Jung pentru a afla de ce nu funcționase căsnicia ei. Vezi și Gui de Angulo, *The Old Coyote of Big Sur: The Life of Jaime de Angulo* (Big Sur: Henry Miller Memorial Library, 1995).

seminar, cunoștea în profunzime structura și metodele psihologiei analitice. Henri, sora sa (artist, fusese căsătorită cu un bărbat numit Zinno), i s-a alăturat în Zürich și au studiat împreună.

Asistentul lui Jung din acea perioadă era analistul britanic H. Godwin Baynes, doctor în medicină, cel care tradusese *Tipuri psihologice* și care a călătorit cu Jung în estul Africii în iarna dintre 1925 și 1926. Acesta s-a căsătorit cu Cary de Angulo anul următor și cât au locuit în Anglia au lucrat împreună ca traducători pentru lucrările lui Jung, „*Contribuții la psihologia analitică*" și „*Două scrieri despre psihologia analitică*" (ambele publicate în 1928). A urmat un an în Statele Unite: Cary și fiica ei au trăit în Carmel, iar Baynes a profesat ca analist atât acolo, cât și în Berkeley, unde l-a cunoscut pe tânărul Joseph Henderson, pe care l-a îndrumat către profesia de analist.

Revenind în Zürich, Jung i-a propus lui Cary să traducă versiunea lui Richard Wilhelm din limba germană a *I Ching*, care apăruse în anul 1924. Wilhelm urma să supervizeze traducerea, însă acesta a murit în 1930. În acest timp Cary Baynes a tradus *Secretul florii de aur* — traducerea lui Wilhelm a tratatului chinezesc, cu comentariul lui Jung (1931). După ce Cary și H.G. Baynes au divorțat, aceasta a continuat să trăiască în Zürich, alături de sora sa, Henri Zinno. În anii '30, Cary a lucrat la traducerea *I Ching*, a tradus (împreună cu W.S. Dell) *Omul modern în căutarea sufletului* (1933), a luat parte la seminariile susținute de Jung și a ajutat-o pe Olga Froebe-Kapteyn să organizeze conferințele Eranos din Ascona. A fost activă în cadrul Clubului psihologic și, după cum a spus un alt membru, „a încercat să restrângă intrigile și să păstreze lucrurile la un nivel obiectiv". Casa Baynes-Zinno era un loc de întâlnire pentru susținătorii și studenții lui Jung, deopotrivă americani, englezi și europeni. Jane și Joseph Wheelwright au locuit acolo în perioada în care erau în analiză. La solicitarea lui Jung, Cary a ajutat-o ca însoțitor, pe fiica lui James Joyce, Lucia, într-un episod psihotic.

În cuvintele fiicei sale, Ximena, Cary Baynes „nu a «dobândit» niciodată titlul de analist, nu a lucrat niciodată analitic și nu a avut pacienți în sensul că nu a avut cu nimeni o relație terapeutică analist-pacient sau nu a primit niciun onorariu, însă de-a lungul vieții sale a fost un flux nesfârșit de oameni care veneau să îi ceară sfatul. Când era întrebată de ce nu a devenit analist, ea invoca mereu două motive: primul, faptul că ea nu avea «contact cu inconștientul colectiv», și al doilea, faptul că Jung spusese că cine nu este ancorat într-o relație de cuplu puternică, pentru a-l ajuta să nu fie prins în problemele pacienților, cum s-ar spune, și astfel să piardă contactul cu realitatea, nu ar trebui să se dedice analizei".[78] Și Joseph Henderson observase că „cele două surori erau într-o relație simbiotică, am putea spune. Cary era liderul serios al oricărei discuții, în timp ce Henri contribuia cu umorul, ospitalitatea și farmecul feminin. Cary avea o formidabilă capacitate de înțelegere a teoriei jungiene, aplicând-o în mod conștient și cu măiestrie. Se poate spune că Henri *era* trăirea inconștientului lui Cary. Henri a trăit aproape de inconștient, picturile și sculpturile ei fiind în întregime arhetipale".[79]

La sfârșitul anilor '30, cele două surori s-au întors în SUA. Cary îi cunoscuse pe Mary și Paul Mellon la reședința Olgăi Froebe-Kapteyn de lângă Ascona, iar când Mary a pus bazele primei fundații Bollingen, în 1940, sediul a fost la casa lui Cary din Washington, Connecticut. Cary a fost membru al consiliului de conducere, iar Ximena de Angulo a fost primul editor. Venirea războiului a dus la desființarea fundației, în 1942, dar a fost refăcută în 1945, iar Cary l-a însoțit pe John

---

78 Informație personală (11 ianuarie 1978).
79 Informație personală (29 ianuarie 1978).

D. Barrett, editorul cu care fundația colabora, atunci când acesta a participat la prima sa conferință Eranos, în 1946. După moartea bruscă a lui Mary Mellon în luna septembrie a aceluiași an, Barrett, ca președinte al fundației și editor al Seriilor Bollingen, a continuat să se bazeze pe Cary ca fiind unul dintre cei mai chibzuiți consilieri ai săi. Traducerea *I Ching* de către ea a apărut în Seria a XIX-a Bollingen, în 1950, iar mai târziu a tradus lucrarea „*Change: Eight Lectures on the I Ching*", scrisă de fiul lui Richard Wilhelm, Hellmut (Bollingen Series LXII, 1960).

După moartea surorii sale, Henri, în 1970, Cary a trăit în Ascona. A fost foarte activă în plan intelectual până când a murit, în 1977 — fiind cea mai longevivă persoană care a fost membru al cercului închis de discipoli și prieteni care s-a format în jurul lui Jung în anii '20. Jane Wheelwright a spus, după moartea lui Cary: „Cred că ea a făcut pentru mine mai mult decât cei mai mulți analiști". „Nu înțeleg de ce nu ar fi putut fi analist. A fost foarte puternică și stabilă."[80]

•

Nu a fost omis nimic în redactarea transcrierii seminarului. Ușoare schimbări privesc în cea mai mare parte punctuația, ortografia, gramatica și claritatea textului. Modificările teoretice sunt în paranteze, iar acolo unde este necesar, sunt comentate într-o notă de subsol. Textul care urmează după prelegerea a șaisprezecea este considerat ca făcând parte din aceasta; vezi nota 5 de subsol la prelegerea a șaisprezecea. Schemele au fost refăcute. Fragmentele care au fost adoptate în *Amintiri, vise, reflecții* sunt menționate.

---

80 Informație personală (februarie 1978).

Există o altă versiune șapirografiată a transcrierii acestui seminar (cu același număr de pagini), nedatată și nerevizuită, cu toate că multe greșeli de tipar fuseseră corectate, iar diagramele, refăcute. Pentru ediția de față a fost consultat un exemplar prin bunăvoința bibliotecii Virginia Allen Detloff din cadrul Institutului C.G. Jung din San Francisco. Un index alcătuit de Mary Briner și șapirografiat în 1939 acoperă notițele seminariilor în limba engleză din 1925 până în iarna anului 1934, și anume *„Introducere în psihologia jungiană"*, *„Analiza viselor"*, *„Visions"* și *„Kundalini yoga"*. Indexul din volumul de față se bazează pe lucrarea lui Briner.

Mulțumiri

Le sunt recunoscător următoarelor persoane, care au răspuns întrebărilor mele referitoare la textul seminarului sau întrebărilor privind membrii seminarului, sau care au fost de ajutor în alte feluri: Doris Albrecht și Peggy Brooks, de la biblioteca Kristine Mann; Joan Alpert, de la biblioteca Virginia Allen Detloff; Gerhard Adler, Helen H. Bacon, Paula D. Black, G.W. Bowersock, Clarence F. Brown, Mark R. Cohen, Sidney Cowell, Gordon A. Craig, Dorothy Salisbury Davis, Gui de Angulo, Violet de Lazlo, Edward F. Edinger, Michael Fordham, Joseph Frank, Marie-Louise von Franz, Felix Gilbert, Joseph Henderson, James R. Houghton, Aniela Jaffé, Lorenz Jung, James Kirsch, Frances Lange, Victor Lange, Phyllis W. Lehmann, Verena Maag, Ximena de Angulo Roelli, Jerome Ross, Mary Sacharoff-Fast Wolf, Sonu Shamdasani, John Shearman, Jane Lincoln Taylor, Jane Wheelwright și Joseph Wheelwright.

W. M.

Membrii seminarului

Următoarea listă cuprinde persoanele ale căror nume apar în transcrierea inițială șapirografiată a seminarului; este posibil să fi participat și alții, ale căror nume să nu fi fost înregistrate. În trascrierea inițială apar doar numele de familie (notate cu dl etc.) (nu s-a găsit nicio înregistrare a celor prezenți). Mai jos sunt date numele complete, țara de origine etc., cât mai multe informații cu putință. Asteriscul indică o persoană despre care, din ceea ce se știe până în prezent, era sau a devenit ulterior psihoterapeut analitic. Coloana din dreapta indică numărul primei prelegeri în care apare numele persoanei respective. De asemenea, consultați și indexul acestei lucrări.

În ediția din 2012 au fost adăugate numele unor alți participanți identificate în lista lui Cary de Angulo.

dl Aldrich, Charles Roberts (U.S.)	Prelegerea a V-a
dl Bacon, Leonard (U.S.)	Prelegerea a VII-a
dra Baynes, Charlotte A. (U.K.)	Prelegerea a VII-a
dra Baynes, Ruth	
dl Beckwith, G.	
dr. *Bertine, Eleanor (U.S.),	Anexă la Prelegerea a XVI-a
dr. Bond	Prelegerea a XV-a
dr. Cooper	
dr. Corrie, Joan (U.K.)	Prelegerea a IX-a
dr. de Angulo, Cary Fink (mai târziu Baynes) (U.S.)	Prelegerea a II-a

dna de Trey	
dna Dunham	Prelegerea a II-a
dna *Evans, Elida (U.S.)	Prelegerea a IX-a
dr. Gordon, Mary (U.K.)	Prelegerea a II-a
dr. *Harding, M. Esther (U.K./U.S.)	Prelegerea a VI-a
dra Henty, Dorothy (U.K.)	Prelegerea a IX-a
dra Hincks	Prelegerea a IX-a
dra Houghton, Elisabeth (U.S.)	Prelegerea a XIII-a
dra *Jung, Emma (Elveția)	Anexă la Prelegerea a XVI-a
dna *Keller, Tina (Elveția)	Prelegerea a IX-a
dl Kunz, Sidney	
Littlejohn, H.W.	
dr. *Mann, Kristine (U.S.),	Prelegerea a II-a
Provot, F.A.	
dr. Radin, Paul (U.S.),	Prelegerea a XIII-a
dra Raevsky, Olga von	Prelegerea a XV-a
dl Robertson, Kenneth (U.S.)	Prelegerea a IX-a
dl Schmitz, Oskar A.H. (Germania)	Prelegerea a XV-a
dra Sergeant, Elizabeth Shepley (U.S.)	Prelegerea a XV-a
dr. *Shaw, Helen (U.K./Australia)	Prelegerea a II-a
dra Taylor, Ethel (U.K.)	Prelegerea a XIII-a
dr. Ward, Harriet	Prelegerea a IX-a
dra Zinno, Henri Fink (U.S.)	Prelegerea a VI-a

Lista abrevierilor

B.S. = Bollingen Series. New York și Princeton.

OC = C.G. Jung, *Opere complete*, București, Editura Trei.

Analiza viselor = Analiza viselor. Note ale seminarului susținut între 1928 și 1930. Volum editat de William McGuire. București, Editura Trei, 2014.

Freud/Jung = Corespondența Freud-Jung, București, Editura Trei, 2015.

Jung: Letters = *C.G. Jung: Letters*. Selectate și editate de Gerhard Adler în colaborare cu Aniela Jaffé; traducere de R.F.C. Hull. Princeton (Bollingen Series XCV) și Londra, 1973, 1975, 2 vol.

Jung: Word and Image = *C.G. Jung: Word and Image*. Editat de Aniela Jaffé; tradusă de Krishna Winston. Princeton (Bollingen Series XCVII: 2) și Londra, 1979.

Jung Speaking = *C.G. Jung Speaking: Interviews and Encounters*. Editat de William McGuire și R.F.C. Hull. Princeton (Bollingen Series XCVII) și Londra, 1977.

Liber Novus = *Cartea Roșie. Liber Novus*, editată de Sonu Shamdasani, București, Editura Trei, 2011.

AVR = *Amintiri, vise, reflecții*, consemnate și editate de Aniela Jaffé; București, Humanitas, 2008.

Spring = *An Annual of Archetypal Psychology and Jungian Thought*. New York și Zürich; în prezent Dallas.

Tipuri = *Tipuri psihologice*. OC 6.

Zarathustra = *„Zarathustra", de Nietzsche*. Notele seminarului lui Jung din 1934–1939. Editat de L. Jarrett. Princeton (Bollingen Series XCIX: 2) și Londra, 1988, 2 vol.

Cuvânt-înainte

Multiplicarea acestor note ale seminarului s-a realizat la solicitarea membrilor participanți, a căror dorință a fost să aibă o înregistrare a prelegerilor, chiar dacă doar schematică. Contrastând cu bogăția și însuflețirea prelegerilor, notițele sunt dezamăgitor de „diluate", însă cum nu am găsit nicio cale de a contracara această problemă, cer înțelegere din partea participanților și să privească notițele doar ca pe un rezumat folositor aducerii aminte.

Din considerație pentru structură, am prezentat prelegerile, întrebările și discuțiile în mare parte ca și cum ar fi fost cuvintele vorbitorilor, dar, de fapt, doar întrebările formulate în scris sunt corecte literal. Pentru restul, nu am încercat să fac nimic mai mult decât a reda pe cât posibil sensul a ceea ce s-a spus.

Copiile schemelor nu sunt munca mea, ci reprezintă contribuția valoroasă a unui alt participant. Și alții m-au ajutat enorm în completarea materialului și în partea de corectură. Întreaga lucrare a fost revizuită și corectată de dr. Jung.

Cary F. De Angulo
Zürich, 29 noiembrie 1925

Psihologie analitică

Prelegerea I

23 martie 1925

Dr. Jung:

Cineva cu adevărat interesat de psihologia analitică nu poate să nu fie impresionat de uimitoarea diversitate a domeniilor pe care le cuprinde, astfel că m-am gândit că ne-ar fi de folos tuturor dacă, pe parcursul acestor prelegeri, am căpăta o imagine asupra acestora. La început aș dori să vă schițez pe scurt evoluția ideilor mele, din momentul în care am devenit interesat pentru prima oară de probleme ce țin de inconștient. Ca și cu alte ocazii, mă puteți ajuta foarte mult contribuind cu întrebări scrise, fapt ce îmi va permite să le selectez pe cele potrivite pentru discuție.

•

În 1896 mi s-a întâmplat ceva ce a funcționat ca imbold pentru viitoarea mea viață. Un lucru de genul acesta este mereu de așteptat să se întâmple în viața unui om, cu alte cuvinte doar istoria sa familială nu este niciodată explicația realizărilor sale creative. Ceea ce mi-a declanșat interesul pentru psihologie a fost cazul unei fete de cincisprezece ani și jumătate, pe care l-am prezentat în *Collected Papers*,[81] ca primă contribuție la acea serie de lucrări. Fata era somnambulă, iar surorile ei

---

81 „Despre psihologia și patologia așa-numitelor fenomene oculte", în *Collected Papers on Analytical Psychology*, Ed. Constance E. Long (New York și Londra, 1916; a doua ediție, în 1917), pp. 1–93. OC vol. 2, capitolul I, Cf. AVR, p. 138. 2012: vezi și F.X. Charet, *Spiritualism and the Foundation of Jung's Psychology* (Albany: State University of New York Press, 1993).

descoperiseră faptul că pot obține răspunsuri uimitoare dacă îi pun întrebări cât ea se află în acea stare de somn: cu alte cuvinte, s-a descoperit că ea era un mediu. Am înțeles faptul că, în ciuda aparențelor, există o viață ascunsă a psihicului care se manifestă doar în transă sau în somn. Hipnoza îi inducea acestei fete o transă din care se trezea ca din somn. În transă se manifestau mai multe personalități; treptat am descoperit că, prin intermediul sugestiei, pot să invoc o personalitate sau alta. Pe scurt, mi-am dat seama că pot să am o influență asupra lor.

Desigur, am devenit profund interesat de aceste fenomene și am început să le caut o explicație, ceea ce nu puteam face ținând cont de faptul că atunci aveam doar douăzeci și unu de ani și eram destul de neștiutor în această direcție. Cu toate acestea, mi-am zis că trebuie să fie o lume ascunsă în spatele celei conștiente, iar fata era în contact cu aceasta. Am început să studiez literatura de specialitate despre spiritism, dar nu m-a mulțumit. Apoi m-am îndreptat către filosofie, mereu căutând indicii cu privire la aceste fenomene neobișnuite.

Pe atunci eram student la medicină și pasionat de aceasta, dar eram și profund interesat de filosofie. În căutările mele, am ajuns în cele din urmă la Schopenhauer și Hartmann.[82]

---

[82] Pentru modul în care Jung i-a descoperit pe Eduard von Hartmann (1842–1906) și Arthur Schopenhauer (1788–1860), pe când era student la medicină în cadrul Universității din Basel, vezi *The Zofingia Lectures* (1896–1899; CW, suppl. vol. A), index. 2012: Exemplarul lui Jung al cărții lui Schopenhauer *Die Welt als Wille und Vorstellungen (Lumea ca voință și reprezentare)*, are numele său pe ea și este datată 1897. Are multe adnotări. Pe 4 mai 1897 a împrumutat de la biblioteca Universității din Basel lucrarea lui Schopenhauer *Parega und Palimploma*. Propriul său exemplar al cărții este datat 1897 și este adnotat (în special fragmentele cu privire la ipoteze transcendentale și viziuni de spirite). Jung a împrumutat de la biblioteca Universității din Basel în data de 15 ianuarie 1898 lucrarea lui von Hartmann *Die Philosophie des Unbewussten* (*Filosofia inconștientului*), în 13 septembrie 1898, *Ding an Sich* (*Lucrul în sine*), iar în octombrie 1898, *Die Selbtzersetzung des Christenthumus und die Religion der Zukunft* (*Autodistrugerea creștinismului și religia viitorului*), de același autor. Despre Schopenhauer și von Hartmann, vezi Angus Nicholls și

De la Schopenhauer am dobândit o perspectivă care a adus lumină asupra problemei. Principiul său de bază este acela că voința, ca forță oarbă a existenței, este fără scop; pur și simplu „s-a întâmplat ca voința creatoare să facă lumea". Aceasta este poziția sa în *Lumea ca voință și reprezentare*. Totuși, în *Will in nature*[83] se îndreaptă către o atitudine teleologică, chiar dacă se află în opoziție clară față de teza sa inițială, fapt ce nu se întâmplă rar unui filosof. În această a doua lucrare, el presupune existența unei direcții a voinței creatoare, idee ce mi-am însușit-o. Astfel, prima perspectivă pe care am avut-o asupra libidoului nu a fost aceea că este o revărsare fără formă, să spunem așa, ci că este de natură arhetipală. Cu alte cuvinte, libidoul nu iese din inconștient într-o stare nedefinită, ci mereu în imagini. Folosind o metaforă, minereul scos la suprafață din profunzimile inconștientului este mereu cristalizat.

Scrierile lui Schopenhauer mi-au oferit o explicație provizorie cu privire la cazul pe care îl studiam; astfel, m-am gândit că personificările reprezintă rezultatul acestei tendințe a libidoului de a forma imagini. Când îi sugeram o anumită persoană fetei aflate în starea inconștientă, ea se comporta ca acea persoană, iar răspunsurile ei la întrebări erau caracteristice persoanei sugerate. Din aceste experiențe m-am convins de tendința materialului inconștient de a se exprima în forme determinate. Acest fapt a oferit și un indiciu cu privire la dezintegrarea personalității. De exemplu, în dementia praecox, diferite părți ale psihicului funcționează independent, dar nu este nimic neclar cu privire la acestea;

Martin Liebscher, *Thinking the Unconscious: Ninetheenth-Century German Thought* (Cambridge: Cambridge University Press, 2010). Despre Jung și operele lor, vezi Shamdasani, *Jung and the Making of Modern Psychology: The Dream of a Science* (Cambridge: Cambridge University Press, 2003), pp. 197 și următoarele.

83 *Die Welt als Wille und Vorstellung* (1818); *Über den Willen in der Natur* (1836).

vocile auzite reprezintă voci ale unor personalități definite, ale unor anumite persoane, de aceea sunt atât de reale. În același fel, o persoană care practică spiritismul va pretinde că „spiritele" sale sunt personaje cât se poate de unice și cu caracteristici proprii. În acea perioadă credeam că, în definitiv, pot exista fantome.

Inițial, ideile mele cu privire la inconștient s-au dezvoltat prin intermediul scrierilor lui Schopenhauer și Hartmann. Hartmann, având avantajul de a fi trăit mai târziu decât Schopenhauer, formulează ideile acestuia într-o manieră mai modernă. El presupune că ceea ce numește *Weltgrund* reprezintă spiritul inconștient sau entitatea care are eficiență creatoare, aceasta numește el inconștient, însă îi adaugă intelectul.[84] El folosește aici intelectul cu un sens diferit decât cel folosit de Schopenhauer. Schopenhauer opune intelectul voinței creatoare oarbe. Accidental, omul a intrat în posesia unei oglinzi conștiente a universului, intelectul, prin intermediul căruia ia cunoștință de răul din lume și decide intenționat să se retragă din aceasta, fiind astfel în opoziție cu voința creatoare. În concepția lui Schopenhauer, intelectul aparține doar omului și nu este legat de *Weltgrund* sau de *unbewusster Geist*. Eu susțin, asemenea lui Hartmann, faptul că inconștientul nostru nu este lipsit de sens, ci are un intelect al său. După ce am adoptat această poziție, am găsit multe dovezi contradictorii, astfel că pendulam între cele două păreri. Uneori părea că este un sens în manifestările inconștientului, alteori eram convins că nu există niciunul.

În acest punct, mediul „s-a epuizat", adică a început să trișeze, și atunci am renunțat la orice legătură cu ea.[85]

---

84 *Philosophie des Unbewussten* (1869); tradusă *Philosophy of the Unconscious* (1931).

85 2012: Zumstein-Preiswerk relatează următoarea versiune cu privire la încheierea sesiunilor de spiritism: ea afirmă că odată Jung și-a adus prietenii studenți. Prezența lor a tulburat-o pe Helene și puterea a

O observasem timp de doi ani și mă dedicasem cercetării detaliate a manifestărilor ei, încercând să le pun în acord cu științele naturii. Dar acum știu că am omis cel mai important aspect al acestei situații, legătura mea cu ea. Fata se îndrăgostise profund de mine, iar aceasta avea un rol foarte important în psihicul ei, aspect față de care am fost cât se poate de orb.

În timpul transelor, ea se identifica cu o personalitate superioară, cea a unei femei mai în vârstă, de o mare frumusețe spirituală. În realitate fiind o fată foarte prostuță și superficială, nu a găsit o altă cale de a exprima această nevoie inconștientă de a fi deosebită decât refugiindu-se în planul spiritual și punând în act personajul pe care l-a găsit acolo. Familia ei, cândva una dintre cele mai vechi din Basel, decăzuse complet, atât financiar, cât și din punct de vedere cultural. Fata putea fi descrisă ca fiind o „midinetă". Când m-a cunoscut, a văzut că sunt interesat de toate acele aspecte ale vieții la care ea tânjea, dar de care soarta o îndepărtase. Dacă aș fi știut atunci ce știu acum, aș fi putut înțelege conflictul interior pe care îl trăia pentru a exprima ceea ce e mai bun în ea prin intermediul acestei personalități din timpul transei, însă atunci nu am putut să o văd decât ca pe o fetiță prostuță care a început să facă lucruri josnice, adică să trișeze pentru a ne impresiona pe mine și pe ceilalți. Am privit-o ca pe o persoană care și-a distrus reputația și șansele în viață; dar, de fapt, prin acțiunea de a trișa, a revenit în realitate. A renunțat la sesiunile de spiritism și această latură fantastică a ei, treptat, a încetat să mai existe. Ulterior s-a dus la Paris și s-a angajat în atelierul unui celebru croitor. Într-un timp foarte scurt și-a deschis o afacere proprie și a avut un mare

părăsit-o. De dragul lui Jung a încercat să intre în stare de hipnoză prin mișcarea brațelor, însă nu a reușit. Ea s-a prefăcut, fapt de care ei și-au dat seama. Toți au început să râdă, iar Jung nu a putut suporta lucrul acesta (*C.G. Jung's Medium*, p. 92).

succes, creând haine deosebit de frumoase și originale. În acea perioadă am întâlnit-o la Paris și aproape toate experiențele trăite ca mediu dispăruseră din mintea ei. Mai târziu s-a îmbolnăvit de tuberculoză, însă nu a vrut să admită că e bolnavă. Cu câteva săptămâni înainte de a muri se comporta ca și cum ar fi regresat din ce în ce mai puternic, până la vârsta de doi ani, după care a murit.[86]

Ea reprezintă o exemplificare a legității psihologice care postulează faptul că, pentru a atinge un nivel superior de dezvoltare, deseori trebuie să înfăptuim o greșeală care se pare că este atât de teribilă încât să amenințe a ne distruge viața. Înșelătoria fetei a avut ca rezultat final încetarea sesiunilor de spiritism, după care ea a putut să trăiască în realitate personajul pe care îl dezvoltase în inconștient. Inițial a trăit în lumea spirituală ceea ce își dorea în realitate, iar apoi lumea spirituală a trebuit să se destrame pentru ca astfel ea să se poată elibera de aspectele transcendentale. Viața ei este o ilustrare a principiului enantiodromiei,[87] deoarece, începând de la ceea ce era cel mai rău în ea, și anume cu tendința de a înșela, cu vulnerabilitatea și stupiditatea sa, ea a evoluat constant către polul opus, prin care a exprimat ceea ce avea mai bun.

După acest episod, care este sursa tuturor ideilor mele, l-am descoperit pe Nietzsche.[88] Aveam douăzeci și patru de

---

86 Fata era Hélène Preiswerk, verișoară primară cu Jung. Cf. Stefanie Zumstein-Preiswerk, *C.G. Jung's Medium: Die Geschichte der Helly Preiswerk* (München, 1975) și rezumatului din cartea lui James Hillman „Some Early Background to Jung's Ideas: Notes on *C.G. Jung's Medium...*", *Spring*, 1976, pp. 123–136.

87 Vezi *Tipuri psihologice* (OC vol. 6), def. par. 708.

88 *The Zofingia Lectures*, index. Cf. următorului seminar al lui Jung din prezenta serie, pe tema cărții *Așa grăit-a Zarathustra* (1934–1939), cu o introducere de James L. Jarrett, în care discută interesul lui Jung pentru Nietzsche. 2012: Despre părerea lui Jung cu privire la scrierile lui Nietzsche, vezi Paul Bishop, *The Dionysian Self: C.G. Jung's Reception of Friedrich Nietzsche* (Berlin: Walter de Gruyter, 1995); Martin Liebscher, *Aneignung oder Überwindung. Jung und Nietzsche im Vergleich* (Basel: Schwabe,

ani când am citit *Așa grăit-a Zarathustra*. Nu am înțeles-o, dar m-a impresionat profund și am simțit că este o asemănare stranie între această lucrare și cazul fetei. Desigur, mai târziu am aflat că *Așa grăit-a Zarathustra* a fost scrisă din inconștient și reprezintă o imagine a ceea ce omul ar trebui să fie. Dacă Zarathustra [protagonistul] ar fi devenit o realitate pentru Nietzsche, în loc să rămână în „lumea spirituală", intelectualul Nietzsche ar fi trebuit să dispară. Dar Nietzsche nu a putut înfăptui aceasta. Era mai mult decât putea suporta creierul lui.

În tot acest timp îmi urmam cursurile de medicină, continuând să citesc filosofie pe lângă. La vârsta de douăzeci și cinci de ani am susținut examenul final la medicină. Dorința mea fusese aceea de a mă specializa în medicină internă. Eram foarte atras de fiziologie și aveam șansa de a deveni asistentul unui medic celebru.[89] Eram departe de a-mi dori să fiu psihiatru. Un motiv pentru a nu-mi dori acest lucru era faptul că tatăl meu, ca preot, colabora cu azilul de nebuni din canton și era foarte interesat de psihiatrie. Ca orice fiu, știam că orice îl atrage pe tatăl meu e greșit și astfel am evitat domeniul cât de mult am putut. Nu citisem niciodată vreo carte care să aibă legătură cu psihiatria, dar, când a sosit momentul să susțin examenul final, am luat un manual și am început să explorez această materie lipsită de sens. Era o carte scrisă de Krafft-Ebing.[90] Mi-am spus mie însumi, „cineva suficient de ridicol încât să scrie un manual pe tema asta în mod sigur se justifică în prefață", astfel că am început să citesc prefața.

2011); Graham Parkes, „Nietzsche and Jung: Ambivalent Appreciations", în *Nietzsche and Depth Psychology*, Ed. Jacob Golomb, Weaver Santaniello și Ronald Lehrer (Albany: State University of New York Press, 1999), pp. 205–227.

89 Friedrich von Müller. Cf. AVR, p. 139.

90 Richard von Krafft-Ebing, *Lehrbuch von Psychiatrie auf klinische Grundlage*, ediția a patra (1890); tradusă în engleză cu titlul *Test-Book of Insanity Based on Clincal Observations* (1904). Cf. AVR, pp. 139–141. Biblioteca lui Jung conține a patra ediție germană.

Până am terminat de citit prima pagină, eram deja absorbit complet. La jumătatea celei de-a doua pagini, inima îmi bătea atât de tare, încât cu greu am putut continua. „Dumnezeule", mi-am spus, „asta voi fi, psihiatru!" Am absolvit cu nota cea mai mare și nu mică le-a fost surpriza tuturor prietenilor când i-am anunțat că voi deveni psihiatru. Niciunul nu știa că în acea carte a lui Krafft-Ebing am găsit cheia misterului pe care tot căutam să îl rezolv. Comentariul lor a fost: „Ei bine, mereu ne-am gândit că ești nebun, iar acum știm!" Nu am spus nimănui că intenționez să deslușesc fenomenele inconștiente din psihoze, însă aceasta era decizia mea. Voiam să prind intrușii din minte — cei care îi fac pe oameni să râdă sau să plângă atunci când nu este potrivit. Când am elaborat testul asocierilor verbale,[91] erorile pe care testările le evidențiau au fost cele care mi-au atras atenția. Am notat cu minuțiozitate locurile în care oamenii nu puteau duce la bun sfârșit sarcina și din aceste observații am dezvoltat teoria complexelor autonome ca fiind cauza blocajelor apărute în curgerea libidoului. În același timp, Freud dezvolta noțiunea de complex.

În 1900 am citit lucrarea lui Freud *Interpretarea viselor*.[92] Am lăsat-o deoparte deoarece nu o puteam înțelege pe de-a-ntregul. Am revenit la ea în 1903 și am constatat legătura cu propriile mele teorii.

---

91 „Studii de diagnostic al asociațiilor" (1904–1909), în OC, vol. 2. Corespondența lui Jung cu Freud a fost inaugurată cu cadoul oferit de Jung, și anume un exemplar din primul volum scris de el împreună cu alții, *Diagnostische Assoziationstudien*. Din cuprinsul lucrării face parte prima scriere semnificativă a lui Jung pe tema psihanalizei, „Psihanaliza și experimentul asociațiilor" (1906). Vezi *Freud/Jung*, 1 F (11 aprilie 1906).

92 *The Interpretation of Dreams* (1900). Cf. AVR, p. 146. Cf. relatării lui Jung din 25 ianuarie 1901 despre lucrarea lui Freud, în OC, vol. 18, par. 841 și următoarele. Prima citare a lucrării „Interpretarea viselor" de către Jung are loc în monografia „Occult Phenomena", 1902; vezi OC, vol. 1, „Despre psihologia și patologia așa-numitelor fenomene oculte", par. 97 și 133.

Prelegerea a II-a
Întrebări și discuții

Întrebarea dlui Shaw: „Poate un astfel de caz, ca fata despre care ne-ați vorbit lunea trecută, dacă este analizat cum trebuie, să fie ajutat să își găsească sinele autentic, undeva la mijloc între superioritatea personificării inconștiente și persoana sa inferioară, și, dacă se poate acest lucru, credeți că fata ar fi putut să fie scutită de moartea jalnică reprezentată de o astfel de regresie?

Într-un astfel de caz ne puteți explica cum poate fi creată funcția mediatoare? Este corect să-i spunem creație, ca fiind ceva nou, născut din opuse?"[93]

Dr. Jung: În mod sigur, fata ar fi fost scutită de multe cu ajutorul analizei și dezvoltarea sa ar fi putut fi una mult mai lină. Scopul analizei este de a face conștiente conținuturile inconștiente, pentru a evita astfel de greșeli.

În ceea ce privește funcția mediatoare, principiul ei poate fi explicat foarte bine printr-un astfel de caz. Pentru a-l putea explica avem nevoie de principiul opuselor. Fata despre care vorbim a trăit într-un mediu prea limitativ pentru capacitățile sale, în care nu a găsit nicio perspectivă de dezvoltare, mediul ei de viață evidențiindu-se prin sărăcia concepțiilor; era obtuz și insuficient în orice aspect. Inconștientul ei, pe de altă parte, prezenta imaginea opusă. Acolo, ea era înconjurată de fantome ale unor oameni foarte importanți. O astfel de tensiune ca aceea pe care cele două extreme o provoacă reprezintă baza funcției mediatoare. Fata a încercat să o trăiască

---

93 Întrebările între ghilimele i-au fost adresate de obicei lui Jung în scris.

prin intermediul grupului de spiritism și să găsească acolo posibilitatea de a ieși din blocajul în care trăia. Și astfel, tensiunea dintre viața ei reală și cea ireală a crescut. În realitate ea era, așa cum am spus, o micuță midinetă; în sesiunile ei de spiritism era o persoană demnă de a se alătura marilor minți. Când o opoziție ca aceasta apare, trebuie să se întâmple ceva pentru a unifica aspectele trăite.

Aceasta este o situație care mereu este greu de gestionat. Dacă, de exemplu, i-aș fi spus că ea este o persoană importantă în inconștientul ei, aș fi putut declanșa în ea un întreg șir greșit de fantasme, cea mai bună cale pentru ea de a-și rezolva problema fiind să facă ceva cu viața ei. Astfel, mi se poate spune că sunt un om important și de o mie de persoane, dar nu pot crede până când nu mă pun la încercare și realizez ceva. În cazul ei era dificil de realizat, astfel că era în pericol ca, în procesul de eliberare de elementele false ale fantasmelor inconștiente, să piardă legătura și cu aspectele bune din ea, și în felul acesta să-și piardă încrederea în ea însăși. Analistul nu poate fi sigur niciodată că, determinându-l pe pacient să renunțe la o *formă greșită*, acesta nu va renunța și la valoarea pe care o poartă această formă.

Pentru această fată, acțiunea funcției mediatoare pare să fi urmat această ordine: mai întâi ea a început să vorbească despre fantome, apoi a început să intre în contact cu „fantoma" bunicului, care a fost un fel de zeu al familiei. Calea bunicului fusese cea bună și orice venea de la el era idealizat. Apoi, Goethe și alți oameni importanți au apărut în fantasmele ei. Și într-un final s-a dezvoltat personalitatea importantă cu care ea s-a identificat. A fost ca și cum fiecare dintre personajele mărețe a depus ceva în ea, din care a crescut personalitatea ei grandioasă. După cum știți, Platon a prezentat principiul conform căruia este imposibil să privești ceva urât fără a absorbi ceva din el în suflet și la fel de imposibil să fii în contact cu ceea ce este frumos fără a reacționa la acesta.[94] Ceva similar i s-a întâmplat fetei.

Imaginea pe care ea a dezvoltat-o este simbolul mediator. Este forma vie în care ea s-a transformat treptat. Astfel, este creată o atitudine care ne eliberează din perechea opuselor. Pe de-o parte, ea s-a detașat de modestia mediului ei de viață și, pe de alta, de fantomele care nu îi aparțineau. Putem spune că natura lucrează singură în direcția funcției mediatoare sau transcendente,[95] dar trebuie să admitem că uneori natura lucrează împotriva noastră și aduce în realitate personalitatea care nu trebuie, să spunem așa. Închisorile și spitalele noastre sunt pline de oameni cu care natura a experimentat, cu finaluri nefericite.

Dna Dunham: De ce a revenit fata la condiția de copil?

Dr. Jung: Din cauza diminuării libidoului ei, care se retrăgea din ce în ce mai mult, urmând prematur curba vieții obișnuite, care tinde să indice mereu menținerea unei anumite tensiuni. La tinerețe, libidoul umple un cadru de dimensiuni generoase, în timp ce la bătrânețe se diminuează, având o amplitudine mult mai mică.

Întorcându-ne la funcția transcendentă, pe de-o parte avem faptele reale, pe cealaltă avem imaginația. Aceasta unește cei doi poli. În situația fetei, fantomele au mers mult prea departe pe latura imaginației, iar latura realității era mult prea mică. Când ea a trecut de partea realității, era o croitoreasă de primă mână.

Fantezia este funcția creatoare — forma vie este un produs al fanteziei. Ea este un stadiu premergător simbolului, însă o caracteristică esențială a simbolului este aceea că nu este simplă fantezie. Noi ne bazăm pe fantezie să ne ajute să ieșim

---

94 Vezi Platon, *Republica*.
95 Vezi Jung, „Funcția transcendentă" (1916), OC 8.

dintr-un impas; căci, deși oamenii nu sunt mereu dornici să recunoască conflictele care îi neliniștesc, visele încearcă mereu să vorbească pe de-o parte despre conflictul existent, pe de alta despre fantezia creatoare care duce la soluționarea acestuia. Apoi devine o chestiune a aducerii conținutului în conștiință. Cineva poate admite faptul că este într-un impas și dă frâu liber fanteziei, dar în același timp conștiința trebuie să păstreze controlul, pentru a putea astfel avea o privire scrutătoare asupra tendinței naturii de a experimenta. Cu alte cuvinte, trebuie să reținem faptul că inconștientul ne poate aduce și nenorociri. Însă pe de altă parte, trebuie să fim atenți să nu ne impunem în fața inconștientului. Poate că este necesară o nouă cale de urmat și poate chiar una presărată cu nenorociri. Deseori viața ne cere să încercăm căi noi care sunt de neacceptat pentru modul nostru de viață din prezent, dar acesta nu este un motiv să ne dăm înapoi de la a încerca. Luther[96], de exemplu, a fost împins către un mod de a trăi care, conform valorilor din acea perioadă, era în afara legii.

Întrebarea dnei de Angulo: (1) „Când l-ați citit pe Schopenhauer pentru prima dată, ați respins punctul său de vedere care a influențat cel mai mult lumea, și anume negarea vieții, iar în schimb l-ați ales pe cel în care înclină către un principiu al intenționalității în viață. Când ați făcut această alegere, curentul principal de gândire în filosofie trebuie să fi fost în opoziție cu acest ultim principiu. Aș dori să aflu mai multe despre ce v-a determinat să faceți acea alegere. Înclinați în acea direcție înainte de a citi Schopenhauer sau la el ați găsit pentru prima dată această concepție? Observațiile asupra fetei v-au ajutat să înțelegeți viziunea lui Schopenhauer sau el v-a făcut să înțelegeți cazul, sau a fost ceva din fiecare?"

---

96 Martin Luther, teolog, fondator al Bisericii Luterane. (N.t.)

(2) „Nu îmi este clar dacă sunteți de părere că principiul intenționalității, despre care credeți că se poate observa în funcționarea inconștientului, se aplică doar vieții individuale sau este parte a unui principiu intențional general, care dirijează universul din spatele scenei, ca să zic așa."

(3) „Am înțeles de la dumneavoastră că este o lege psihologică generală conform căreia atingerea unui nivel mai înalt de evoluție are loc mereu cu prețul unei așa-zise greșeli mari. Presupun că experiența analitică ne poate ajuta să evităm greșeala, însă o înlocuiește cu principiul sacrificiului. Este corect?"

Jung: (1) De la Schopenhauer am preluat inițial concepția despre impulsul universal al voinței și faptul că aceasta poate avea un scop. M-a ajutat foarte mult să înțeleg problema pe care fata o avea, deoarece am crezut că pot identifica în ea semnele a ceva ce se manifestă în inconștient către un scop.

(2) Am devenit interesat de natura inconștientului și m-am întrebat dacă era orb. Mi-am răspuns cu „nu", are în general un scop. Însă, întrebându-ne dacă inconștientul este lumea sau este psihicul, întrebarea devine complicată. Nu puteam să concep mintea ca fiind baza universului, astfel că nu am extins principiul teleologic la întreaga lume. Însă acum trebuia să îmi modific punctul de vedere cu privire la relația dintre inconștient și lume. Dacă mă gândesc la întrebare doar rațional, susțin ce am spus mai devreme. Dar mai este un mod de a privi problema — și anume ne putem întreba: „Este o nevoie în noi de a ne răspunde la aceste chestiuni metafizice?" Cum putem găsi răspunsul potrivit la această întrebare? Intelectul este depășit în fața acestui demers. Însă există o altă cale de abordare. Să presupunem, de exemplu, că suntem preocupați de o anumită problemă istorică. Dacă aș avea cinci sute de ani la dispoziție, aș rezolva-o. Ei bine, port în mine un „om" care are milioane de ani și care poate

aduce lumină asupra acestor probleme metafizice. Dacă lăsăm aceste întrebări pe seama inconștientului, când înțelegem perspectiva care este în acord cu „bătrânul“[97], lucrurile merg cum trebuie. Dacă am atitudini care nu sunt în acord cu inconștientul, în mod sigur mă vor îmbolnăvi și, astfel, este sănătos să presupun că aceste atitudini ale mele vin în contradicție cu un curs principal al naturii lumii.

Vă mulțumește acest răspuns, dr. de Angulo?

Dr. de Angulo: Cred că înțeleg ce vreți să spuneți, însă nu pot accepta.

Dr. Jung: Să dezbatem în continuare?

Dr. de Angulo: Nu.

Dr. Jung: Atunci, în ce privește a treia întrebare a dumneavoastră, n-aș merge atât de departe să spun că prin intermediul analizei putem evita toate greșelile, altfel ne-am analiza viața în loc să o trăim. Ar trebui să fim dispuși să facem greșeli cu inima deschisă. O analiză perfectă nu poate preveni greșeala. Uneori trebuie să comiți erori. Mai mult decât atât, aspectele tale morale nu pot ieși la suprafață până nu le dai posibilitatea să existe. Adevărul nu poate ieși la lumină până nu ți-ai oferit ocazia de a greși. Cred cu hotărâre în rolul pe care întunericul și greșeala îl joacă în viață. Când analiza se face temeinic și profund, nu ne duce numai din noapte spre zi, ci și invers. Este foarte adevărat faptul că poți înlocui un sacrificiu cu un oarecare nonsens grotesc.

Întrebarea dnei Mann: „Dacă Nietzsche ar fi putut sau ar fi fost dispus să trăiască idealul lui Zarathustra în propria viață, ar mai fi scris cartea?“

Dr. Jung: Cred că ar fi scris cartea oricum, deoarece în mintea unei persoane creative este o presiune imensă de a da o formă concretă rezultatului imaginației, pentru a-l putea

---

[97] Omul de milioane de ani, totalitatea experiențelor umane. (N.t.)

păstra. Din acest motiv umanitatea a construit idoli, pentru a da permanență și formă idealurilor lor. Putem spune că orice simbol caută să capete formă. Având asta în minte, când citim în Vechiul Testament că s-a gravat în stâncă „Până aici Domnul ne-a ajutat“[98], știm că s-a făcut acest lucru pentru a păstra vie credința care îi adusese până acolo. Egiptul avea piramidele și mumificarea pentru a concretiza principiul nemuririi. În aceeași manieră, Nietzsche a simțit nevoia să își materializeze simbolul.

Acesta este cursul obișnuit al lucrurilor. Cineva creează simbolul, iar apoi se întreabă: „Cum se întâmplă asta?“ sau „Ce înseamnă asta pentru mine?“ Răspunsul, fiți siguri, necesită o minte foarte reflexivă, ceea ce mulți artiști nu au, însă Nietzsche avea la un nivel înalt. De obicei, artistul, când nu are o minte reflexivă, vrea să scape de creația sa cât mai repede cu putință. Îndeosebi vrea să scape de imaginea ei și nu îi face plăcere să vorbească despre aceasta. Din acest motiv, imediat după ce a apărut *Tipurile*, Spitteler[99] a ținut o prelegere în care i-a blamat pe cei care încearcă să înțeleagă simbolurile; conform spuselor lui, *Olimpische Frühling* nu are nicio semnificație simbolică și, dacă ai încerca să găsești una, e ca și cum ai încerca să afli simbolismul din trilul unei păsări. Desigur că operele lui Spitteler sunt încărcate de simboluri, doar că el nu vrea să le vadă și, de fapt, deseori artistul se teme să le vadă și să afle ce semnifică opera sa. Analiza este dezastruoasă pentru artiștii mediocri, fapt meritoriu pentru ea. În analiză sau la o persoană care a trecut prin analiză personală, doar ceva important obține aprobarea, în timp ce tendința timpurilor noastre este să niveleze drumul fiecărui

---

98 Samuel 7: 12: „Samuel a luat o piatră... și i-a pus numele Eben-Ezer (Piatră de ajutor), zicând: «Până aici Domnul ne-a ajutat»“.

99 Carl Spitteler (1845–1924), poet elvețian, ale cărui opere, *Prometeu și Epimeteu* (1881) și *Olympic Spring* (1900) au fost analizate de Jung în *Tipuri psihologice* (orig. 1921; OC, vol. 6).

pisoi sau râme către artă. Oricine folosește o pensulă este un artist; oricine folosește un stilou este un scriitor. Analiza scoate astfel de „artiști“ din cursă, este otravă pentru ei.

Dr. Gordon:[100] Ce crede o persoană care dă naștere la astfel de creații mediocre despre ele?

Dr. Jung: Ea consideră că are o viață grea pentru că, după o zi de lucru, încă trebuie să muncească din greu la acestea. Reprezintă o povară impusă de inconștientul său, însă nu trebuie să confunde rezultatele astfel create cu arta.

PRELEGERE

Ceea ce m-a convins de adevărul teoriei lui Freud a fost dovada existenței refulării, pe care am găsit-o în experimentele asociative pe care le-am făcut. Pacienții nu puteau răspunde la anumite cuvinte care erau legate de durerea trăită, iar atunci când îi întrebam de ce nu pot răspunde la cuvântul stimul mereu răspundeau că nu știu, însă spuneau lucrul acesta într-un mod aparte, nefiresc. Mi-am spus că aceasta trebuie să fie ceea ce Freud a definit ca refulare. De fapt, în experimentele pe care le-am făcut, au devenit clare toate mecanismele refulării.

În ceea ce privește conținutul refulat, nu am putut fi de acord cu Freud. În acea perioadă el vorbea doar despre

---

100 Dr. Mary Gordon (1861–1941) a fost feministă și prima femeie inspector de închisori din Anglia. În 1920 a început analiza jungiană la Londra, proces care a ajutat-o să își înțeleagă munca în închisoare. S-a dus la Zürich în 1922. I-a scris unui coleg: „Sunt aici de nouă luni, studiind psihologia analitică și analizându-mă tot timpul. A fost o experiență grozavă și minunată. Sunt cu Jung, ale cărui teorii presupun că știi că nu sunt ale lui Freud, ci mult mai cuprinzătoare. Mai mulți medici, englezi și americani, sunt cu el tot timpul și a fost foarte interesant până acum... Am avut niște simptome «șoc» grave când am ajuns aici, însă dr. Jung m-a ajutat foarte mult“. (Mulțumiri lui Lesley Hall).

traume și șocuri de natură sexuală pentru a explica refularea. Avusesem până atunci o experiență însemnată cu cazuri de nevroză în care aspectele sexuale erau mai puțin importante comparativ cu rolul jucat de adaptarea socială. De exemplu, cazul fetei care practica spiritism era unul de genul acesta.

Prelegerea a III-a[101]

Dr. Jung:

Să nu credeți că sarcina de a-l înțelege cu adevărat pe Freud, sau, mai bine spus, sarcina de a-i înțelege corect rolul pe care l-a avut în viața mea, a fost una ușoară pentru mine. Pe atunci intenționam să am o carieră academică și eram pe punctul de a finaliza o lucrare care să mă avanseze în cadrul universității.[102] Freud era *persona non grata* în lumea medicală de atunci, de-abia era menționat în șoaptă de către personalitățile din domeniu; la congrese se discuta despre el doar pe *coridoare*, niciodată în plen, iar orice legătură cu el reprezenta un pericol pentru reputația oricui. Așadar, pentru mine a fost cât se poate de neplăcută descoperirea faptului că experimentele mele asociative aveau legătură directă cu teoriile lui Freud. Odată, pe când eram în laborator, mi-a trecut prin minte că Freud chiar dezvoltase o teorie care explica experimentele mele.[103] În același timp, un diavol mi-a șoptit la ureche că pot la fel de bine să îmi public cercetarea fără a-l menționa pe Freud, că am efectuat experimentele

---

101 Fragmente din această prelegere apar, mult revizuite, în capitolele al IV-lea și al V-lea din *AVR*.

102 Cf. *AVR*, p. 149. În 1905 Jung a devenit docent la Universitatea din Zürich (ibid., p. 117).

103 Privind în urmă, Jung a evidențiat diferențele semnificative dintre conceptul de refulare al lui Freud și modelul său disociativ. Vezi Richard Evans (1957), „Interviu cu C.G. Jung“, în *C.G. Jung Speaking: Interviews and Encounters*, ed. William McGuire și R.F.C. Hull (Princeton, NJ: Bollingen Series, Princeton University Press, 1977), p. 283. Cu privire la acest subiect, vezi John Haule, „From Somnambulism to Archetypes: The French Roots of Jung's Split from Freud“, *Psychoanalytic Review* 71 (1984); pp. 95–107, și articolul meu (Sonu Shamdasani), From Geneva to Zürich: Jung and French Switzerland, *Journal of Analytical Psychology* 43, nr. 1 (1998), pp. 115–126.

cu mult înainte de a afla de Freud și astfel pot să mă declar independent de el orice s-ar spune. Însă imediat mi-am dat seama că aș fi mințit și nu am vrut să dau curs acestui gând. Astfel că la următoarele congrese i-am ținut partea lui Freud în mod public și am luptat pentru el. La unul dintre acestea a fost un lector care a oferit o explicație privind nevrozele, ignorând complet teoriile lui Freud. Am protestat și m-am lansat astfel în prima mea luptă pentru ideile lui Freud. Ulterior, la un alt congres, era o prelegere pe tema nevrozelor de compulsie și iarăși nu au fost menționate lucrările lui Freud.[104] De data aceasta am scris un articol într-un renumit ziar german, atacând acel lector.[105] Imediat s-a stârnit un val de opoziție împotriva mea, iar acea persoană mi-a scris o scrisoare avertizându-mă de faptul că viitorul meu academic este în pericol dacă o să continui să mă asociez cu Freud. Am simțit că, dacă trebuie să obțin o carieră academică plătind acest preț, mai bine renunț, astfel că am continuat să scriu despre Freud.

În tot acest timp am continuat experimentele, fără a reuși totuși să fiu de acord cu Freud cu privire la faptul că refularea sexualității s-ar afla la baza tuturor nevrozelor. Freud publicase treisprezece cazuri de isterie,[106] toate fiind descrise ca rezultat al abuzului sexual. Mai târziu, când l-am întâlnit pe Freud, mi-a spus că în unele dintre aceste cazuri fusese păcălit. De exemplu, cazul unei fete care spusese că, atunci

---

104 Vezi *Freud/Jung*, 2J (5 octombrie 1906), 6J (26 noiembrie 1906) și 43–44J (4 și 11 septembrie 1907); și primele articole ale lui Jung din OC 4: Despre congresele de la Baden-Baden și Tübingen, din 1906 și de la Amsterdam, din 1907, vezi Mikkel Borch-Jacobsen și Sonu Shamdasani, *The Freud Files: An Inquiry into the History of Psychoanalysis* (Cambridge: Cambridge University Press, 2011), capitolul I.

105 Se face referire la articolul lui Jung „Teoria lui Freud despre isterie. O replică la critica lui Aschaffenburg“ (OC 4), ce a apărut în *Münchener medizinische Wochenschrift*, LIII: 47, 20 noiembrie 1906, pp. 2301–2302.

106 În lucrarea *Studii despre isterie* (1893), București, Editura Trei, 2014, Freud prezintă patru cazuri.

când avea patru ani, fusese violată de tatăl ei. Întâmplător, tatăl ei era prieten cu Freud, iar acesta s-a putut convinge că relatarea fetei era o minciună. Investigații ulterioare au scos la lumină faptul că și alte relatări din seria de cazuri erau false, dar Freud nu a retractat nimic, aceasta fiind abordarea sa, de a lăsa mereu lucrurile așa cum le-a prezentat inițial. Astfel că planează o atitudine de neîncredere în privința acestor cazuri timpurii. De asemenea, și celebrul prim caz pe care l-a avut împreună cu Breuer,[107] despre care s-a vorbit foarte mult ca fiind un exemplu de reușită terapeutică strălucită, în realitate nu a fost așa. Freud mi-a povestit că a fost chemat să vadă femeia în aceeași noapte în care Breuer o văzuse pentru ultima oară,[108] și că aceasta era într-un episod isteric grav, cauzat de ruperea relației de transfer[109]. Nu a fost deloc o vindecare, așa cum a fost prezentat inițial, și totuși a fost un caz foarte interesant, atât de interesant încât nu era nevoie să se afirme ceva ce nu s-a întâmplat. Însă toate aceste aspecte nu le știam atunci.

Pe lângă experimentele asociative, lucram și cu multe cazuri de nebunie, în special dementia praecox.[110] La acel moment nu exista o perspectivă psihologică în câmpul psihiatriei. Se punea o etichetă pe fiecare caz. Se spunea că este o degenerescență aici sau o atrofie dincolo, iar apoi se încheia — nu se mai putea face nimic. Doar în rândul infirmierelor era întru câtva o preocupare psihologică față de pacienți, din care se desprindeau câteva presupuneri foarte agere și

---

107 Pentru cazul Anna O., Joseph Breuer, vezi *Studii despre isterie* (1893/2014). Jung citează lucrarea *Studii despre isterie* încă din 1902; vezi „Despre psihologia și patologia așa-numitelor fenomene oculte" în OC 1, n. 115.

108 Cum Freud era student la medicină atunci, este puțin probabil să fi fost chemat. Cu privire la cazul Annei O., vezi Mikkel Borch-Jacobsen, *Remembering Anna O.: A Century of Mystification*, trad. de K. Olson în colaborare cu X. Callahan și autorul (New York: Routledge, 1995).

109 Față de dr. Breuer (N.t.).

110 „Despre psihologia Dementiei praecox" (1907), OC 3.

pătrunzătoare cu privire la cauzele bolilor manifestate. Însă medicii nu știau nimic din toate acestea.

De exemplu, în pavilionul femeilor era un caz vechi,[111] o femeie în vârstă de șaptezeci și cinci de ani, care zăcea în pat de patruzeci de ani. Era internată în ospiciu de aproape cincizeci de ani — de fapt atât de mult încât nimeni nu își mai amintea de admiterea ei deoarece toți cei de atunci muriseră. Era doar o infirmieră-șefă care lucrase în ospiciu treizeci și cinci de ani și care știa câte ceva despre istoricul femeii. Această pacientă în vârstă nu putea vorbi. Putea să mănânce doar mâncare lichidă, pe care o lua cu degetele cu o mișcare ciudată de ridicare, ca o lopată, încât uneori îi lua două ore să mănânce o cană de mâncare. Când nu se hrănea singură, făcea cele mai neobișnuite mișcări cu mâinile și brațele. În timp ce o priveam, mi-am spus: „Ce îngrozitor este!“ Doar până aici am putut merge cu cazul. În practica studenților era deseori prezentată ca fiind un caz vechi de dementia praecox, forma catatonică. Mi se părea de neînțeles să folosească acele mișcări neobișnuite astfel.

Acest caz și impactul lui asupra mea au fost reprezentative pentru întreaga mea atitudine față de psihiatrie. Timp de șase luni m-am străduit cu disperare să îmi găsesc locul în acest domeniu și nu reușeam decât să fiu din ce în ce mai confuz. Mă simțeam profund rușinat văzând că șeful[112] și colegii mei păreau a fi siguri pe ei și că doar eu rătăceam neputincios. Neputința mea de a înțelege m-a făcut să trăiesc stări de inferioritate atât de puternice, încât nu mai suportam să ies din spital. Eram un om cu o profesie pe care nu o înțelegeam cum trebuie. Prin urmare am stat acolo tot timpul acesta și m-am dedicat studiului cazurilor mele.

---

111 „Conținutul psihozei“ (1908), OC 3, par. 358. Cf. AVR, p. 146.

112 Paul Eugen Bleuler (1857–1939), directorul spitalului Burghölzli în perioada 1898–1927.

Într-o seară târziu, pe când treceam prin pavilion și am văzut-o pe bătrâna pe care v-am prezentat-o, m-am întrebat: „De ce este așa?“ M-am dus la infirmiera-șefă și am întrebat-o dacă pacienta a fost mereu așa. „Da“, mi-a zis, „dar am auzit de la șeful pavilionului de bărbați că pe vremuri făcea încălțăminte!“ Am căutat în arhive și era menționat faptul că făcea mișcări ca și cum ar face pantofi. Vechii cizmari țineau pantoful între genunchi și trăgeau acul cu ață cu mișcări exact precum cele pe care bătrâna obișnuia să le facă. Încă mai pot fi văzuți astfel de cizmari în anumite zone mai puțin civilizate.

La ceva timp după acest moment, pacienta a murit. Atunci a apărut fratele ei, mai mare cu trei ani. L-am întrebat: „De ce a înnebunit sora dumneavoastră?“ Mi-a spus că a fost îndrăgostită de un cizmar. Nu se știe din ce motiv bărbatul nu a vrut să se căsătorească cu ea, iar ea a înnebunit. Ea păstrase vie imaginea lui cu acele mișcări.

Acesta a fost primul meu indiciu cu privire la etiologia psihogenă în dementia praecox. Am început să urmăresc cu grijă cazurile și să fiu atent la factorii psihogeni. Mi-a devenit clar faptul că ideile lui Freud pot să aducă lumină asupra acestor cazuri dificile. Aceasta este originea lucrării *The Psychology of Dementia Praecox (Despre psihologia Dementiei praecox)*. Ideile mele nu au fost foarte agreate. Ba chiar colegii au râs de mine. Era un alt exemplu privind dificultatea pe care o simt unii oameni când li se propune să ia în considerare o nouă idee.

În 1906 am dus la bun sfârșit cu mare grijă un caz de dementia praecox.[113] Din nou era o croitoreasă, dar de data aceasta nu era o tânără, ci o femeie în vârstă, de cincizeci și șase de ani, și atât de urâtă încât, atunci când Freud a venit în vizită la spital și a cerut să vadă pacienta cu care lucrasem,

---

113 Este vorba despre B. St. sau Babette S., cazul cel mai important din lucrarea „Despre psihologia Dementiei praecox“; de asemenea și în „Conținutul psihozei“ (1908), OC3 par. 363 și următoarele. Cf. AVR, p. 157.

a fost șocat și uimit că am suportat să lucrez cu o ființă atât de urâtă. Însă această pacientă m-a impresionat profund.

Ea provenea din zona veche a orașului Zürich, unde străzile sunt înguste și murdare și unde nu numai că s-a născut în sărăcie, dar a și crescut în același fel. Sora ei era prostituată, iar tatăl, un bețiv. Ea a dezvoltat forma paranoidă din dementia praecox, adică avea ideație de grandoare amestecată cu ideație de anihilare sau de inferioritate, cum am spune astăzi. Am notat foarte detaliat materialul oferit de ea și, deseori, când stăteam de vorbă, vocile ei ne întrerupeau spunând ceva de genul: „Spune-i doctorului că tot ceea ce zici sunt prostii și nu trebuie să le acorde atenție". Alteori, când se revolta cu violență împotriva faptului că este ținută în ospiciu, vocile îi spuneau: „Știi foarte bine că ești nebună și că locul tău este aici". Bineînțeles că se opunea vocilor. Am înțeles faptul că inconștientul era la suprafață, iar conștiința eului coborâse în inconștient. Mai mult decât atât, spre uimirea mea, am descoperit că atât ideile megalomane, cât și cele de devalorizare aveau aceeași sursă. Gândurile devalorizante erau cele de persecuție, de nedreptate sau de vinovăție. Le-am numit de autodevalorizare, în timp ce gândurile megalomane le-am numit de valorizare de sine. La început am considerat că este imposibil ca inconștientul să creeze opusele împreună în acest mod, deoarece eram încă pe drumul bătut de Schopenhauer-Hartmann-Freud. Inconștientul era doar un impuls ce nu putea să manifeste un conflict în el însuși. Atunci m-am gândit că poate cele două categorii de idei veneau din niveluri diferite ale inconștientului, dar nu a funcționat. În cele din urmă a trebuit să accept faptul că mintea femeii folosea ambele principii în același timp.

Cazurile următoare au confirmat descoperirea mea. De exemplu, am avut un caz al unui avocat deosebit de inteligent, care suferea de paranoia. La astfel de persoane este prezentă doar o idee anormală, cea de persecuție, altfel sunt adaptați la realitate. Cazul evoluează după cum urmează: un bărbat crede că observă cum oamenii vorbesc despre el; atunci se întreabă de ce și își răspunde spunându-și că probabil el este cineva important pe care ceilalți încearcă să îl distrugă. Încetul cu încetul, își dă seama că este un Mântuitor care trebuie ucis. Bărbatul despre care vă vorbesc era periculos pentru că încercase să comită o crimă, iar după ce a fost eliberat a încercat o alta. Fusese implicat în viața politică și aveai ce vorbi cu el. Ura medicii și își petrecea timpul denigrându-i. Odată a cedat și mi-a spus: „Știu că psihiatrii sunt cei mai distinși oameni". Apoi a leșinat. Acest episod a avut loc după ce lucrasem cu el trei ore. Când a venit din nou, era în starea anterioară de devalorizare. Devalorizarea este o compensare pentru megalomanie. Insist mult asupra acestei chestiuni pentru că ne readuce la „da-ul" și „nu-ul" din inconștient; cu alte cuvinte, inconștientul conține perechea de opuse.

Prin intermediul acestei lucrări despre dementia praecox am ajuns la Freud.[114] Ne-am cunoscut în 1906. În prima zi în care ne-am văzut era ora unu după-amiază. Am vorbit continuu timp de treisprezece ore. El a fost primul om cu adevărat important pe care l-am cunoscut; nimeni altcineva nu se compara cu el. Mi s-a părut a fi extrem de pătrunzător, inteligent, cu totul remarcabil. Însă primele mele impresii despre el erau și cumva amestecate; nu pot spune că l-am înțeles foarte bine. Cu toate acestea mi s-a părut întru totul dedicat teoriei sexuale, iar în atitudinea lui nu era nimic vulgar. Cu toate că m-a impresionat profund, aveam totuși îndoieli importante. I-am spus lucrul acesta și, ori de câte ori

---

114 Cf. AVR, p. 182: „Prin această lucrare am ajuns să-l cunosc personal pe Freud". Jung i-a trimis lui Freud un exemplar din *Über die Psychologie der Dementia praecox* (1907), în decembrie 1906: *Freud/Jung*, 9J. Jung și soția sa au vizitat pentru prima dată familia Freud la Viena în 3 martie 1907: ibid., p. 24.

reveneam asupra lui, el îmi răspundea că e din cauza faptului că nu aveam suficientă experiență. Era adevărat faptul că în acea perioadă nu acumulasem suficientă experiență pe baza căreia să îmi formez o atitudine critică. Am putut vedea că această teorie sexuală era deosebit de importantă pentru Freud, atât din punct de vedere personal, cât și filosofic, dar nu am putut să îmi dau seama dacă faptul acesta provenea dintr-un subiectivism personal sau nu, astfel că am continuat păstrându-mi îndoiala față de întreaga situație.

O altă impresie pe care am avut-o în legătură cu seriozitatea cu care Freud abordează teoria sa sexuală era următoarea: mereu lua în derâdere spiritualitatea ca fiind nimic altceva decât expresie a sexualității refulate. Eu i-am spus că, dacă am fi complet de acord cu această perspectivă, putem afirma că întreaga noastră civilizație este absurdă, fiind un rezultat patologic al refulării sexualității. El mi-a răspuns: „Da, așa este, și faptul că este așa reprezintă un blestem al sorții, față de care nu putem face nimic".[115] Eram destul de reticent în a accepta cele spuse, dar încă nu puteam să îl contrazic.

O a treia impresie a acelor zile are de-a face cu lucruri care mi s-au clarificat mult mai târziu, lucruri pe care le-am înțeles pe deplin doar după ce a luat sfârșit prietenia noastră. Când Freud vorbea despre sexualitate era ca și cum vorbea despre Dumnezeu — așa cum ar vorbi cineva care s-a convertit. Era ca indienii care vorbeau despre soare cu lacrimi de emoție în priviri. Îmi amintesc cum un indian a venit ușor pe la spatele meu în timp ce priveam muntele de deasupra așezării lor și mi-a șoptit brusc: „Nu-i așa că toată viața vine de la munte?"[116] La fel vorbea și Freud despre sexualitate. Pe

---

115 Cf. AVR, p. 183.

116 Jung vizitase triburile de indieni pueblo, în New Mexico, trei luni mai devreme, timp de o zi sau două, în ianuarie 1925. Cf. AVR, p. 286; William McGuire, „*Jung in America*, 1924–1925", *Spring*, 1978, pp. 37–53.

chipul lui apărea o emoție neobișnuită a cărei origine nu o puteam înțelege. În cele din urmă, a început să mi se clarifice luând în considerare și altceva, ce rămăsese neînțeles pentru mine atunci, și anume înverșunarea lui Freud. Se poate spune că fiecare cuvânt al său era plin de venin. Atitudinea lui reprezenta înverșunarea celui care se simte complet neînțeles, iar felul lui de a fi părea mereu a spune: „Dacă ei nu înțeleg, atunci la naiba cu ei!" Am observat lucrul acesta la el de prima dată când ne-am văzut și mereu de atunci, însă nu puteam găsi legătura cu atitudinea sa față de sexualitate.

Explicația îmi pare a fi următoarea: în ciuda respingerii spiritualității, în realitate Freud are o atitudine mistică față de sexualitate. Când cineva se opunea și îi spunea că o anumită poezie nu poate fi înțeleasă exclusiv pe baza sexualității, Freud spunea: „Desigur că nu, are o bază psihosexuală". Însă, analizând poezia, elimina orice altă cale de interpretare până când rămânea doar sexualitatea. În prezent sunt de părere că sexualitatea este un concept dual pentru Freud, având pe de-o parte elementul mistic, pe de alta sexualitate pur și simplu, însă cel din urmă este singurul care reiese din terminologia folosită de el, pentru că nu poate să accepte că are și polul celălalt. Faptul că Freud are și o latură spirituală reiese din modul în care își manifesta emoțiile. Procedând astfel, își neagă mereu propriul scop. Își dorește să arate că sexualitatea conține spiritualitate privind din interior, însă folosește doar termeni cu conotație sexuală concretă și astfel transmite o idee greșită. Înverșunarea sa vine tocmai din faptul că merge mereu împotriva lui însuși. Nu este amărăciune mai mare decât aceea a unui om care este cel mai mare dușman al lui însuși.

Freud nu vede dualitatea inconștientului. El nu înțelege faptul că ceea ce izvorăște din inconștient are atât o parte interioară, cât și una exterioară și, dacă vorbești doar despre ultima, vorbești doar despre înveliș. Nu se poate face nimic legat de acest conflict interior al lui. Singura posibilitate ar fi ca el să aibă o experiență care să-l facă să vadă spiritualitatea care trăiește în interiorul învelișului. Cu toate acestea, inevitabil, intelectul lui va reduce experiența ca fiind „doar" sexualitate. Am încercat să îi prezint cazuri arătându-i și alți factori decât cei sexuali, însă mereu spunea că nu este nimic altceva decât sexualitate refulată.

După cum am spus, astfel de oameni atât de înverșunați sunt mereu cei care luptă împotriva lor înșiși. Când acționez împotriva mea, proiectez nesiguranța și spaima pe care le simt. Pentru a evita lucrul acesta, singura soluție este să fac pace cu mine însumi. Freud nu știe că inconștientul dă naștere unei forțe care să compenseze principiul monist căruia i se dedicase. Mi se pare un personaj tragic, pentru că este un om extraordinar, dar, în realitate, fuge de el însuși. Nu se întreabă niciodată de ce trebuie să vorbească despre sex tot timpul, iar în această fugă de el însuși este ca orice artist. De fapt, persoanele creative sunt de obicei astfel.

Aceste gânduri mi-au venit, după cum am spus, mai ales după ce m-am despărțit de Freud. Vi le spun pentru că, după cum știți, relația mea cu Freud a devenit de mult timp subiect de discuții și trebuie să expun și părerea mea.

De la prima mea întâlnire cu Freud am plecat cu gândul că factorul sexual trebuie luat mai mult în considerare. Oarecum tulburat, am început să reiau cazurile fără a le discuta cu nimeni. În 1909 am fost invitat, împreună cu Freud, la Clark University. Am fost împreună zilnic timp de aproape șapte săptămâni.[117] În fiecare zi analizam vise și atunci am avut o senzație de neînlăturat cu privire la limitarea lui. Am avut două vise din care el nu a putut înțelege nimic. Nu m-a

---

[117] Cf. AVR, p. 189.

deranjat, desigur, pentru că și cel mai iscusit om poate avea uneori dificultatea aceasta cu visele. Era o limită de înțeles, pe care nu aș fi folosit-o ca motiv de a nu mai continua[118]. Din contră, îmi doream foarte mult să continuăm — mă simțeam ca și cum aș fi fost fiul lui. Apoi s-a întâmplat ceva care a afectat relația noastră.

Freud a avut un vis legat de un subiect important pe care nu îl pot dezvălui. L-am analizat și i-am spus că sunt mai multe de zis dacă îmi povestește câteva lucruri din viața sa personală. M-a privit cu o expresie ciudată de neîncredere și mi-a zis: „Pot să îți spun mai multe, însă nu îmi pot risca autoritatea".[119] Atunci am înțeles că analiza nu poate continua mai mult de-atât, pentru că el pune autoritatea mai presus de adevăr. Mi-am spus că trebuie să mă opresc acolo. Nu l-am mai întrebat niciodată despre alte vise. Trebuie să înțelegeți că vă vorbesc cât pot de obiectiv, însă trebuie să includ această experiență cu Freud deoarece este cel mai important element din relația mea cu el. Nu putea tolera niciun fel de critică.

Cum Freud reușea doar parțial să dezlege visele mele, conținutul simbolic din ele a crescut, așa cum se întâmplă mereu până în momentul în care este înțeles. Dacă cineva are o perspectivă îngustă asupra semnificației conținutului din vise, apare o stare de disociere și te simți ca și cum ai fi

---

118 Colaborarea cu Freud. (N.t.)

119 În mai multe interviuri, Jung a indicat faptul că și-a dat seama că visul lui Freud avea legătură cu relația sa extraconjugală cu cumnata sa, Minna Bernays (interviul din 29 august 1953, cu Kurt Eissler, Colecția Sigmund Freud, Secțiunea Manuscrise, Biblioteca Congresului, Washington, DC); John Billinsky, „Jung and Freud (the End of a Romance)", *Andover Newton Quarterly* 10 (1969): pp.39–43. Cu privire la acest subiect, vezi Peter Swales, „Freud, Minna Bernays, and the Conquest of Rome: New Light on the Origins of Psychoanalysis", *New American Review* 1, nr. 2–3 (1982): 1–23; și Franz Maciejewski, „Freud, His Wife, and His «Wife»", *American Imago* 63 (2006). pp. 497–506 (ultimul relatează faptul că Freud s-a cazat în august 1898 la hotelul Schweizerhaus din Maloja, Elveția, împreună cu cumnata sa, sub numele „Domnul și doamna Freud").

orb sau surd. O persoană deconectată ce trăiește o astfel de experiență împietrește afectiv.

Pe drumul de întoarcere din America am avut un vis care stă la baza lucrării mele *The Psychology of the Unconscious*.[120] În acele vremuri nu aveam habar de inconștientul colectiv. Consideram conștiința ca fiind o cameră de deasupra, iar inconștientul, o pivniță de dedesubt, sub care era un izvor în pământ, corpul, ce trimite în sus instinctele. Aceste instincte tind să intre în conflict cu idealurile noastre conștiente, de aceea le ținem închise. Aceasta e imaginea pe care o folosisem întotdeauna pentru mine însumi, până când am avut acest vis pe care sper să vi-l spun fără să intru în detalii personale.

Am visat că sunt într-o casă medievală, o casă mare, cu multe camere, culoare și scări. Am intrat din stradă și am ajuns într-o cameră cu arcade în stil gotic, iar de acolo am coborât într-o pivniță. M-am gândit că acum eram la temelia casei, însă am zărit în podea o deschizătură pătrată. Cu o lanternă în mână am aruncat o privire în această gaură și am văzut trepte care duceau tot mai în jos. Am coborât. Treptele erau pline de praf și foarte vechi, iar aerul era înăbușitor. Întreaga atmosferă era stranie. Am ajuns la o altă pivniță, cu aspect antic, poate romană, și iarăși am găsit o gaură în podea prin care puteam să mă uit într-o criptă în care erau vase preistorice de ceramică, oase și cranii; cum praful era

---

120 Jung a publicat inițial lucrarea *Wandlungen und Symbole der Libido: Beiträge zur Entwicklungsgeschichte des Denkens* în două părți, în *Jahrbuch für psychoanalytische und psychopathologische Forschungen*, în 1911 și 1912, și sub formă de carte în 1912; tradusă în engleză de Beatrice M. Hinkle, cu titlul *Psychology of the Unconscious: A Study of the Transformations and Symbolisms of the Libido; A Contribution to the History of the Evolution of Thought*, în 1916. Semnificativ revizuită și extinsă cu titlul *Symbole der Wandlung: Analyse des Vorspiels zu einer Schizophrenie*, în 1952; tradusă *„Symbols of Transformation: An Analysis of the Prelude to a Case of Schizophrenia"*, 1956 (OC 5). / În AVR, p. 192, Jung a descris visul ca fiind „un fel de preludiu la cartea mea".

neatins, m-am gândit că tocmai am făcut o mare descoperire. Apoi m-am trezit.

Freud a spus că acest vis înseamnă că sunt anumite persoane apropiate mie cărora le doresc puternic moartea,[121] însă eu credeam că înțelesul este cu totul altul, chiar dacă încă nu știam care este. Mă tot gândeam: pivnița este inconștientul, dar ce reprezintă casa medievală? Mi-am dat seama mult mai târziu. Sub ambele pivnițe era ceva — rămășițe ale omului preistoric. Ce însemna oare asta? Am avut un sentiment cât se poate de impersonal cu privire la vis. Fără voie am început să îmi imaginez diverse în legătură cu visul, cu toate că atunci nu știam nimic despre principiul imaginației active, folosită pentru a aduce la lumină material din inconștient. Mi-am spus: „Ar fi frumos să fac săpături. Unde pot avea posibilitatea să fac asta?“ Imediat ce am ajuns acasă am căutat un loc unde se făceau săpături și m-am dus acolo.

Nu a fost suficient să fac asta. M-am gândit apoi la Est și am început să citesc despre săpăturile care se făceau în Babilonia.[122] Atenția mi s-a mutat către cărți și am dat peste o carte germană, numită *Mitologie și simbolism*. Am citit cele trei sau patru volume cu cea mai mare viteză, ca un nebun, până când am ajuns mai derutat decât fusesem în spital. Printre altele, în 1909[123] părăsisem spitalul după ce lucrasem acolo opt ani, iar acum mi se părea că trăiam într-un ospiciu creat de mine. M-am apropiat de toate aceste personaje imaginare,

---

121 E.A. Bennet povestește că Jung i-a spus faptul că i-a răspuns lui Freud zicându-i că este vorba de soția sa (C.G. *Jung* [1961; Wilmette: Chiron Books, 2006], p. 89). Anielei Jaffé, Jung i-a spus că le-a numit pe soția și pe cumnata sa (AVR, p. 193). Pentru a vedea comentarii ulterioare despre semnificația visului, vezi „Simboluri și interpretarea viselor“ (1961), OC vol. 18, cap. II, și discuțiile Jung/ Jaffé, Colecția Jung, Secțiunea Manuscrise, Biblioteca Congresului, p. 107.

122 Adică Mesopotamia. / Lucrarea către care s-a îndreptat Jung este *Symbolik und Mythologie der alten Völker*, de Friedrich Creuzer (Leipzig și Darmstadt, 1810–1823). Cf. AVR, p. 196.

123 *Freud/Jung*, 140J, 12 mai 1909; AVR, p. 149.

centauri, nimfe, satiri, zei și zeițe, ca și cum îmi erau pacienți și îi analizam. Am citit un mit grecesc sau african ca și cum un nebun mi-ar povesti viața sa — m-am cufundat în încercarea de a-i dezlega sensul.

Din toate acestea a apărut treptat lucrarea *The Psychology of the Unconscious*, deoarece în timpul căutărilor mele am dat peste fanteziile descrise de Miller,[124] care au fost ca un catalizator pentru toate informațiile pe care le acumulasem. Am văzut în domnișoara Miller o persoană care, ca și mine, avusese viziuni de natură mitologică, imagini și vise cu un caracter profund impersonal. Am recunoscut imediat caracterul lor impersonal, ca și faptul că ele vin din „pivnițele" din profunzime, deși nu le-am numit inconștient colectiv. Astfel a apărut cartea.

Cât am lucrat la carte am fost bântuit de coșmaruri. Simt că trebuie să vorbesc despre visele pe care le-am avut, cu toate că unul este foarte personal. Însă visele au influențat toate schimbările importante și teoriile din viața mea. Așa am ajuns, de exemplu, să studiez medicina, din cauza unui vis, cu toate că inițial eram hotărât să devin arheolog. Având această primă intenție în minte, m-am înscris pe lista studenților la filosofie de la universitate, însă apoi a apărut un vis și am schimbat cu totul direcția.[125] Când scriam *The Psychology of the Unconscious*, toate visele pe care le aveam indicau o despărțire de Freud. Credeam, desigur, că va accepta pivnițele mai profunde de sub a lui, însă visele mă pregăteau pentru contrariu. Freud nu a

---

124 Dra Frank Miller era americancă, lector, predând cursuri de scenaristică (design vestimentar), a studiat o perioadă la Universitatea din Geneva, cu Théodore Flournoy. A scris un articol, „Some Instances of Subconscious Creative Imagination", publicat (în franceză) în *Archives de psychologie* (vol. V, Geneva, 1905), cu o introducere de Théodore Flournoy. Exemplarul lui Jung al acestui articol cuprinde foarte multe însemnări. Vezi în continuare, Prelegerea a IV-a, n.129. Vezi Shamdasani, „A Woman Called Frank", *Spring: A Journal of Archetype and Culture* 50 (1990) pp. 26–56.

125 Visul despre radiolar: AVR, p. 111. Ilustrat în *Jung: Word and Image*, p. 90.

putut vedea în această lucrare decât o rezistență față de tată,[126] iar aspectul față de care a avut cele mai puternice obiecții a fost afirmația mea că libidoul este clivat și se produce acel lucru care se limitează pe sine. Pentru el, ca monist, aceasta era o cumplită blasfemie. Din atitudinea lui Freud am fost mai convins ca niciodată că ideea sa despre Dumnezeu era plasată în sexualitate și că, pentru el, libidoul este doar un impuls care merge într-o singură direcție. În realitate, sunt de părere că se poate demonstra că există atât o pulsiune de moarte, cât și o pulsiune de viață. Ne pregătim pentru moarte după ce atingem apogeul vieții, sau, altfel spus, cam după vârsta de treizeci și cinci de ani începem să simțim atingerea unor vânturi mai reci — la început nu înțelegem, însă mai târziu nu putem să nu vedem semnificația.

După despărțirea de Freud, elevii pe care îi aveam în întreaga lume m-au părăsit și s-au dus către el.[127] Li s-a spus că lucrarea mea era demnă de aruncat la coș și că sunt un mistic, iar astfel problema a fost rezolvată. Deodată m-am trezit complet singur. Oricât de inconvenabilă a fost această situație, pentru mine, ca introvert, a avut un avantaj: a favorizat mișcarea libidoului pe verticală. Rupt de mișcarea pe orizontală pe care o aduce activitatea în lumea exterioară, am fost condus să explorez în detaliu lucrurile din interiorul meu.

Când am terminat de scris *The Psychology of the Unconscious*, am trăit un moment de o claritate neobișnuită, în care am examinat drumul pe care mersesem până atunci.

---

126 Se spune că Freud i-a returnat cartea lui Jung cu mesajul: „Rezistență față de tată!“ Însă un exemplar al primei ediții există în biblioteca lui Freud din Londra, cu textul lui Jung, „Depusă la picioarele Profesorului și Maestrului, de elevul său neascultător, dar recunoscător“. (*Freud/Jung*, 324F n.2). Vezi și *Jung: Letters*, vol. 1, p. 73, într-o scrisoare din 4 martie 1930: „Freud mi-a primit cartea, însă mi-a spus că nu era altceva decât rezistența mea față de tată“.

127 În lucrarea sa „Despre istoria mișcării psihanalitice“, *Opere*, vol. 16, Freud recunoaște faptul că cei mai mulți elevi ai săi au venit către el prin intermediul mișcării din Zürich.

M-am gândit: „Acum ai în posesia ta cheia către mitologie și ai puterea de a deschide toate ușile“. Imediat ceva din mine a spus: „De ce să deschizi toate ușile?“[128] M-am surprins, apoi, întrebându-mă ce realizasem în definitiv. Scrisesem o carte despre erou, explicasem miturile unor popoare din vechime, dar ce se întâmpla cu mitul meu personal? Trebuia să recunosc că nu aveam unul. Le știam pe ale lor, însă niciunul nu era al meu și nimeni altcineva nu avea un mit personal în prezent. Mai mult decât atât, nu ne puteam înțelege inconștientul. În jurul acestor reflecții, precum în jurul unui nucleu fundamental, s-au dezvoltat toate ideile care au căpătat o formă parțială în cartea despre tipurile psihologice.

---

[128] Cf. AVR, p. 204.

Prelegerea a IV-a
Întrebări și discuții

Întrebarea dnei dr. Mann: „Nu cu ajutorul intuiției intrăm în contact cu funcția transcendentă? Dacă o persoană nu are intuiție, nu îi este mai greu? Trebuie să atingem funcția transcendentă singuri, nu ajutați?"

Dr. Jung: Rolul pe care îl joacă intuiția în atingerea funcției transcendente depinde foarte mult de tipologia acelei persoane. De exemplu, dacă funcția superioară este intuiția, atunci intuițiile sunt o piedică, întrucât funcția transcendentă ia naștere sau are loc în relația dintre funcția superioară și cea inferioară. Funcția inferioară poate ieși la suprafață doar cu prețul sacrificării celei superioare, astfel că, pentru tipul intuitiv, intuiția trebuie învinsă, ca să zicem așa, pentru ca funcția transcendentă să apară. Pe de altă parte, dacă cineva este tipul senzație, atunci intuiția este funcția inferioară și putem spune că ajungem la funcția transcendentă prin intermediul intuiției. Este adevărat că în analiză deseori pare că intuiția este cea mai importantă dintre funcții, dar asta se întâmplă pentru că analiza este ca un experiment de laborator, și nu realitatea propriu-zisă.

PRELEGERE

La ultima noastră întâlnire v-am spus tot ceea ce am putut despre cum a apărut lucrarea *The Psychology of the Unconscious*, precum și cum m-a influențat. A fost publicată în 1912, cu titlul *Wanderlungen und Symbole der Libido*. Problema pe care mi-a adus-o în atenție a fost relația dintre mitul eroului și timpurile noastre. După cum v-am spus, Freud nu era sub nicio formă de acord cu ipoteza principală a cărții, aceea că libidoul se clivează într-un flux pozitiv și unul negativ. Publicarea cărții marchează sfârșitul prieteniei noastre.

Astăzi aș dori să vorbesc despre latura subiectivă a lucrării *The Psychology of the Unconscious*. Când scrii o astfel de carte, crezi că scrii despre anumite idei obiective, iar în cazul meu am crezut că analizez dintr-o anumită perspectivă doar fanteziile drei Miller, împreună cu materialul mitologic asociat lor. Mi-a luat mult timp să înțeleg că un pictor poate picta un tablou și să creadă că totul s-a încheiat acolo, că tabloul nu are nicio legătură cu el însuși. La fel și mie, mi-au trebuit câțiva ani să înțeleg faptul că *The Psychology of the Unconscious* mă reprezintă și că analiza psihologică a cărții duce în mod inevitabil la analiza propriilor mele procese inconștiente. Oricât de dificil ar fi de făcut într-o prelegere, tocmai despre aspectul acesta aș vrea să discut, evidențiind mai ales modul în care această carte se pare că a anticipat viitorul.

După cum vă aduceți aminte, cartea începe cu o afirmație despre două modalități de gândire care se pot observa: gândirea logică sau direcționată și gândirea fantasmatică sau pasivă, automată. În gândirea direcționată, gândurile sunt văzute ca instrumente, folosind scopurilor celui care gândește, iar în gândirea pasivă gândurile sunt ca niște indivizi care umblă pe cont propriu, cum s-ar spune. Gândirea fantasmatică nu recunoaște ierarhia; gândurile pot chiar să se opună tendințelor eului.

Am considerat fantasmele drei Miller ca fiind o astfel de formă de gândire autonomă, însă nu mi-am dat seama că ea reflecta același fel de gândire din mine însumi. Dra Miller mi-a acaparat imaginația și a început să o dirijeze, dacă e să interpretăm cartea la nivel subiectiv. Cu alte cuvinte, ea a devenit o imagine a animei, purtătoare a funcției inferioare de care eram prea puțin conștient. La nivel conștient eram un gânditor eficient, obișnuit să îmi direcționez gândurile pe căi foarte clare și de aceea a fantasma era un proces mental pe care îl respingeam. Ca formă de gândire, consideram că fantasmarea este cu totul necuviincioasă, ca un fel de relație incestuoasă, cu totul imorală din punct de vedere intelectual. A-i da voie fantasmării să se manifeste în mine era similar cu ce ar fi trăit un om dacă ar fi intrat în atelierul său de lucru și ar fi găsit toate uneltele zburând de colo-colo și făcând lucruri independent de voința lui. Cu alte cuvinte, m-a șocat să mă gândesc la posibilitatea existenței unei vieți fantasmatice în propria mea minte. Contrazicea toate idealurile intelectuale pe care le construisem în legătură cu mine. Atât de puternică a fost rezistența mea la această idee, încât am putut să accept realitatea aceasta din mine doar proiectându-mi materialul în cel al drei Miller. Sau, spunând și mai clar, gândirea pasivă mi se părea ceva atât de neadecvat și greșit, încât am putut să o abordez doar prin intermediul unei femei bolnave. De altfel, mai târziu dra Miller a înnebunit complet. În timpul războiului am primit o scrisoare de la medicul drei Miller din America, în care îmi spunea că analiza pe care am făcut-o materialului ei imaginar fusese foarte corectă și că miturile cosmogonice din nebunia ei au ieșit în totalitate la lumină.[129] Și Flournoy,

---

129 În 17 decembrie 1955, Edwin Katzenellenbogen îi scria lui Jung, „Cu mulți ani în urmă, referitor la «drumul libidoului» v-am relatat faptul că autoarea poemului, dra Miller, mi-a fost pacientă la spitalul Statul Danvers. Diagnosticul meu, după examinarea persoanei, a confirmat pe de-a-ntregul analiza intuitivă a autoarei, făcută doar pe baza broșurii ei. V-am adus la cunoștință acest fapt la momentul respectiv" (Arhivele Jung, Swiss Federal Institute of Technology, Zürich). Frank Miller a fost diagnosticată ca „personalitate psihopată, cu trăsături hipomaniacale". A fost externată după o săptămână, iar apoi internată voluntar la sanatoriul McLean, cu diagnosticul „caracter psihopat", iar la plecare, câteva luni mai târziu, starea era „cu mult îmbunătățită". În niciun dosar nu există însemnări despre mituri cosmogonice, despre un diagnostic de dementia praecox sau o tulburare psihică cronică. În acea perioadă,

sub supravegherea căruia dra Miller se afla atunci când am citit prima dată textul scris de ea, mi-a spus că analiza mea era corectă.[130] Era o presiune atât de mare a inconștientului colectiv, încât nu este de mirare că a fost în cele din urmă copleșită.

Mi-am dat seama atunci că în studiul drei Miller îmi analizam propria funcție a imaginației, care, fiind puternic refulată, ca și în cazul ei, avea trăsături morbide. Când o funcție este atât de refulată, se contaminează cu conținut din inconștientul colectiv. Așadar, cazul drei Miller este o descriere a gândirii mele contaminate. Astfel că, în această lucrare, se pune problema funcției inferioare și a animei.

În cea de-a doua parte a cărții apare „Imnul creatorului".[131] Acesta reprezintă expresia pozitivă a energiei în desfășurare sau a unei forțe generatoare. Este calea ascendentă. „Cântecul fluturelui de noapte"[132] este calea descendentă; este creat din lumină, iar apoi procesul de creație se îndreaptă către sfârșit, un fel de enantiodromie. În prima fază este perioada de creștere, de tinerețe, de lumină și vară. Pentru fluturele de noapte, libidoul este descris ca arzându-i aripile în lumina care îl crease inițial; apropiindu-se de flacără, va muri mânat de același impuls care i-a dat viață. Cartea se termină cu această dualitate caracteristică principiului universal. Aceasta duce la perechile de opuse, adică la începutul *Tipurilor*.[133]

---

conceptul de psihopatie era foarte des folosit, referindu-se la moștenirea ereditară. Vezi și lucrarea mea, „A Woman Called Frank", op. cit.

130 O.C: 5, p. 19: Cuvânt-înainte la ediția a doua.

131 OC vol. 5, par. 46 și următoarele: capitolul al IV-lea din prima parte (nu a doua parte a cărții). Miller și-a imaginat un „poem în vis", intitulat „Odă lui Dumnezeu", pe care, la trezire, l-a notat într-un album. (Cf. S.T. Coleridge, „Kublai Khan".)

132 Ibid., par. 115 și următoarele: capitolul al V-lea. Similar, Miller a mai creat un poem numit „A Moth to the Sun".

133 *Psychologische Typen* (1921); tradusă în engleză de H.G. Baynes, *Psychological Types* (1923), cu subtitlul *„The Psychology of Individuation"*, care nu a fost păstrat în edițiile ulterioare, nici în engleză (CW 6), nici în română: *Tipuri psihologice*, OC6. Cf. AVR. p. 246.

Următoarea parte a cărții abordează un alt aspect al energiei creatoare. Energia se poate manifesta într-o varietate de forme și într-un proces de transformare dintr-una[134] în alta. Transformarea fundamentală este cea care rezultă atunci când energia trece de la nevoi pur biologice la realizări culturale. De aici încolo este o chestiune de evoluție. Atunci cum este posibilă trecerea directă, de exemplu, de la sexual la spiritual, nu numai din punct de vedere științific, ci și ca manifestare caracteristică individului? Sexualitatea și spiritualitatea sunt o pereche de opuse care au nevoie una de alta. Cum are loc procesul care duce de la stadiul sexual la cel spiritual?

Prima imagine care apare este eroul. Este o imagine a idealului, ale cărei trăsături se schimbă odată cu vârsta. A personificat dintotdeauna lucrurile pe care oamenii le valorizează cel mai mult. Eroul întruchipează transformarea pe care o căutăm, dat fiind că în stadiul sexual omul se simte puternic dominat de natură, forță pe care nu o poate stăpâni sub nicio formă. Eroul este omul perfect, reprezintă protestul umanității la adresa naturii care încearcă să îi răpească omului această posibilitate de a fi perfect. Inconștientul produce simbolul eroului, astfel că eroul semnifică o schimbare de atitudine. Însă acest simbol al eroului vine tot din inconștient, care este de asemenea natură, aceeași natură care nu este deloc interesată de idealul pe care omul se luptă să îl împlinească. Drept urmare, omul intră în conflict cu inconștientul, iar miza acestei lupte constă în a-și câștiga libertatea în relație cu inconștientul, mama sa. După cum am spus, inconștientul său creează imagini ale omului perfect, însă, când omul încearcă să devină eroul, apare o altă tendință din inconștient, aceea de a încerca să distrugă imaginea eroului. Astfel se constelează mama teribilă, balaurul devorator, primejdiile renașterii etc.

---

[134] În manuscris este posibil să fie o eroare de dactilografiere.

În același timp, apariția idealului eroului semnifică întărirea speranțelor omului. Îi oferă omului ideea că își poate restructura drumul în viață dacă mama îi va permite. Aceasta nu se poate face printr-o renaștere propriu-zisă, astfel că are loc un proces de transformare sau renaștere psihică. Aceasta nu se poate realiza însă fără o confruntare serioasă cu mama. Întrebarea fundamentală este următoarea: va permite mama ca eroul să se nască? Și ce este de făcut pentru a mulțumi mama, ca ea să permită acest lucru?

Astfel ajungem la ideea de sacrificiu așa cum apare în tema sacrificării taurului din cultul zeului Mithra.[135] Sacrificiul nu este un concept creștin, ci mithraic. Nu este sacrificat eroul propriu-zis, ci latura sa animalică, taurul.

O discuție privind rolul mamei sau al inconștientului ca fiind atât loc al nașterii, cât și sursă a distrugerii conduce la ideea rolului dual al mamei sau a existenței perechii de opuse în inconștient, a principiului construirii și principiului distrugerii. Este necesar un sacrificiu pentru ca eroul să se poată desprinde de sub influența inconștientului și să-și câștige propria autonomie. El trebuie să se răscumpere și să născocească un mod de a umple golul din inconștient. Ce trebuie sacrificat? Conform mitologiei, este copilăria, vălul Mayei, idealurile care nu mai sunt necesare.

În legătură cu aceasta, pot spune că este un pasaj în *The Psychology of the Unconscious* pentru care am fost deseori criticat.[136] Acolo spuneam că cel mai mare ajutor în a depăși pericolele renașterii și în a ne elibera de mamă este munca susținută. Uneori, reflectând la ceea ce am spus, m-am gândit că a fost o modalitate superficială și nepotrivită de a atinge

---

135 Cf. transcrierii, „Mithra". Mithraismul, folosit de Jung ca paradigmă, a fost o religie răspândită în Imperiul Roman, aproximativ în secolul al II-lea î.H., ce avea la bază opoziția dintre bine și rău.

136 În ediția din 1916, p. 455 (ediția din 1919, p. 252). În *Simboluri ale transformării* acest pasaj nu mai apare.

această problemă deosebit de importantă și eram înclinat să le dau dreptate criticilor mei. Însă cu cât mă gândeam mai mult la asta, cu atât mai mult eram convins că de fapt am avut dreptate prima dată, iar eforturile noastre constante și repetate de a fi mai puțin inconștienți — adică munca susținută — au construit umanitatea noastră. Putem învinge inconștiența prin muncă susținută, niciodată printr-un gest impresionant. Dacă îl întreb pe un negru: Cum faci față inconștientului? El îmi răspunde: „Prin muncă". „Dar toată viața ta este doar distracție", îi spun. El neagă vehement asta și îmi explică cum mare parte din viața lui se implică în desfășurarea celor mai laborioase dansuri pentru spirite. Pentru noi dansul este doar distracție, ușurință și grație, însă pentru primitivi este muncă grea. Putem spune despre toate ceremoniile că reprezintă muncă și că sentimentul nostru legat de muncă derivă de acolo.

Mergând mai departe pe această temă, vă pot da drept exemplu ce face un aborigen din Australia atunci când se îmbolnăvește. Merge acolo unde *churinga*[137] sa este ascunsă între stânci. O freacă. *Churinga* este încărcată cu putere vindecătoare, iar atunci când o freacă această putere pătrunde în el și boala se duce în *churinga*, care apoi este pusă înapoi la locul ei dintre stânci, unde poate mistui boala și se reîncarcă cu energie vindecătoare. Aceasta înlocuiește rugăciunea. Putem spune că cineva își ia puterea de la Dumnezeu prin rugăciune, însă primitivul își ia această putere prin muncă.

---

137 „Piatra sufletului" sau fetiș. Cf. „Despre energetica sufletului" (1928, OC 8), par. 119. Jung a început lucrarea în 1912, imediat după încheierea *Wandlungen und Symbole*, însă a lăsat-o deoparte pentru a lucra la tema tipurilor („On Psychic Energy", par. 1, n. 1). Inspirația sa pentru aborigenii din Australia o reprezintă lucrarea *The Northern Tribes of Central Australia* (1904), de W.R. Spencer și F.J. Gillen, citată în *Tipuri psihologice*, mai ales par. 496.

Dacă ați urmărit aceste explicații de până acum, ați văzut că materialul mitologic pe care îl studiam nu avea cum să nu mă impresioneze profund. Una dintre cele mai importante influențe a fost faptul că am amplificat boala drei Miller în mituri, într-o manieră care avea sens pentru mine, și astfel am asimilat propria-mi latură Miller, proces ce m-a ajutat mult. Metaforic vorbind, am găsit un bulgăre de argilă, l-am transformat în aur și l-am pus în buzunar. Am asimilat latura drei Miller și mi-am întărit forța imaginației cu ajutorul materialului mitologic. Apoi mi-am continuat gândirea activă, însă cu ezitări. Părea că imaginația mea se îndepărtează de materialul în chestiune.

Am scris puțin în această perioadă. Din cauza faptului că îmi făceam griji legate de conflictul meu cu Freud, am ajuns să îl studiez atent pe Adler,[138] pentru a înțelege care erau argumentele sale împotriva lui Freud. Imediat m-a izbit diferența de tipologie psihologică.[139] Ambii tratau nevroza și isteria și, totuși, unuia i se părea într-un fel, iar celuilalt, cu totul diferit. Nu vedeam nicio rezolvare. Atunci mi-a trecut prin minte ideea că este posibil să am de-a face cu două tipuri psihologice diferite, care sunt menite să abordeze aceleași experiențe din perspective diferite. Am început să caut printre pacienții mei pe cei care se potrivesc teoriilor lui Adler, respectiv teoriilor lui Freud, și astfel am ajuns să elaborez teoria

---

138 După ce Alfred Adler s-a despărțit de Freud, în primăvara anului 1911, referirile lui Jung la acesta (în scrisorile către Freud) erau negative. Cu toate acestea, în toamna anului 1912, în introducerea lucrării „Încercarea unei lucrări a teoriei psihanalitice" (OC4, p. 127), Jung a scris: „Constat că Adler și cu mine am ajuns la rezultate asemănătoare în diferite puncte". Cf. *Freud/Jung*, 333 n. 1. În 1912 Jung a scris o recenzie pozitivă, nepublicată, cărții lui Adler *Caracterul nevrotic*, intitulată „On the Theory of Psychoanalysis: Review of a Few New Works". Pe această temă, vezi Shamdasani, *Jung and the Making of Modern Psychology: The Dream of a Science* (Cambridge: Cambridge University Press, 2003), pp. 55 și următoarele.

139 Vezi OC vol. 6, par. 88–92.

privind extraversia și introversia. Au urmat multe discuții printre prieteni și cunoștințe, din care mi-am dat seama că am tendința de a-mi proiecta latura extravertită inferioară pe prietenii extravertiți, iar ei, latura introvertită pe mine. Stând de vorbă cu prieteni apropiați, am înțeles faptul că, din cauza acestui proces continuu de proiecție a funcției mele inferioare pe ei, aveam mereu tendința să îi devalorizez. Puteam să îmi abordez pacienții mai impersonal și obiectiv, însă cu prietenii aveam o relație afectivă, iar cum sentimentul este o funcție mai puțin dezvoltată la mine, așadar, aflată în inconștient, era purtătoarea multor proiecții. Treptat am realizat un lucru care m-a uimit, și anume existența acestei personalități extravertite pe care fiecare introvertit o are în inconștient și pe care am proiectat-o pe prietenii mei în detrimentul lor. A fost la fel de deranjant și pentru prietenii mei extravertiți să accepte personalitatea introvertită inferioară ce o poartă în ei. Din aceste întâmplări, în parte personale, am scris un mic pamflet despre tipurile psihologice, pe care l-am citit apoi ca lucrare la un congres.[140] Conținea câteva greșeli pe care le-am corectat ulterior. De exemplu, consideram că un extravertit trebuie să fie mereu tipul simțire, ceea ce era în mod clar o proiecție ce a rezultat din faptul că propria mea extraversie era asociată funcției mele inconștiente simțire.

Toate acestea reprezintă cadrul exterior al evoluției cărții mele despre tipurile psihologice. Aș putea la fel de bine să spun că așa a apărut cartea și să închei aici. Însă mai este o latură, o țesătură de greșeli, gândire tulbure etc., aspecte care sunt mereu greu de făcut publice pentru un bărbat. Lui îi place să prezinte rezultatul final al gândirii sale și să vă

---

140 „Despre problema tipurilor psihologice" (OC vol. 6, anexă), prelegere în cadrul Congresului de Psihanaliză de la München, 1913 (ultima dată când Jung și Freud s-au întâlnit). În par. 880–882, Jung compară teoriile lui Freud și Adler în termeni de tipuri.

facă să înțelegeți că așa s-a născut în mintea lui, fără niciun cusur. Atitudinea unui bărbat tip gândire față de viața sa intelectuală este comparabilă cu cea a unei femei față de viața sa amoroasă. Dacă o întreb pe o femeie în legătură cu bărbatul cu care s-a căsătorit: „Cum s-a întâmplat?“, ea îmi va spune: „L-am cunoscut și l-am iubit, asta-i tot“. Ea va ascunde cu grijă toate impasurile trăite pe drumul amoros pe care l-a parcurs, toate micile răutăți și situații condamnabile în care a fost implicată, și vă va oferi o poveste curgătoare, de o desăvârșire nemaiîntâlnită. Mai presus de toate vă va ascunde toate greșelile pe care le-a făcut în relație. Ea nu va recunoaște că a greșit în demersurile funcției sale celei mai dezvoltate.

La fel se întâmplă cu un bărbat și cartea sa. El nu vrea să vorbească despre *faux pas*, despre gafele lui. De aceea, majoritatea autobiografiilor sunt minciuni. Așa cum sexualitatea este în mare măsură inconștientă la femei, la fel este pentru bărbați această latură inferioară a gândirii lor. Astfel, cum o femeie își clădește sediul puterii în sexualitatea ei și nu va divulga niciun secret privind aspectele vulnerabile, un bărbat își înrădăcinează puterea în gândirea sa și își propune să o folosească pe post de bastion în confruntarea cu ceilalți, mai ales cu alți bărbați. El consideră că, dacă spune adevărul în acest domeniu, este ca și cum s-ar preda în fața inamicului.

Însă pentru o femeie nu e respingătoare latura inferioară a gândirii lui, astfel că de obicei un bărbat poate vorbi liber despre aceasta cu o femeie, mai ales cu un anumit tip de femeie. După cum știți, consider că femeile se împart în două tipuri, mama și hetaira.[141] Tipul hetairei joacă rolul de mamă pentru cealaltă latură a gândirii bărbatului. Însuși faptul că

---

[141] Jung a discutat pe scurt tipologiile de femei într-un eseu din 1927; cf. „Suflet și pământ“, OC vol. 10, par. 75 și următoarele. Într-o prelegere de la Clubul psihologic din Zürich, Toni Wolff a prezentat o schemă cuaternară, care cuprinde aceste tipuri și încă două, amazoana și femeia mediu: „Structural Forms of the Feminine Psyche“, trad. Paul Watzlawik

este un mod de gândire mai puțin dezvoltat și neputincios este atrăgător pentru acest gen de femeie; ea consideră că este ceva în stare embrionară pe care îl ajută să se dezvolte. Pe cât de paradoxal poate părea, uneori și o cocotă poate ști mai multe despre dezvoltarea spirituală a unui bărbat decât propria soție.

În acea perioadă, pe cât de mult gândisem activ până atunci, a trebuit să găsesc o cale să-mi înfrânez modul acesta de a fi, să zic așa, și să asimilez cealaltă latură, latura pasivă a vieții mele mentale. Niciunui bărbat nu-i place să facă asta deoarece se simte foarte neputincios. Nu o poate controla pe deplin și se simte inferior — e ca și cum ar fi un buștean azvârlit într-un râu, astfel că încearcă să iasă din această situație cât mai repede cu putință. O respinge deoarece nu este intelect pur — chiar mai rău de atât, poate fi emoție. Simte că este o victimă a întregii situații și totuși trebuie să se abandoneze stării pentru a ajunge la resursele sale creative. Deoarece anima mea fusese fără îndoială trezită de materialul mitologic pe care îl studiam, acum eram forțat să îi dau atenție acelei laturi, cu alte cuvinte laturii mele inferioare din inconștient. Știu că pare foarte ușor, însă este o afirmație pe care un bărbat urăște să o facă.

Ce am făcut pentru a ajunge la această latură inferioară și inconștientă a mea a fost să realizez noaptea exact opusul modului meu de funcționare mentală din timpul zilei. Cu alte cuvinte, mi-am orientat întreaga energie către interior pentru a observa ceea ce visam. Léon Daudet[142] spusese că visele nu apar doar în somn, ci, având o viață proprie, continuă și pe parcursul zilei, sub nivelul conștienței. Desigur că nu este o

---

(Students Association, Institutul C.G. Jung, Zürich, 1956). Cf. Wolff, *Studien zu C.G. Jung Psychologie* (Zürich, 1959), pp. 269–283.

142 Cf. Daudet, „*L'Hérédo: Essai sur le drame intérieur*" (1916), citat în lucrarea „Relațiile dintre Eu și inconștient" (1928), OC 7, par. 233, 270.

idee nouă, însă nu poate fi evidențiată prea des. Cineva își poate observa cel mai bine visele noaptea, deoarece atunci este pasiv. Însă, în cazul unui pacient cu dementia praecox se poate vedea cum visele urcă la suprafață și în timpul zilei, pentru că astfel de oameni sunt pasivi tot timpul, să spunem așa, și pur și simplu ei se lasă purtați de viața fantasmatică. Mintea unui bărbat tipul gândire este activă pe durata zilei (și țineți minte că acum vorbesc doar despre bărbați; la femei procesul este diferit). În această stare, niciun vis nu poate fi conștientizat. Adoptând o atitudine pasivă noaptea și revărsând aceeași intensitate a libidoului în inconștient pe cât am investit în muncă pe timpul zilei, putem reține visele și observa astfel manifestările inconștientului. Nu putem face asta doar stând întinși pe o canapea și relaxându-ne, trebuie să renunțăm în mod categoric la libido în favoarea inconștientului. M-am antrenat să pot face acest lucru. Am cedat toată energia mea inconștientului pentru a putea face ce mi-am propus și astfel i-am dat inconștientului o șansă. Conținutul lui a ajuns în lumină și am putut să-l prind *in flagrante*.

Am descoperit faptul că inconștientul prelucrează fantasme colective extraordinare. Așa cum înainte fusesem absorbit de analiza miturilor, acum devenisem la fel de mult interesat de materialul produs de inconștient. În realitate, aceasta este singura cale de a ajunge la originea unui mit. Astfel este cel mai corect să spun că a luat naștere primul capitol din *The Psychology of the Unconscious*. Am observat cum se creau miturile și mi-am format o imagine cu privire la structura inconștientului, dezvoltând astfel conceptul care joacă un rol atât de important în teoria *tipurilor*. Materialul empiric l-am luat de la pacienții mei, însă rezolvarea am luat-o din interior, din observarea proceselor inconștiente. Am încercat să unesc aceste două fluxuri, al experienței exterioare și cel al celei interioare în *Tipuri*, iar procesul de unificare a celor două l-am numit funcția transcendentă.[143] Am văzut cum fluxul conștiinței mergea într-o direcție, iar inconștientul în cealaltă și nu puteam să îmi dau seama unde se unesc. Individualul tinde către un clivaj abisal, deoarece intelectul poate doar să disece și să diferențieze, iar elementul creativ se află în inconștient, fiind inaccesibil intelectului. Posibilitatea existenței unei medieri între conștient și inconștient, pe care am exprimat-o prin funcția transcendentală, a venit ca o iluminare.

Acum s-a încheiat timpul și v-am spus foarte multe lucruri importante, dar să nu credeți că v-am spus totul!

---

143 Cf. OC 6, par. 184, 828.

Prelegerea a V-a
Întrebări și discuții

Nu au fost întrebări scrise. A fost pusă următoarea întrebare din sală: „Când erați în procesul de explorare a inconștientului, așa cum ne-ați povestit data trecută, ați simțit că sunteți mereu stăpân pe instrumentele dumneavoastră?"

Dr. Jung: Era ca și cum instrumentele mele erau dinamizate de libido. Dar trebuie să fie instrumente care să fie dinamizate, imaginile vii, imagini purtătoare de libido. Atunci energia suplimentară pe care cineva le-o oferă le aduce la suprafață. Dacă nu le-aș fi dat acest libido suplimentar cu care să atingă nivelul conștiinței, activitatea [inconștientă —n. red.] ar fi continuat la fel ca până atunci, însă mi-ar fi absorbit energia în inconștient. Punând libido în acestea, cineva poate intensifica vocea inconștientului.

Dl Aldrich: Este ca un *tapas*?

Dr. Jung: Da, este termenul indian pentru această modalitate de concentrare. Metoda poate fi descrisă și astfel: să presupunem că cineva fantasmează un bărbat și o femeie care se plimbă într-o cameră. El nu merge mai departe, cu alte cuvinte, abandonează acea fantasmă și trece la o alta — să zicem că îi apare imaginea unei căprioare într-o pădure sau vede păsări zburând în jur. Însă regula care se aplică în ceea ce privește fantasma este de a sta cu imaginea care apare până când epuizezi toate posibilitățile. Astfel, dacă evoc acel bărbat și acea femeie, nu las imaginea până nu aflu ce voiau să facă în acea cameră. În acest mod lăsăm fantasma să se dezvolte. Totuși, de obicei o persoană ezită să facă asta, adică să își urmeze fantasma. Ceva din ea îi șoptește că este o absurditate. De fapt, conștientul este obligat să adopte o atitudine cât se poate de devalorizantă față de materialul inconștient pentru a putea deveni conștient. De exemplu, o persoană care face eforturi să se rupă de o credință învechită poate fi observată cum o ridiculizează de obicei. Ea distruge sistemul de funcționare a credinței pentru a se împiedica pe sine să revină la starea de acceptare inconștientă. Din acest motiv este atât de greu să ajungem la materialul inconștient. Conștientul spune mereu: „Stai departe de toate astea" și caută mereu să crească și să nu reducă rezistența față de inconștient. În mod asemănător, inconștientul se opune conștientului. Tragedia specifică omului este aceea că pentru a deveni mai conștient este obligat să se separe de natură. El este fie sub influența totală a principiului enantiodromiei, în mâna forțelor naturii, fie este foarte îndepărtat de natură.

Întorcându-ne la întrebarea despre fantazare, dacă pot fi depășite rezistențele față de legătura directă cu inconștientul și cineva capătă curajul de a sta cu imaginile, atunci poate fi observată transformarea lor. Orice artist realizează spontan acest lucru, dar vede doar semnificațiile estetice ale procesului, în timp ce analistul încearcă să înțeleagă toate semnificațiile, conceptuale, estetice, afective și intuitive.

Când cineva este martorul unei astfel de scene încearcă să îi găsească sensul personal. Când aceste imagini vii sunt foarte departe de fluxul conștiinței, se poate întâmpla să izbucnească după bunul lor plac, ca în cazul demenței praecox. Dezlănțuirea clivează conștientul și îl sfâșie în bucăți, fiecare funcționând ca un Eu independent, de aici și reacțiile afective neadecvate ale acestor pacienți. Dacă totuși a rămas o insulă semnificativă de conștiență poate apărea o reacție — o voce în inconștient care să-i spună persoanei că este nebună, însă o alta o poate contrazice.

Însă, dincolo de cazurile de dementia praecox, așa-zișii oameni normali sunt destul de fragmentați, adică au reacții cu care nu sunt în acord total de cele mai multe ori. Cu alte cuvinte, nu funcționează ca un singur Eu. Există un Eu la nivelul conștiinței și un altul format din elemente arhaice inconștiente, prin puterea căruia un om care a fost timp de mulți ani el însuși cade brusc sub influența unui strămoș. Cred că reacțiile fragmentare și emoțiile neadaptate pe care oamenii le manifestă atât de des sunt cel mai bine explicate prin această ipoteză. De exemplu, o persoană care vede mereu doar partea negativă a vieții; poate că are această perspectivă unilaterală deoarece este luată în posesie de un element arhaic. La fel de brusc o altă parte din inconștientul său poate pune stăpânire pe ea și să o schimbe într-o persoană la fel de unilaterală, însă optimistă. Sunt descrise multe cazuri în literatură în care se arată aceste schimbări bruște de personalitate, însă desigur că nu sunt explicate ca fiind posesie arhaică, deoarece această idee rămâne ca ipoteză, nefiind încă dovedită științific.

Mergând mai departe, este interesant faptul că la primitivi nu există boală care să nu fie cauzată de spirite, care sunt de fapt imagini ale strămoșilor.

Există o analogie în fiziologie pentru această teorie cu privire la luarea în posesie de către strămoși, care poate aduce mai multă lumină asupra acesteia. Cancerul se consideră a fi cauzat de dezvoltarea întârziată și anarhică a unor celule embrionare izolate în țesuturile maturizate și diferențiate. Dovezi importante în acest sens le-a adus descoperirea, ca de exemplu, în coapsa unui bărbat adult a unui fetus parțial dezvoltat, acele tumori cunoscute sub denumirea de teratom. Poate ceva similar se întâmplă și în minte, a cărei construcție psihologică se spune că este un conglomerat. Poate că anumite trăsături ale strămoșilor sunt îngropate în minte sub formă de complexe, cu o viață proprie, o autonomie, care nu a fost niciodată integrată în viața individului, și care, dintr-un motiv necunoscut, se activează, ies din întunericul inconștientului în care stăteau și încep să pună stăpânire pe întreaga minte.

În acest mod tind să văd caracterul istoric al imaginilor din inconștient. Deseori aceste imagini conțin detalii care nu pot fi explicate, oricât am încerca, prin prisma experienței individuale a cuiva. Este posibil ca odată cu noi să se nască o anumită atmosferă istorică, prin intermediul căreia să repetăm detalii neobișnuite, aproape ca și cum ar fi întâmplări din trecut. Daudet a elaborat o ipoteză asemănătoare („*L'Hérédo*" și „*Le Monde des images*"), pe care o numește „auto-fécondation".[144] Indiferent de adevărul acestor speculații, în mod sigur acestea aparțin conceptului de inconștient colectiv.

Un alt mod de a explica această idee privind posedarea de către strămoși ar fi că aceste complexe autonome există în minte sub formă de unități ereditare, transmise integral din generație în generație, neinfluențate de viața individului. Atunci apare următoarea întrebare: aceste unități psihologice ereditare pot fi sparte și asimilate astfel încât individul să nu mai cadă victimă lor? În mod sigur, analiza face o încercare semnificativă în acest sens. Poate nu reușește asimilarea completă a complexului sau a unității în psihic, însă cel puțin indică o cale de relaționare cu acestea. Astfel, analiza devine un procedeu ortopedic asemănător celui folosit, de exemplu, în boli precum ataxia locomotorie. Boala rămâne la fel, însă pot fi făcute anumite ajustări pentru a compensa blocajul locomotor — cel care suferă de această boală poate învăța să-și controleze mișcările corpului în mers mișcându-și ochii și astfel să compenseze sensibilitatea tactilă deteriorată.

---

144 Vezi Prelegerea a IV-a.

PRELEGERE

Astăzi aș dori să vorbesc în continuare despre contextul apariției cărții despre tipurile psihologice.

Îndată ce începe cineva să își observe mintea, începe să vadă fenomenele autonome în care trăiește ca spectator sau chiar ca victimă. E ca și cum cineva ar păși din spațiul protector al casei sale într-o pădure străveche și s-ar confrunta cu toți monștrii care sălășluiesc acolo. Oricine ar fi reticent în a-și schimba modul de funcționare și să experimenteze această stare. E ca și cum cineva ar renunța la liberul său arbitru și s-ar pune în poziție de victimă, pentru că, odată cu această schimbare a funcționării, apare o atitudine cu totul diferită de gândirea dirijată. Acela este purtat în necunoscutul acestei lumi, nu numai într-un alt mod de funcționare psihică. Într-un fel, inconștientul colectiv este doar un miraj pentru că este inconștient, însă poate fi și la fel de real ca lumea palpabilă. Pot spune că ceea ce trăiesc este iluzoriu într-un anumit fel, însă atitudinea aceasta nu-mi este benefică. Trebuie să fiu dispus să accept realitatea așa cum este în momentul de față, cu alte cuvinte să risc și să mă las ghidat de inconștient o vreme. Am citit odată niște povestiri ale autorului german Hoffmann,[145] care a scris pe la începutul secolului al XIX-lea. A scris în stilul lui Poe, și în timp ce scria aceste povestiri a fost atât de prins de realitatea imaginației încât striga după ajutor și îi punea pe oameni să vină să îl salveze. În cazurile cât se poate de normale nu este niciun pericol, dar nu se poate nega faptul că inconștientul are un efect copleșitor.

Prima constatare pe care am făcut-o a fost înainte să fi început cu adevărat o explorare sistematică a inconștientului

---

[145] E.T.A. Hoffmann, *The Devil's Elixir* (1813) și *The Golden Pot* (1813).

meu — înainte de a fi pe deplin conștient de întreaga semnificație a chestiunii.

Vă amintiți ce v-am povestit despre relația mea cu Freud. Când încă scriam la *The Psychology of the Unconscious*, am avut un vis pe care nu l-am înțeles — poate că de-abia anul trecut l-am înțeles în întregime. Visul era următorul: mergeam pe un drum de țară și am ajuns la o bifurcație. Mergeam cu cineva, dar nu știam cine este — astăzi aș spune că era umbra mea. Deodată am văzut un bărbat în vârstă, îmbrăcat în uniformă de ofițer vamal austriac. Era Freud. În vis mi-a trecut prin minte ideea de cenzură. Freud nu m-a văzut și a trecut pe lângă mine tăcut. Umbra mi-a spus: „L-ai văzut? Este mort de treizeci de ani, însă nu poate muri cum trebuie". Am avut un sentiment ciudat legat de asta. Apoi, scena s-a schimbat și eram într-un oraș din sud, așezat pe pantele munților. Străzile constau în trepte care duceau în sus și în jos pe pantele abrupte. Era un oraș medieval și soarele strălucea la amiază, care, după cum știți, este ora la care spiritele călătoresc peste graniță, în țările sudice. Mă plimbam pe străzi cu însoțitorul meu și mulți oameni treceau pe lângă noi. Era forfotă. Deodată am văzut printre ei un bărbat foarte înalt, un cruciat îmbrăcat în armură de zale, având însemnul crucii malteze cu roșu pe piept și pe spate. Părea detașat și distant, fără a-și face griji ce ar putea crede oamenii din jurul lui despre el și fără ca ei să-i remarce prezența. M-am uitat cu uimire la el și nu puteam înțelege ce căuta pe acolo. „L-ai văzut?", m-a întrebat umbra mea. „Este mort din secolul al XII-lea, însă încă nu a murit cu adevărat. Se plimbă mereu pe aici, printre oameni, dar nu îl vede nimeni." Eram profund tulburat de faptul că oamenii nu îi acordau atenție, iar apoi m-am trezit.[146]

---

[146] Cf. *AVR*, pp. 198–199. În 1913, Jung și-a notat visul în *Cărțile Negre* după cum urmează: „Eram într-un oraș sudic, pe o stradă în pantă cu trotuare în trepte. Era ora douăsprezece — un soare puternic. Un vameș austriac

Visul acesta mi-a dat bătăi de cap o perioadă îndelungată. Am fost șocat de prima parte deoarece pe atunci nu bănuiam conflictul ce a urmat cu Freud. Mă întrebam „Ce înseamnă că el este mort și așa devalorizat?“ și de ce gândeam astfel despre principiul cenzurii când, de fapt, mi se părea cea mai bună explicație până în prezent? Mi-am dat seama de opoziția dintre imaginea cruciatului și cea a lui Freud și cu toate acestea nu puteam să nu remarc și că era o puternică asemănare. Erau diferiți și totuși ambii erau morți, dar nu puteau muri cum se cuvine.

Cheia visului se află în principiul figurii arhaice; nu ofițerul austriac, care, în mod evident, simboliza teoria freudiană, ci cruciatul este o imagine arhetipală, un simbol creștin care trăiește din secolul al XII-lea, un simbol despre care se poate spune că în prezent nu mai trăiește, dar care, pe de altă parte, nici nu a murit pe de-a-ntregul. Această imagine vine din vremea lui Meister Eckhart,[147] din timpurile culturii cavalerilor, când multe idei au înflorit doar pentru a fi imediat ucise, dar care acum reînvie. Însă când am avut acest vis nu știam această interpretare. Mă simțeam împovărat și confuz. Freud era confuz, de asemenea, și nu a putut găsi o interpretare mulțumitoare.

Asta se petrecea în 1912. Am mai avut un vis care mi-a arătat din nou foarte clar limitările concepțiilor lui Freud cu

---

bătrân sau cineva de tipul acesta trecu pe lângă mine, dus pe gânduri. Cineva a spus: «El este cel care nu poate să moară. A murit deja acum 30–40 de ani, dar nu a reușit încă să se descompună». Am fost foarte surprins. Apoi a apărut o figură frapantă, un cavaler cu o statură impunătoare, care purta o armură aurie. Părea solid și de nepătruns și nimic nu-l impresiona. Pe spate avea o cruce malteză roșie. Continuă să existe din secolul al XII-lea și zilnic, la prânz, între 12 și 1, are același traseu. Nimeni nu se minuna de aceste două apariții, dar eu eram extrem de surprins. / M-am abținut să interpretez. În ceea ce privește bătrânul austriac, mi-a apărut în minte Freud; cu privire la cavaler, eu însumi. / În interiorul meu, o voce spunea: «Totul este atât de gol și de scârbos». Trebuie să suport.“ (*Cartea Neagră* 2, citată în *Liber Novus*, p. 198).

147 Mistic și teolog german, sec. al XII-lea–sec. al XIV-lea, ale cărui scrieri Jung le-a citit în tinerețe; cf. *AVR*, p. 92: „Abia la Meister Eckhart am simțit suflul vieții“. Comentat pe larg în *Tipuri* (OC vol 6), par. 410–433.

privire la vise, pe care acesta le considera absolute. Privisem inconștientul ca fiind nimic altceva decât depozitarul unui conținut mort, însă treptat ideea arhetipurilor a început să se dezvolte în mintea mea, iar la sfârșitul anului 1912 a venit acest vis, care a reprezentat începutul convingerii că inconștientul nu are doar conținuturi fără viață, ci că era ceva ce trăia în el. Eram foarte entuziasmat la gândul că în mine trăiește ceva despre care nu știu nimic.

Am visat că stăteam într-o foarte frumoasă logie italienească, ceva asemănător cu Pallazzo Vecchio din Florența.[148] Era foarte somptuoasă, cu coloane, pardoseală și balustrade de marmură. Stăteam într-un scaun auriu, în stil renascentist, în fața unei mese de piatră, verde ca smaraldul. Era de o frumusețe extraordinară. Stăteam privind departe în zare, căci logia era în vârful unui turn dintr-un castel. Știam că sunt acolo și copiii mei. Brusc a apărut o pasăre albă zburând și s-a așezat grațios pe masă. Semăna cu un mic pescăruș sau cu un porumbel. Le-am făcut semn copiilor să facă liniște, iar porumbelul s-a transformat deodată într-o fetiță cu părul blond, care a început să alerge împreună cu copiii. Cum stăteam meditând la ce s-a întâmplat, fetița s-a întors și m-a luat de gât cu gingășie. Apoi imediat a dispărut, iar porumbelul era acolo și a început să vorbească încet, cu voce umană. A spus: „Am voie să mă transform într-o ființă umană doar în primele ore ale nopții, când porumbelul mascul este ocupat cu cei doisprezece morți". Pasărea a zburat către cer și eu m-am trezit.[149]

---

148 Cf. *AVR*, p. 205. Capitolul al VI-lea din *AVR* se bazează pe prelegerea aceasta și pe următoarea, cu toate că materialul este mult mai elaborat în acestea. / Comparația cu Palazzo Vecchio este omisă în *AVR*. O clădire alăturată, Loggia dei Lanzi, este mai potrivită pentru comparație.

149 În 1913, Jung își notează visul după cum urmează: „În acea perioadă (era la scurt timp după Crăciunul din 1912) am visat că mă aflam cu copiii mei într-un apartament dintr-un castel minunat și bogat mobilat — care avea o sală cu coloane —, stăteam cu toții în jurul unei mese rotunde

Porumbelul folosise un cuvânt neobișnuit când a vorbit de porumbelul mascul. În germană este *Tauber*, rar folosit, însă îmi amintesc că un unchi de-al meu îl spunea. Dar ce are a face un porumbel cu doisprezece morți? Eram speriat. Mi-a venit în minte *Tabula Smaragdina*, sau tăblița de smarald, care face parte din legenda lui Hermes Trismegistus. Se presupune că a lăsat o tăbliță pe care era înscrisă întreaga înțelepciune a lumii, cuprinsă în formularea grecească: „Eter deasupra, Eter dedesubt, Cerul deasupra, Cerul dedesubt, toate cele de deasupra, toate cele de dedesubt, ia-le și fii fericit".[150] După cum vă spuneam, toate acestea mă îngrijorau. Am început să mă gândesc la cei doisprezece apostoli, cele douăsprezece luni ale anului, semnele zodiacale etc. Tocmai scrisesem despre cele douăsprezece semne din zodiac în *The Psychology of the Unconscious*. În cele din urmă a trebuit să renunț. Nu puteam să înțeleg nimic altceva din vis decât faptul că inconștientul se însuflețise într-un mod impresionant. Nu știam nicio tehnică de a ajunge la originea acestei activități. Tot ce puteam să fac era să aștept, să îmi văd în continuare de viață și să observ aceste fantasme.

Acestea aveau loc în perioada Crăciunului din anul 1912. În 1913 am simțit activitatea inconștientului în modul cel mai neplăcut. Eram tulburat, dar nu știam să fac altceva decât să încerc să îmi analizez amintirile din copilărie. Astfel că am

---

care avea tăblia din piatră verde-închis. Dintr-odată, un pescăruș sau un porumbel zbură înăuntru și se așeză ușor pe masă. I-am atenționat pe copii să facă liniște, ca să nu sperie frumoasa pasăre albă. Dintr-odată, pasărea s-a transformat într-o copilă de opt ani, o fetiță blondă, și a început să alerge, jucându-se cu copiii mei printre coloanele minunat înălțate. Apoi copila s-a transformat brusc în pescăruș sau porumbel. Mi-a spus următoarele: «Doar în prima oră a nopții pot deveni om, când porumbelul este ocupat cu cei doisprezece morți». Cu aceste cuvinte, pasărea a zburat și eu m-am trezit" (citat *din Liber Novus*, p. 198).

150 Jung citează această formulă în *Wandlungen und Symbole* (cf. *Psihologia inconștientului*, ediția din 1916, p. 63), atribuind-o eminamente „bătrânului mistic". Reluată în OC vol. 5, par. 77, unde citează în întregime *Tabula* și Hermes.

început să le analizez foarte conștiincios, însă nu am găsit nimic. Atunci, mi-am spus: „Trebuie să încerc să retrăiesc toate aceste experiențe“, astfel că m-am străduit să regăsesc atmosfera emoțională a copilăriei. Mi-am spus că, dacă mă voi juca precum un copil, pot realiza acest lucru. Mi-am amintit faptul că atunci când eram copil mă încânta să construiesc case din pietre, tot felul de castele, biserici și orașe imaginare.[151] „Dumnezeule!“, mi-am spus, „oare chiar trebuie să trec prin absurditățile astea pentru a-mi însufleți inconștientul?“ În acel an am făcut tot felul de lucruri prostești ca acesta — și mă bucuram de ele ca un nebun. Am scos la suprafață din mine multe sentimente inferioare, dar nu știam o altă cale. Către toamnă, am simțit că presiunea care părea a fi fost în interiorul meu acum era în exterior. Într-adevăr, atmosfera părea mai întunecată decât înainte. Era ca și cum problema în care eram implicat nu mai era psihologică, ci una cât se poate de reală, iar această senzație devenea din ce în ce mai apăsătoare.

În octombrie 1913 călătoream cu trenul și țineam în mână o carte pe care o citeam. Am început să mă las în voia imaginației și imediat m-am văzut în orașul în care urma să ajung. Fantasma era următoarea: mă uitam pe o hartă în relief a Europei. Am văzut toată partea de nord și Anglia scufundându-se, cum marea a acoperit totul. A ajuns până în Elveția și am văzut cum munții se înălțau din ce în ce mai mult, pentru a o proteja. Mi-am dat seama că avea loc o catastrofă înspăimântătoare, orașe erau distruse și oameni erau uciși, iar dărâmăturile și cadavrele erau duse de apă. Apoi marea s-a transformat în sânge. La început priveam totul detașat, după care senzația de catastrofă m-a cuprins cu o forță îngrozitoare. Am încercat să înăbuș imaginea, însă a

---

151 Cf. AVR, p. 208.

revenit și nu m-a lăsat timp de două ore. Peste trei sau patru săptămâni a revenit, când din nou eram în tren. Se repeta aceeași imagine, accentuându-se sângele.[152]

Desigur, m-am întrebat dacă sunt atât de nefericit încât să îmi extind complexele personale asupra Europei. M-am gândit mult la o posibilă revoltă socială mare, dar ciudat, niciodată la un război. Mi se părea că toate aceste viziuni deveneau teribil de stranii, apoi mi-a trecut prin minte că este ceva ce pot face, pot să le scriu pe măsură ce apar. Odată, pe când scriam, mi-am spus: „Ce este ceea ce fac acum? Sigur nu este știință, ce este atunci?“ Atunci o voce mi-a răspuns: „Este artă“. Mi s-a părut foarte bizar, deoarece convingerea mea era că ceea ce scriam este departe de a fi artă. Mi-a venit atunci următoarea idee: „Poate că inconștientul meu creează o personalitate diferită de mine, care vrea cu insistență să se exprime“. Nu știu exact de ce, însă eram destul de sigur că vocea care spusese că ceea ce scriu este artă era a unei femei.[153] În realitate, la fel de bine putea și o femeie să intre

---

152 Ibid., p. 209. Jung scrie în *Liber Novus*: „S-a întâmplat în octombrie 1913, când mă aflam singur într-o călătorie și am avut deodată, în timpul zilei, o viziune: am văzut un potop uriaș care acoperea toate țările nordice și ținuturile joase dintre Marea Nordului și Alpi. Se întindea din Anglia până în Rusia și de la țărmurile Mării Nordului până aproape de Alpi. Vedeam talazurile galbene, dărâmăturile plutind pe ape și moartea a mii de oameni. / Această viziune a durat cam două ore, m-a tulburat și mi-a făcut rău. Nu puteam s-o interpretez. Au trecut două săptămâni și viziunea a revenit, mai intensă ca prima dată. Și o voce interioară care spunea: «Privește, e absolut adevărat, și așa o să fie. Nu te poți îndoi de asta». M-am luptat iarăși cam două ore cu această viziune, dar mă ținea încleștat. M-a lăsat epuizat și tulburat. Credeam că mi se întunecase mintea“ (p. 231). Jung se afla în drum spre Schaffhausen, unde locuia soacra sa și care împlinea cincizeci și șapte de ani, pe 17 octombrie. Călătoria cu trenul durează aproximativ o oră.

153 AVR, p. 220, după câteva pagini în care Jung descrie alte vise și viziuni. Aici el scrie: „Știam că vocea provenea de la o femeie și am recunoscut-o ca fiind cea a unei paciente, o psihopată talentată, care manifesta un puternic transfer față de mine“. Femeia despre care era vorba era Maria Moltzer, și nu Sabina Spielrein, după cum presupun unii (vezi introducerea mea la *Liber Novus*, p. 199, și *Cult Fictions: C.G. Jung and the Founding of Analytical Psychology* [Londra: Routledge, 1998]). Discuțiile la care Jung se referă aici nu sunt notate în *Cărțile Negre* — un studiu

în cameră și să îmi spună același lucru, pentru că ei nu i-ar fi păsat deloc de diferențele pe care le călca în picioare cu această afirmație. În mod evident nu era știință; ce altceva ar putea fi dacă nu artă, ca și cum acestea erau singurele posibilități existente. Așa funcționează mintea unei femei.

Ei bine, i-am răspuns apăsat vocii că ceea ce fac nu este artă și imediat am simțit o opoziție puternică crescând în mine. Cu toate acestea nu a apărut nicio voce și am continuat să scriu. Apoi am primit o altă lovitură ca și prima oară: „Este artă". De data aceasta, i-am spus imediat, „Nu, nu este artă", simțind că urmează o discuție. Mi-am zis că nu are mijloacele de exprimare pe care le am eu și i-am spus să le folosească pe ale mele, iar ea așa a făcut și mi-a mărturisit multe lucruri.

Aceasta este originea tehnicii pe care am dezvoltat-o pentru interacțiunea directă cu conținutul inconștient.

---

cronologic sugerează că el face referire la notițele de jurnal din perioada noiembrie–decembrie 1913 din *Cărțile Negre* 2, care sunt redate parțial în *Liber Primus* din *Liber Novus*.

Prelegerea a VI-a
Întrebări și discuții

Dr. Harding i-a cerut lui Jung să discute mai mult despre aspectele personale ale fantasmei descrise de acesta în prelegerea anterioară.

Dr. Jung: Eu aș putea fi Elveția, împrejmuită de munți, iar scufundarea lumii poate semnifica prăbușirea relațiilor mele anterioare. Vă amintiți faptul că, atunci când am încercat să descriu starea sufletească premergătoare viziunii, am vorbit despre senzația ciudată pe care o avusesem, ca și cum ceva plutea în aer. Însă de aici trebuie să continuăm cu cea mai mare grijă. Dacă aș fi un caz de dementia praecox, cu ușurință mi-aș putea proiecta visele asupra întregii lumi și să cred că indică distrugerea lumii, când în realitate ceea ce pot indica ar fi distrugerea relației mele cu lumea. O persoană cu dementia praecox se trezește într-o zi că lumea a murit, iar medicul nu este altceva decât o fantomă — doar ea mai este în viață și vede lucrurile corect. În astfel de cazuri sunt prezente și multe alte simptome care dovedesc devierea fundamentală a persoanei. Cu cât un om este mai normal, cu atât mai mult se poate presupune din aceste viziuni că are loc o profundă tulburare în plan social, iar în astfel de momente sunt mereu mult mai multe persoane al căror inconștient exprimă stările de frământare.

Când inconștientul produce o astfel de viziune, conținutul personal capătă un aspect impersonal. În inconștient există tendința de crea imagini colective care ne conectează cu umanitatea în general. Putem vedea acest proces desfășurându-se cu claritate în cazurile de dementia praecox și paranoia.Tocmai pentru că acești oameni au deseori fantasme și vise care sunt valabile la nivel colectiv au și adepți. Întâi se rup de lume din cauza bolii lor, apoi apare revelația unei chemări speciale și încep să predice. Oamenii cred despre ei că sunt personalități senzaționale, iar femeile se simt onorate să aibă copii cu ei. Primitivii își imaginează despre ei că sunt posedați de zei sau spirite.

Deci, dacă aș fi fost nebun, aș fi predicat venirea sfârșitului precum bărbatul de pe zidurile Ierusalimului.

Dna Zinno: Aceste viziuni era încărcate de afect?

Dr. Jung: Da, era multă emoție în ele. Cum nu vedeam ce aș putea înțelege din ele, mi-am spus: „Dacă nu reprezintă nimic, înseamnă că am înnebunit complet". Aveam sentimentul că sunt în pragul unei psihoze. Nu am scăpat de această stare până pe 1 august 1914.[154]

PRELEGERE[155]

Ultima oară v-am povestit cum am început să mă deprind să comunic cu părți clivate ale inconștientului. După cum v-am spus, eram sigur că vocea care a emis dictonul absurd legat de ceea ce scriu ca fiind artă era a unei femei, deși nu știam de ce. Eram intrigat de gândul că o femeie din interiorul meu mă inoportuna. Concluzia mea a fost că aceasta trebuie să fie sufletul în accepțiune primitivă și am început să fac presupuneri cu privire la motivele pentru care sufletului i s-a dat numele de „anima". De ce se credea a fi feminin? Ceea ce

---

154 Jung scrie în *Liber Novus*: „Și apoi a izbucnit războiul. Atunci mi s-au deschis ochii în legătură cu multe pe care le trăisem mai înainte și asta mi-a și dat curajul să spun toate cele pe care le-am scris în primele părți ale cărții de față" (p. 336).

155 Cf. AVR, capitolul al VI-lea, „Confruntarea cu inconștientul".

ea mi-a spus mi s-a părut a avea o șiretenie ascunsă. Scriam material autobiografic, dar nu ca pe o autobiografie — nu avea un stil anume, îmi doream doar să le am scrise. Apoi a apărut această remarcă, ca și cum scriam un roman. Mi s-a părut atât de greșită părerea încât m-am supărat pe ea. Întrucât în mod evident nu era știință, puteam să consider că este artă, însă știam foarte bine că nu este așa. Cu o credință ascunsă că era artă puteam urmări cu ușurință manifestările inconștientului, ca și cum aș privi un film. Dacă citesc o anumită carte, mă poate impresiona profund, însă la urma urmei este în afara mea. La fel, dacă aș fi considerat visele și laturile din inconștient ca fiind artă, aș fi avut doar o trăire la nivel perceptiv și nu aș fi simțit nicio obligație morală față de ele. Iată, de exemplu, cum am ajuns să cunosc anima; aș fi putut să mă uit de sus la ceea ce scriam ca de pe un piedestal și astfel m-aș fi identificat cu inconștientul și aș fi devenit o jucărie a sa. Din dificultățile pe care le-am avut în a face față interferențelor figurii animei am putut să apreciez puterea inconștientului, și era într-adevăr mare.

La fel cum anima a încercat să mă înșele cu acea aluzie șireată, oferind o perspectivă greșită asupra situației și încercând să mă împiedice să-i înțeleg sensul adevărat, astfel și animusul poate acționa în mintea unei femei. El vine sub forma unei convingeri înainte de a fi îndreptățită existența uneia și distorsionează lucrurile, uneori atât de fin încât este nevoie de cea mai mare subtilitate pentru a-l împinge la locul lui. Anima m-ar fi putut face cu ușurință să cred că sunt un artist neînțeles, îndreptățit să renunț la realitate pentru a-mi împlini aceste așa-zise înzestrări artistice. Dacă mi-aș fi urmat inconștientul pe această direcție, într-o bună zi anima ar fi venit la mine și mi-ar fi spus: „Îți închipui că absurditatea asta pe care o faci este artă? Nu-i nici pe departe". Astfel, cineva poate fi sfâșiat în bucăți într-un proces de enantiodromie.

A urma inconștientul fără discernământ transformă pe cineva, după cum am spus, într-o jucărie a opuselor din inconștient. Aceste forțe din inconștient au o intensitate extraordinară. În ele sunt energie și un anumit grad de adaptare la realitate, dar, analizate obiectiv, ne putem da seama că nu sunt relevante.

Experiența pe care am descris-o nu este singura de genul acesta pe care am avut-o. Deseori [când] scriam am avut reacții ciudate care mă făceau să abandonez. Treptat am învățat să fac diferența dintre mine însumi și perturbare. Când îmi vine în minte ceva de prost gust sau banal, trebuie să îmi spun că este foarte adevărat că am gândit atât de stupid cândva, însă nu trebuie să gândesc și acum la fel; nu trebuie să accept această stupiditate ca fiind a mea pentru totdeauna — aceasta este o umilință inutilă. Dacă îi spun pur și simplu animei că ea proiectează pe mine un concept colectiv pe care nu am de gând să îl accept ca parte din individualitatea mea, nu rezolvă nimic — când sunt cuprins de o emoție nu mă ajută să îmi spun că este o reacție ce ține de inconștientul colectiv. Dar dacă puteți să izolați aceste manifestări ale inconștientului personificându-le, aceasta este o tehnică utilă pentru a le deposeda de puterea pe care o au. Nu este un efort foarte mare al imaginației personificarea lor pentru că aceste imagini au mereu un anumit grad de autonomie. Această autonomie este unul dintre cele mai inconfortabile lucruri cu care trebuie să ne împăcăm și, cu toate acestea, tocmai faptul că inconștientul se manifestă în acest mod ne oferă și mijloacele de rezolvare. Mi-a luat mult timp să mă adaptez la ceva din mine care nu era eu, adică, la faptul că în mintea mea erau părți care nu îmi aparțineau.

După aceasta am început să mă gândesc la o temă veche a lumii: „Femeia are suflet?“ Am decis că nu poate avea o anima, pentru că, dacă ar fi așa, femeia nu ar avea vreo limitare din interior. Atunci mi-a venit ideea că femeia are un animus, însă abia mai târziu am putut elabora mai mult această ipoteză, deoarece acțiunea figurii animus este mai greu de surprins.

Aceste idei depre animus și anima m-au dus și mai în profunzime în problemele metafizice și din ce în ce mai multe lucruri se cereau reevaluate. În acea perioadă credeam în teoria kantiană conform căreia existau lucruri care nu pot fi înțelese niciodată, însă mi se părea că, dacă pot avea idei atât de clare cu privire la anima, merita să formulez o concepție cu privire la Dumnezeu. Însă nu am ajuns la nicio concluzie care să mă mulțumească și am gândit o vreme că poate figura animei este zeitatea supremă.[156] Mi-am zis că poate bărbații avuseseră un dumnezeu feminin inițial, dar săturându-se să fie conduși de femei, au detronat această zeitate. Practic, am încercat să îmi răspund la toate dilemele metafizice prin intermediul animei, pe care am considerat-o a fi figura cea mai importantă a psihicului. Astfel, am ajuns într-o dispută cu mine însumi privind ideea de Dumnezeu.

La început cel mai mult m-a impresionat aspectul negativ al animei. M-a înfricoșat puțin. Era ca senzația unei prezențe invizibile atunci când intri într-o cameră. Atunci mi-a venit un alt gând: scriind tot acest material pentru a-l analiza, de fapt îi scriam scrisori animei mele, adică unei alte părți din mine care avea o părere diferită de a mea. Am primit răspunsuri noi — eram în analiză cu o fantomă și cu o femeie. Scriam conștiincios în fiecare seară, gândind că, dacă nu scriu, anima nu are cum să înțeleagă. Există o diferență formidabilă între presupunerea că spui ceva și a spune propriu-zis, fapt pe care odată am putut să îl verific experimental. Unui bărbat pe care îl testam i-am spus să se gândească la ceva neplăcut,

---

[156] Vezi *Cartea Roșie*, *Liber Primus*, capitolul al II-lea, „Suflet și zeu", pp. 233 și următoarele.

dar să fie ceva despre care eu nu știam. I-am măsurat reacția electrică în așa-numitul experiement psiho-galvanic[157] și am observat o schimbare foarte mică. Cumva eu știam că el se gândea la ceva foarte neplăcut care se întâmplase în acea dimineață. Aflasem accidental, iar el era convins că nu știu nimic. I-am spus: „Acum vă voi spune despre ce lucru neplăcut era vorba“ și imediat ce i-am zis lucrul acesta am observat o reacție electrică foarte puternică.

Apoi, pentru a încerca să fiu cât mai sincer cu mine însumi, am scris totul cu foarte mare grijă,[158] respectând îndemnul antic grecesc: „Dă drumul din tine la tot ce ai, și atunci vei primi“.[159] Am ajuns cu scrierea întregului material până în noiembrie 1913. Neștiind ce va urma, m-am gândit că poate e nevoie de mai multă introspecție. Când introspectăm, ne uităm în interiorul nostru și vedem dacă este ceva de observat, iar dacă nu găsim nimic putem fie să ne oprim cu această căutare interioară, fie să „săpăm“ către materialul care pare să ne scape la o primă vedere. Am conceput o astfel de metodă de forare interioară imaginându-mi că sap o gaură și acceptând că această fantasmă este cât se poate de reală.[160] Bineînțeles că este greu de făcut acest lucru — să crezi profund într-o viziune care te duce către o alta, ca și cum ai săpa o gaură adevărată și ai trece de la o descoperire la alta. Însă când m-am apucat de acea gaură am lucrat atât de mult încât am știut că trebuie să apară ceva — acea fantasmă trebuia să creeze și să aducă la lumină altele.

---

157 Cf. cercertărilor psihofizice (1907–1908), în OC 2.

158 Cf. AVR., p. 223: „Am notat fantasmele care mi-au venit în minte în perioada aceea, mai întâi în *Schwarzes Buch* (*Cartea Neagră*), iar mai târziu le-am transferat în *Rotes Buch* (*Cartea Roșie*), decorând-o cu imagini și desene“. Vezi *Liber Novus*.

159 Citat din liturghia mithraică. Jung citează aceste rânduri într-o scrisoare către Freud, pe 31 august 1910, propunându-le ca „motto al psihanalizei“. *Freud/Jung*, p. 515.

160 Cf. AVR., p. 215, unde procesul de coborâre este prezentat detaliat.

Desigur, folosindu-mă de imaginea unei găuri mă foloseam de un arhetip foarte puternic pentru a stimula inconștientul, deoarece misterul asociat grotelor vine din vremuri străvechi; imediat ne gândim la mitul mithraic, la catacombe etc. De ce avem un sentiment ciudat când intrăm într-o catedrală? Pentru că este o situație arhetipală care a stârnit dintotdeauna inconștientul omului. Am avut o asemenea stare de înfiorare când am văzut Marele Canion al fluviului Colorado;[161] trebuie să fie așa, iar inconștientul meu a fost impresionat într-un mod neobișnuit. Deci, cu cât lucram mai mult la această gaură fantasmată, păream să cobor din ce în ce mai mult. În cele din urmă, am simțit că am ajuns într-un punct din care nu mai puteam coborî în continuare. Mi-am spus că, dacă astfel stau lucrurile, voi merge orizontal. Apoi părea ca și cum era un coridor și înaintam cu greu printr-un mâl negru. Am mers în continuare, gândindu-mă că sunt rămășițele unei vechi mine.

În depărtare puteam vedea o lumină slabă roșiatică. Urmând-o, am ajuns la o grotă plină de insecte, care semănau cu liliecii și făceau un zgomot ciudat. Într-un capăt al grotei am văzut o stâncă pe care era o lumină, un cristal strălucitor. „Aha", am zis, „asta e". L-am luat în mână și am văzut că semăna cu un rubin. Unde stătuse era o gaură pe care o acoperise. Uitând complet că eram într-un exercițiu de imaginație, mi-am spus: „Ce bizar, să pui un cristal deasupra unei găuri". M-am uitat înăuntrul ei. Puteam auzi sunetul apei care țâșnește. Eram consternat. Cum priveam încordat în jos, în lumina slabă am putut vedea ceva plutind, corpul unui bărbat cu părul blond. Imediat m-am gândit: „E eroul!"

---

161 Jung a vizitat Marele Canion în ultima zi a anului 1925, împreună cu câțiva prieteni. Cf. McGuire, „Jung in America", pp. 39 și următoarele, și Barbara Hannah, *Jung, His Life and Work: A Biographical Memoir* (New York, 1976), pp. 158 și următoarele.

După aceea, a trecut plutind ceva negru și mare aproape cât corpul bărbatului, mișcându-și picioarele. Era un scarabeu, iar după el a venit o sferă ce semăna cu un soare strălucitor, scânteind negru-roșiatic prin ape, ca un răsărit înainte de furtună. Când a ajuns în centrul câmpului meu viziual, mii de șerpi s-au aruncat pe soare și l-au acoperit.

M-am îndepărtat de gaură și imediat a început să țâșnească sânge ca dintr-o arteră secționată. Sângele se tot revărsa, nu se oprea. Am avut un sentiment puternic de neputință și eram complet epuizat.[162]

Când am revenit din fantasmă, mi-am dat seama că metoda mea funcționase de minune, însă eram foarte confuz cu privire la semnificația tuturor lucrurilor văzute. M-am gândit că lumina cristalului din grotă era ca piatra înțelepciunii. Uciderea secretă a eroului nu o puteam înțelege deloc. Scarabeul, desigur că știam că este un simbol foarte vechi al soarelui, iar soarele la apus, sfera de lumină roșiatică, era arhetipală. M-am gândit că șerpii pot avea legătură cu

---

[162] Această viziune a avut loc în 12 decembrie 1913. Jung scrie în *Liber Novus*: „Văd pereți cenușii de stâncă, de-a lungul cărora mă scufund la mare adâncime. Stau în fața unei grote întunecate, în noroi negru, până la glezne. Umbre mă înconjoară. Mă cuprinde spaima, dar știu că trebuie să intru. Mă târăsc printre crăpăturile înguste din stâncă și ajung într-o grotă interioară, al cărei sol e acoperit de apă neagră. Dar dincolo zăresc o stea strălucind roșu, la care trebuie să ajung. Îmi croiesc drum prin apa mâloasă. Grota e plină de un vuiet imens de glasuri care strigă. Pun mâna pe piatră, ea acoperă o deschidere întunecată în stâncă. Țin piatra în mână, privind întrebător în jur. Nu vreau să aud glasurile, ele mă țin la distanță. Dar vreau să știu. Aici urmează să se spună ceva. Îmi lipesc urechea de deschidere. Aud vuietul torenților subterani. Văd un cap de om însângerat care alunecă pe torentul întunecat. Plutește acolo un rănit, un om ucis. Privesc îndelung, înfiorat, această imagine. Văd un scarabeu mare, negru, trecând prin torentul întunecat. / Pe albia adâncă a torentului strălucește un soare roșiatic, luminând prin apa întunecată. Văd atunci, și mă cuprinde groaza, o încolăcire de șerpi pe peretele întunecat de stâncă, tinzând spre adânc, acolo unde soarele strălucește mai mat. Mii de șerpi se încolăcesc în jurul soarelui și-l acoperă. Se lasă o noapte adâncă. O rază roșie de sânge gros țâșnește, curgând îndelung, apoi secând. Sunt țintuit locului de spaimă" (*Liber Primus*, capitolul al V-lea, „Călătorie infernală în viitor", p. 237).

simbolistica egipteană. Atunci nu mi-am dat seama că totul era arhetipal, astfel încât nu era nevoie să găsesc legături. Am putut să leg imaginea de mai sus cu marea de sânge care îmi apăruse la începuturi în fantasmă.

Cu toate că atunci nu am putut să găsesc semnificația eroului ucis, la scurt timp am avut un vis în care eu îl omoram pe Siegfried.[163] Era vorba despre distrugerea idealului de erou după care trăiam. Trebuia jertfit pentru a apărea o nouă modalitate de adaptare; pe scurt, are de-a face cu sacrificarea funcției superioare pentru a avea energia necesară dezvoltării funcțiilor inferioare. Dacă un bărbat are intelectul dezvoltat, gândirea devine eroul său și în loc de Hristos, Kant sau Bergson devine idealul său. Dacă renunți la gândire, la acest ideal de erou, comiți o crimă ascunsă — adică renunți la funcția ta superioară.

Cu acestea vă ofer gândurile tulburi care stau la baza *Tipurilor*, în care am pus în termeni abstracți confruntarea dintre funcția superioară și cea inferioară, pe care am văzut-o prima dată în forma simbolică a uciderii eroului. Astfel de lucruri ca acelea pe care le-am descris în aceste fantasme vorbesc simbolic despre lucruri ce urmează să devină conștiente și să devină idei abstracte, când vor arăta complet diferit față de imaginile sugestive de la început. Un caz asemănător cu al meu este cel al faimosului chimist care a descoperit așa-numitul „inel“ de benzen. Mai întâi a vizualizat teoria sa privind forma moleculară circulară sub forma unor cupluri care dansau într-un mod ciudat.[164]

---

163 Cf. AVR, pp. 213–214.

164 Chimistul german F.A. Kekulé von Stradonitz a propus (1865) modelul de structură circulară al moleculei de benzen sau benzol, din câte se pare, după ce a avut un vis sau o viziune cu această formă. Prima referire publicată a lui Jung este în „Viziunile lui Zosimov“ (1937, OC 13), par. 143. Cf. „Psihologia transferului“ (1946, OC 16), par. 353.

Prelegerea a VII-a
Întrebări și discuții

Întrebarea dnei Zinno: „Dacă tehnica introversiei, pe care ați descris-o, ar fi folosită înainte ca tensiunea din perechea de opuse să atingă o limită extremă, inconștientul colectiv se va constela în loc să creeze un simbol unificator?“

Dr. Jung: Nu trebuie să se presupună sub nicio formă că metoda descrisă este potrivită oricând. Faptul acesta ar fi într-adevăr catastrofal. Este ceva adecvat unei anumite situații, în anumite condiții. Se poate aplica numai atunci când inconștientul este însuflețit, iar conținutul din inconștient este important în dezvoltarea cuiva. Sunt foarte multe cazuri în care este necesar ca materialul conștient să fie metabolizat, iar în aceste situații ar fi inutil să aducem la suprafață conținuturi din inconștient. Îmi aduc aminte acum un caz în care analistul a declanșat acțiunea inconștientului în împrejurări nefavorabile și cu cele mai regretabile consecințe. În situația mea era necesară declanșarea acțiunii inconștientului. Conștientul devenise practic o *tabula rasa*, iar conținuturile de dedesubt trebuiau să fie eliberate.

Dr. Mann: Când vorbim despre animus, mereu o facem într-o manieră peiorativă. Mi-ar plăcea să aud o discuție despre semnificația sa pozitivă, însă fără îndoială că veți vorbi mai încolo despre animus.

Dr. Jung: Da, aș dori să amân cu totul această discuție, dar ca răspuns parțial aici, vă pot spune că animusul, fiind observat, așa cum se întâmplă, în cele mai puțin plăcute situații, are de suferit din această cauză. Cele mai multe aspecte psihologice sunt descoperite în acest mod, deoarece atâta vreme cât lucrurile merg bine, nimeni nu se gândește să le înțeleagă. Doar atunci când apar probleme luăm o atitudine conștientă față de manifestările noastre psihice. Revelându-se mai cu seamă în situații neplăcute, animusul a căpătat o reputație negativă, chiar dacă are o funcție pozitivă extraordinar de importantă, reprezentând relația cu inconștientul.

În mod similar, și „persona" a dobândit o reputație proastă. Nimeni nu poate funcționa fără o persona, adică fără o relație cu lumea din exterior, însă când cineva se identifică cu persona, latura sa valoroasă nu se mai vede din cauza acestui exces. Așadar, atunci când cineva este doar animus, nu mai poate vedea ajutorul pe care acesta îl oferă atunci când se află în limitele sale adecvate de funcționare.

Dna Zinno: Prin întrebarea mea mă gândeam în mod special la fenomenul pe care îl vedem astăzi în arta modernă, acela în care artistul își forțează inconștientul de dragul imaginilor pe care le poate găsi acolo, și nu dintr-o nevoie psihică, și astfel scoate afară multe conținuturi în stadiu embrionar în loc să elibereze un simbol.

Dr. Jung: Aceasta ne aduce la problema semnificației artei moderne. Nu sunt sigur că toți cei prezenți aici sunt de acord cu faptul că arta modernă a adus doar material embrionar din inconștient. Ce părere aveți despre asta, dle Aldrich?

Dl Aldrich: Cred că termenul de artă modernă este mult prea larg pentru a avea o discuție adecvată.

Dr. Jung: Limitați-vă atunci la pictură.

Dl Aldrich: Unele opere de artă modernă au asupra mea o fascinație cu adevărat magică. De exemplu, nu demult am văzut la Lugano[165] un tablou cu un bărbat care se lupta cu un taur. Fundalul era albastru complet, doar cu șase puncte de

---

165 Nu a fost identificat. Faimoasa colecție Thyssen-Bornemisza a fost expusă la Villa Favorita, în Lugano, abia în anul 1932.

lumină, șase stele sau planete, astfel încât bărbatul și taurul păreau să fie al șaptelea. Taurul nu semăna cu niciun altul care există în zilele noastre. Era antic, nu era doar un taur, era Taurul. La fel și cu omul: nu se voia a fi imaginea sau portretizarea unui bărbat, era mai mult decât orice bărbat, era Bărbatul. Era o senzație extraordinară de putere și de spațiu cosmic. Taurul gonea printre stele trăgându-l cu el pe Bărbatul care se străduia din răsputeri să îl domine. L-am întrebat pe artist, nu auzise niciodată de Mithras și taur: tabloul era doar imaginație care venise din inconștient. Un alt exemplu este o pictură care a fost aici,[166] în Kunsthaus, un cal mare și negru cabrându-se, dezlănțuit, ca posedat de o energie demonică. Călare pe el stătea figura unui erou, un bărbat înarmat cu o suliță, gol, purtând doar un coif, care părea să caute cu privirea ceva în depărtare. Nu era tulburat de ferocitatea calului său. Calul acesta, ca și Taurul, nu era un animal oarecare, ci era Calul. Ambele imagini m-au mișcat profund.

Dr. Jung: De ce v-au mișcat? Dacă ați putea răspunde la întrebarea aceasta, am reuși, poate, să ne explicăm puterea de atracție a artei moderne.

Dl Aldrich: Cred că erau simboluri ale libidoului, iar acea luptă cu taurul, de exemplu, ilustrează conflictul existent în sufletul omului.

Dr. Jung: Era vreo diferență între aceste tablouri și unul pictat în urmă cu 150 sau 200 de ani?

Dl Aldrich: Da, o foarte mare diferență. Aș putea privi o pictură cu calul unui țăran, realizată în stilul vechi, și, cu toate că aș ști că este o pictură excelentă, nu m-ar mișca.

Dr. Jung: Acesta e răspunsul. Criteriul care definește arta este că te atinge. Constable nu mai are efectul acesta asupra

---

166 Probabil J.H. Füssli (Henry Fuseli), *Huon's Encounter with Sherasmin in the Cave of Lebanon* (1804–1805), colecție particulară, Winterhur (Elveția); uneori expus la Kunsthaus, Zürich.

noastră, dar cu siguranță a mișcat oamenii din vremea sa. Cel mai probabil, arta care este creată acum ar fi anatemă pentru înaintașii noștri. Nu ar avea nicio valoare pentru ei. Putem presupune că artistul se adaptează schimbării de viziune a lumii.

Acum aș fi foarte dornic să aflu părerile celor din sală pe tema artei.

Putem să vedem arta ca pe un fel de vis. Așa cum visul caută să păstreze un echilibru psihologic îmbogățind atitudinea conștientă din timpul zilei cu aspecte inconștiente, astfel și arta echilibrează tendința generală a unei societăți dintr-o anumită perioadă. Ce părere aveți despre artă din această perspectivă?

Dna Zinno: Nu este subiectivismul trăsătura specifică a artei moderne?

Dr. Jung: Dacă spuneți asta, trebuie să fiți foarte atentă să definiți la ce vă referiți prin subiectivism. Adesea se presupune că o experiență este subiectivă pentru că se petrece în mintea unei persoane, însă nu se află neapărat în opoziție cu experiența obiectivă, deoarece imaginile inconștientului colectiv, având caracter colectiv, sunt la fel de reale precum obiectele exterioare psihicului. Revenind, cred că arta modernă tinde să fie subiectivă în sensul că artistul este preocupat de relația sa individuală cu obiectul, mai mult decât de obiectul *per se*.

Este foarte adevărat că arta modernă tinde să acorde o atenție crescută obiectului interior, dar acest fapt, după cum tocmai am spus, nu înseamnă subiectivitate. În arta modernă se simte în mod categoric preponderența proceselor interioare. Luând exemplele pe care ni le-a oferit dl Aldrich, putem spune că acești artiști erau preocupați de imaginea calului sau a taurului mai mult decât a oricărui alt animal, și încă și mai interesați de relația lor cu acele imagini. Atunci, care este scopul artei? Un artist ar respinge imediat această întrebare și ar spune că arta este artă doar când nu are un scop.

Dra Baynes: Nu este scopul artei acela de a contracara efectele dezvoltării tehnologice asupra vieții din prezent?

Dl Bacon: Joacă un rol pentru artist?

Dr. Jung: Cu siguranță că aceste puncte de vedere sunt adevărate, dar trebuie să fie ceva deasupra acestora.

Dr. de Angulo: Sunt de părere că arta modernă reprezintă un efort neadecvat de a echilibra polul extrem în care gândirea științifică l-a obligat pe omul modern să funcționeze. Spun neadecvat pentru că artistul aproape este împins într-o extremă morbidă și „lasă în seama" spectatorilor sarcina de a face legătura dintre produsul creației sale și perspectiva conștientă.

Dr. Jung: Mulți ar contrazice părerea că arta modernă este morbidă.

Dl Aldrich: Specific artei moderne mi se pare a fi faptul că nu mai este preocupată să fie doar estetică. A mers mai departe de frumusețea convențională, iar prin aceasta reflectă perspectiva noastră schimbată asupra vieții. Înainte de război trăiam într-o lume frumoasă, sau aș spune mai degrabă într-o lume care era doar încântătoare și drăguță, o lume de sentimentalism siropos în care nu avea voie să existe nimic violent sau urât. Artei moderne cu siguranță nu-i pasă deloc de frumusețe; ba chiar, mai degrabă ar alege urâtul decât frumusețea. Și cred că uneori caută o nouă înțelegere a frumosului dincolo de granița a ceea ce se considera anterior posibil — chiar în urâtul însuși.

(Au urmat discuții menite să elucideze dacă arta modernă ne-a eliberat cu adevărat de sentimentalism sau doar a schimbat cu puțin trăsăturile sentimentalismului.)

Dr. Jung: Nu este nicio îndoială că sentimentalismul atrage publicul și îl face orb față de propria senzualitate și violență. Astfel, în timpul domniei lui Ludovic al XVI-lea, erau toate acele povești de dragoste cu ciobănițe în Franța, după care a urmat Revoluția. Sau acum, din nou, vedem venind infernul teribil al războiului după inocența și gingășia exagerată ale sentimentului din perioada victoriană, când nicio doamnă și niciun domn nu vorbeau sau nu gândeau ceva rău. De-a lungul istoriei putem vedea perioade de violență accentuată prezise fără întârziere de sentimetalismul artei care le-a precedat. Același lucru se întâmplă, desigur, și în cazul unui artist, adică se folosește de sentimentalism pentru a ascunde violența. Acestea două par a fi două opuse între care acționează enantiodromia.

Dna Zinno: Cea mai potrivită exprimare a artei moderne nu o găsim cumva în sculptură?

Dr. Jung: Nu, deoarece sculptura cere formă, iar forma [cere] o idee, în timp ce pictura se poate lipsi de formă. Sculptura cubistă pare să spună totul din[167] nimic. Însă în pictură putem găsi firul evoluției. De exemplu, odată l-am urmărit cu mare atenție pe Picasso[168] pictând. Dintr-odată a fost izbit de umbra triunghiulară pe care nasul o lăsa pe obraz. Mai târziu chiar obrazul a devenit o umbră cu patru fețe, și continua tot așa. Aceste triunghiuri și pătrate au devenit fiecare nuclee cu semnificație proprie, iar figura umană a dispărut treptat sau s-a dezintegrat în spațiu.

Mai demult a fost expusă la New York o pictură intitulată *Nud coborând scările*.[169] Se poate spune că aceasta prezintă o dublă disoluție a obiectului, în timp și în spațiu, pentru că nu numai silueta, ci și scările s-au transformat în triunghiuri și pătrate, dar silueta este de-a lungul tuturor treptelor în

---

167 O posibilă greșeală de transcriere în loc de „sau"?

168 Cf. eseului „Picasso" (1932, OC vol 15), Anexă.

169 Opera pictorului Marcel Duchamp, *Nude descending a Staircase*, a făcut furori când a fost expusă la Armory Show, în New York, 17 februarie–15 martie 1913. Jung era în New York la mijlocul lunii martie; cf. *Freud/Jung*, 350J. La această expoziție ar fi văzut picturi de Picasso, probabil pentru prima dată.

același timp și doar mișcând pictura se poate desluși silueta, așa cum ar fi într-un tablou obișnuit, în care artistul a păstrat integritatea siluetei în spațiu și timp. Esența acestui proces constă în devalorizarea obiectului. Este o acțiune similară cumva cu cea prin care trecem atunci când nu ținem seama de realitatea vieții unui om și îl reducem doar la greșelile sale copilărești. Artistul dă la o parte obiectul de privirea noastră și îl înlocuiește cu un derivat parțial. Nu mai este un nas, ci ne este arătată umbra lui. Sau, spunând altfel, el mută accentul de la esențial la neesențial. Este cam cum ai explica un lucru printr-o *bon mot*[170], o manifestare trecătoare a obiectului.

În mod inevitabil, acest proces mută curiozitatea de la obiect la subiect și, în locul unui obiect real, obiectul interior devine purtătorul de semnificații. Este conceptul de *eidolon*[171] al lui Platon, care apare din nou în prim-plan. Astfel, când artistul pictează un taur precum cel descris de dl Aldrich, el a pictat *taurul*, este al tău sau al meu — taurul lui Dumnezeu, am putea spune. Îmblânzitorul taurului este o idee colectivă de o putere extraordinară pusă într-o imagine. Ne vorbește despre disciplină — numai un bărbat cu calități de erou poate birui taurul. Așadar, arta modernă ne conduce de la o stare de risipire a libidoului în obiectul exterior înapoi către sursa creativității dinăuntrul nostru, către valorile interioare. Cu alte cuvinte, ne conduce pe aceeași cale pe care analiza încearcă să ne ducă, doar că nu este o asumare conștientă din partea artistului.

Avem analiza pentru a ne aduce în contact cu acele valori interioare atât de puțin înțelese de omul modern. Analiza ar fi fost de neconceput în Evul Mediu, deoarece oamenii de atunci exprimau liber acele valori de care suntem separați astăzi.

---

170 *Vorbă de duh*, în limba franceză în original. (*N. red.*)
171 Apariție, fantomă, termen preluat din greaca veche. (*N. red.*)

În zilele noastre catolicii nu au nevoie de analiză deoarece inconștientul din ei nu este constelat — este mereu secătuit de energie prin ritualul lor. Inconștientul unui catolic este fără conținut.

Odată am realizat o colecție de portrete mergând în urmă până în Evul Mediu, pentru a identifica schimbarea din atitudinea psihică dintre omul medieval și noi. Până la mijlocul secolului al XVI-lea, portretele sunt rudele mele. Îi înțeleg pe acești bărbați și aceste femei în același mod în care îi înțeleg pe cei contemporani cu mine. Însă la mijlocul secolului al XVI-lea începe o schimbare și își face apariția omul gotic, cel de dinainte de Reformă. El este un necunoscut pentru noi. Are ceva bizar în înfățișare, ochii lui par de piatră, sunt lipsiți de expresie. Nu au nimic din însuflețirea care se vede în privirile noastre. Uneori se poate vedea acest chip și în prezent, la țăranii sau oamenii inculți care nu s-au trezit la viața din timpurile noastre. Bucătarul soacrei mele are o față tipic gotică, cu sprâncenele arcuite și zâmbetul accentuat al Fecioarei.

Dacă observați chipul lui Luther, puteți vedea că nu este chiar modern, că și el aparținea perioadei de dinainte de Reformă. Într-un fel, încă are înfățișarea gotică și gura asemenea.

În acest zâmbet este combinată ideea paranoidă de persecuție, de martiriu, cu zâmbetul diabolic din catatonie. Este și zâmbetul *Mona Lisei*. Este legat, de asemenea, și de zâmbetul din Antichitate al sculpturilor antice de marmură din Aegina,[172] acei bărbați care întâmpină moartea cu un zâmbet. Zâmbetul gotic este aproape ca începutul unui sărut — plin de tandrețe, ca o mamă. Sau este zâmbetul unui bărbat care o întâlnește

---

172 Sculpturile (sec. al V-lea î.H.) din cadrul Gliptotecii din München prezintă scene din războiul troian.

pe stradă pe femeia cu care are o relație de dragoste secretă. Este un acord în zâmbet, pare să spună „Noi știm".

Cred că aceste particularități ale atitudinii gotice se pot explica prin faptul că odată era o singură limbă, o singură credință, peste tot. Zâmbetul vorbea despre convingerea totală care elimina orice îndoială, de aici și înrudirea cu paranoidul. Toate acestea au dispărut odată cu venirea perspectivei contemporane. Lumea s-a divizat în diverse credințe, iar unitatea interioară și pasivitatea au lăsat locul impulsului materialist de cucerire a lumii exterioare. Prin intermediul științei, valorile au fost exteriorizate.

Atunci, arta modernă a început prin devalorizarea acestor valori exterioare, dizolvând obiectul, după care a căutat elementul de bază, pentru a-i reda obiectului imaginea interioară — *eidolon*. Astăzi putem anticipa cu greu ceea ce va produce arta, însă întotdeauna o mare religie a mers mână în mână cu o artă valoroasă.

PRELEGERE

La ultima prelegere v-am vorbit despre coborârea mea în cavernă. După aceasta am avut un vis în care a trebuit să îl ucid pe Siegfried. Acesta nu reprezenta pentru mine o imagine dragă în mod special și nu știu de ce inconștientul meu a fost atras de el. Mai ales că Siegfried din opera lui Wagner este exagerat de extravertit și pe alocuri chiar ridicol. Nu mi-a plăcut niciodată. Cu toate acestea, visul meu îl prezenta a fi eroul meu. Nu puteam înțelege emoția puternică pe care am simțit-o în vis. Acum este momentul potrivit să vă povestesc visul, deoarece are legătură cu tema pe care am discutat-o cu privire la artă, cu schimbarea valorilor.

Acesta este visul:[173] eram în Alpi, împreună cu un bărbat bizar, mai scund și cu pielea închisă la culoare. Amândoi eram înarmați. Era chiar înainte de revărsatul zorilor, când stelele se stingeau de pe cer, iar noi urcam pe munte. Deodată am auzit cornul lui Siegfried răsunând de sus și am știut că pe el trebuie să îl ucidem. Imediat a apărut el deasupra noastră, luminat de o rază a soarelui ce răsărea. Gonea la vale pe panta muntelui, într-un car de luptă din oase. Mi-am spus: „Numai Siegfried poate face asta". Îndată, după o cotitură a potecii, a apărut în fața noastră, iar noi l-am împușcat direct în piept. Imediat am simțit groază și scârbă față de mine pentru lașitatea gestului nostru. Bărbatul scund împreună cu mine am continuat. Știam că urma să îi înfigă lui Siegfried cuțitul în inimă, însă pentru mine era prea mult, așa că m-am întors și am fugit. Aveam în minte că trebuie să ajung cât mai repede într-un loc în care „ei" nu mă pot găsi. Puteam fie să cobor în vale, fie să urc mai departe în munți, urmând o potecă îngustă. Am ales varianta din urmă și, pe când alergam, a început o ploaie puternică. M-am trezit cu o senzație de mare ușurare sufletească.

Eroul, după cum v-am spus, este simbolul celei mai importante valori recunoscute de noi. Hristos a devenit eroul nostru atunci când acceptăm principiile vieții sale ca fiind și ale noastre. Hercule sau Mithra devine eroul meu când

---

173 Cf. *AVR*, p. 214. În *Liber Novus*, Jung a scris: „Mă aflam cu un tânăr pe un munte înalt. Se crăpa de ziuă, spre răsărit cerul era deja luminat. În clipa aceea s-a auzit peste munți sunetul jubilant al cornului lui Siegfried. Am știut atunci că dușmanul nostru de moarte se apropie. Eram înarmați și, pe o cărare îngustă tăiată în stâncă, pândeam ca să-l ucidem. L-am văzut sus, deasupra munților, venind într-un car făcut din oseminte. Cobora semeț și superb peste stâncile abrupte și ajunse pe cărarea îngustă pe care îl așteptam ascunși. Când a dat colțul spre noi, am tras deodată și s-a prăbușit, atins mortal. M-am întors înapoi să fug și o ploaie torențială a început să cadă vâjâind. Apoi am trecut printr-un chin de moarte, având certitudinea că trebuie să mă sinucid dacă nu sunt în stare să dezleg enigma uciderii eroului" (*Liber Primus*, capitolul al VII-lea, „Uciderea eroului").

decid să urmez aceleași rigori ca și ei. Se pare că Siegfried era eroul meu. Am simțit o compasiune imensă pentru el, ca și când eu însumi fusesem împușcat. Avusesem un erou pe care nu l-am apreciat. Îmi ucisesem idealul de putere și de curaj.[174] Îmi ucisesem intelectul, ajutat să isprăvesc fapta de o personificare a inconștientului colectiv, bărbatul scund, cu pielea închisă la culoare, care era cu mine. Cu alte cuvinte, renunțasem la funcția superioară.

Același lucru se întâmplă în artă, adică uciderea unei funcții pentru a elibera o alta.

Ploaia care începuse să cadă este un simbol al eliberării tensiunii; forțele inconștientului nu mai sunt reprimate. Când se întâmplă acest lucru ia naștere senzația de ușurare. Crima este ispășită deoarece, imediat ce funcția superioară este sacrificată, au posibilitatea de a lua viață alte laturi ale personalității.[175]

---

174 Jung a scris în *Liber Novus* că Siegfried „avea în el tot ce cred că e mai mare și mai frumos, era forța, cutezanța, mândria mea" (p. 242).

175 Jung a scris în *Liber Novus*: „Ploaia este marele torent de lacrimi care va veni asupra popoarelor, torentul de lacrimi al destinderii după ce strâmtoarea agoniei împovărase popoarele cu o presiune uriașă. Ea este jelirea mortului din mine care precedă punerea în mormânt și renașterea. Ploaia este fertilizarea pământului, ea zămislește grâul cel nou, zeul care răsare fraged" (p. 242).

Prelegerea a VIII-a
Întrebări și discuții

Întrebarea dr. Harding: „În discuția de data trecută, referitoare la artă, ați folosit termenul de «subiectiv». Au fost discuții între câțiva dintre noi cu privire la sensul acestui termen și se pare că fiecare are părerea lui. Se pare că este o idee larg răspândită aceea că termenul de subiectiv se poate aplica doar în cazul persoanei introvertite, iar pe de altă parte faptul că un introvertit nu poate avea o personalitate practică. Ne puteți lămuri în acest sens?“

Dr. Jung: „Subiectiv“ indică în primul rând ceea ce știți și dumneavoastră, adică punctul de vedere al unei anumite persoane, care pentru ea este deosebit și diferit de al oricărui alt om. În acest sens este deseori folosit ca fiind o critică a unei atitudini, adică o persoană nu înțelege o anumită situație în mod obiectiv sau, cum se mai spune, „așa cum este cu adevărat“. Însă, desigur, n-ar trebui să fie un reproș să spui că o părere este subiectivă. Poate că ceea ce se vrea este părerea personală a cuiva.

Termenul „subiectiv“ mai semnifică și un argument care vine de la subiect, care este totuși un obiect. În fiecare persoană sunt anumite idei colective — de exemplu, teoria darwinistă — care sunt obiective. În niciun caz nu aparțin subiectului doar pentru că există în mintea sa. De asemenea, sunt anumite conținuturi inconștiente pe care oamenii le consideră definitorii pentru unicitatea individualității lor, care în realitate sunt împărtășite de toți oamenii și care, din cauza acestui caracter colectiv, sunt obiecte în relație cu gândirea cuiva.

Desigur, trebuie să nu uităm faptul că nu există enunț obiectiv care să nu fie subiectiv într-o anumită măsură. Adică a suferit într-o anumită măsură o distorsiune pentru că a fost gândit de mintea cuiva. Niciodată nu mi-a fost așa de clar acest lucru ca atunci când scriam *Tipurile*. Mi s-a părut aproape imposibil să reduc această distorsiune atât de mult cât mi-aș fi dorit. În clipa în care ceva este pus în cuvinte este *ipso facto* și limitat în obiectivitatea sa. Să luăm, de exemplu, cum se scrie în limba germană cuvântul „sentiment": o particularitate a limbii germane este că nu face diferența dintre „senzație" și „sentiment" [*Empfindung*], în comparație cu engleza și franceza. De aceea, când se scrie în germană cuvântul „sentiment" este foarte probabil să se refere la senzație, și nu la sentiment, și astfel să dea sensului cuvântului o nuanță total distinctă. Însă, din nou, să ne uităm la cuvântul german *Wirklichkeit*, care înseamnă „realitate". Cuvântul de origine latină din care s-a format este *res*, „lucru". Dar limba germană traduce „lucru-realitate" prin *Dinglichkeit*, iar *Wirklichkeit* se referă la un anumit fel de realitate, și anume realitatea muncii, a eficacității în viață. Am ajunge la o groaznică încâlceală de subtilități, dacă ar fi să evidențiem toate posibilele conotații ale acestor cuvinte. Puteți vedea ce obstacol serios devine limbajul când este vorba de a atinge o obiectivitate desăvârșită. De aceea imaginile mentale tind să formeze idei preconcepute, desigur mai mult sau mai puțin rigide, dar totuși idei preconcepute, de care nu ne putem elibera în întregime. Aceste imagini mentale preexistente cu care intră în contact cursul experiențelor noastre personale le numesc factor subiectiv. Procesele noastre mentale nu pot să nu interfereze cu aceste imagini preexistente, astfel că ne este ușor să înțelegem de ce o nouă idee trebuie să se lupte pentru existență cu aceste tendințe arhaice. Poți să îi spui unui om despre o idee nouă, iar el răspunde „Da, desigur".

Tu ești mulțumit că a înțeles, însă este foarte posibil ca el să fi luat ideea cea nouă și să fi scos orice licărire de viață din ea pentru a o face să se adapteze mai bine structurii rigide a minții sale. Sfârșești prin a-ți dori să nu-i mai fi spus ideea ta.

Astfel, factorul subiectiv în această a doua accepțiune se consideră a fi alcătuit din conținuturi obiective, și anume perspective arhaice. Artistul se întoarce la acestea. El părăsește obiectul exterior și se întoarce la obiect așa cum este văzut de mintea sa, și nu de simțurile sale. V-am răspuns la întrebare, dre Harding?

Dr. Harding: Da, însă mi-aș dori să detaliați legătura dintre „subiectiv" și introversie/extraversie.

Dr. Jung: Extravertitul își ia energia din valoarea obiectului exterior, iar introvertitul din cea a obiectului interior. Extravertitul este condus de relația sa cu lucrul din exterior, iar introvertitul de relația sa cu lucrul din interiorul său. Ambele atitudini se dezvoltă din tendințe care se regăsesc la primitivi, deoarece, la aceștia, interiorul și exteriorul tind să formeze o singură experiență. Primitivul este convins că el are valoare atât în interior, cât și în exterior, deoarece nu îi trece prin minte să le diferențieze. Zeii din vechime aveau trăiri afective proiectate în afară și personificate. Doar odată cu apariția conștiinței omul dobândește capacitatea de diferențiere între experiența interioară și cea exterioară și doar prin intermediul conștiinței omul își dă seama că este centrat pe obiectul exterior în detrimentul celui interior și invers.

O persoană extravertită valorizează relația cu obiectul din exterior și se teme de propria lume interioară. Introvertitul nu se teme de el însuși, însă are o teamă puternică de obiectul din afara sa, pe care îl investește ca fiind foarte înspăimântător. Vă amintiți povestea lui Alcibiade și Socrate.[176] Alcibiade

---

[176] Această anecdotă, așa cum a fost povestită, nu a fost găsită în literatură.

trebuia să țină un discurs în public. A venit la Socrate și i-a spus că nu a reușit să facă acest lucru din cauză că i-a fost teamă de auditoriu. Socrate l-a invitat la o plimbare prin Atena. Ajungând prima dată la un fierar, Socrate îl întreabă: „Îl cunoști pe acest bărbat?“, „Da.“, „Ți-e teamă de el?“, „Nu.“ Apoi l-a dus la un cizmar, i-a pus aceleași întrebări și din nou lui Alcibiade nu îi era teamă. „Aceștia“, spune Socrate, „sunt chiar oamenii în fața cărora ți-a fost teamă să vorbești“. Însă este un lucru caracteristic introvertitului, ca mulțimea să îi pară a fi un monstru. Uneori el poate compensa această teamă și să găsească o modalitate eficientă de a îmblânzi monstrul. Teama pe care o simte introvertitul își are rădăcina în supoziția inconștientă că obiectul are o putere foarte mare, caracteristică a credinței primitive în magie.

Pe de altă parte, extravertitul se comportă ca și cum lumea ar fi o familie minunată. Nu proiectează fricile pe obiect, ba se simte chiar în siguranță. Însă pentru a vă arăta felul în care se simte în relație cu el însuși, vă pot povesti despre un pacient de-al meu care se epuiza din cauza extraversiei sale excesive. I-am spus că trebuie să își ia în fiecare zi o oră în care să stea de unul singur. Mi-a spus că ar fi plăcut să asculte muzică cu soția sa seara. „Nu“, i-am spus, „nu asta, trebuie să stai singur“. „Să citesc, vrei să spui?“, „Nu, să nu faci nimic decât să meditezi“. „Pentru nimic în lume n-aș face asta“, mi-a spus, „asta mă întristează foarte mult“.

Dr. de Angulo: Dacă vi s-ar spune că o persoană are o atitudine extravertită față de conținuturile inconștientului colectiv, ce credeți că înseamnă?

Dr. Jung: Este greu de spus. Dumneavoastră ce credeți că înseamnă?

Dr. de Angulo: Nu știu.

Dr. Jung: În cazul unui introvertit, atitudinea sa față de imaginile colective este precum cea a unui extravertit față de lumea exterioară. El trăiește prin intermediul lor ca într-un basm sau într-o aventură. Pe de altă parte, extravertitul se raportează la materialul său inconștient într-o manieră introvertită, adică cu foarte mare prudență și cu multe incantații pentru a alunga puterea pe care obiectul interior o are asupra lui. Exravertitul, la vederea unui ochi de apă, se aruncă cu totul în el, apoi iese, se scutură și merge voios mai departe pe drumul lui. Dacă introvertitul face același lucru, aproape că nu va mai pleca niciodată la drum și dă vina pe tot ce există în cer și pe pământ pentru greșeala pe care a făcut-o. Însă dacă mlaștina este în interiorul lui, poate să sară în ea și să iasă nevătămat, în timp ce pentru un extravertit mlaștina din el însuși este de evitat cu orice preț.

PRELEGERE

Vă aduceți aminte visul pe care vi l-am spus data trecută, în care Siegfried era ucis. În acest vis s-a împlinit ceva insinuat de imaginile din grotă. Acolo apărea eroul ucis, iar aici crima este înfăptuită, astfel că putem spune despre vis că este o prelucrare a viziunii din grotă. Desigur, după un eveniment atât de important ca uciderea eroului, este de așteptat să se întâmple lucruri. Siegfried reprezintă idealul, iar uciderea eroului înseamnă uciderea funcției superioare, pentru că ea este funcția dominantă. Un bărbat care gândește își folosește intelectul ca instrument principal, iar acesta reprezintă cu adevărat un ideal. El nu se va putea adapta într-o situație în care idealul său nu este în acord cu idealurile de gândire ale altor persoane. Când gândirea sau orice altă funcție superioară este dusă atât de departe, devine lipsită de vitalitate și fără consistență. Pentru că este un ideal general acceptat, cineva poate considera că a realizat ceva deosebit în a diferenția o funcție atât de mult, însă în realitate aceasta este o chestiune mecanică. Luați un bărbat cu o gândire diferențială și puneți-l față în față cu o femeie care are funcția simțire superioară. Ambii vor fi dezamăgiți, fiecare considerându-l pe celălalt gol și plictisitor.

Simțirea și gândirea impersonale sunt foarte relative. Când le privim pot părea ceva fascinant, când în realitate sunt fără viață, deoarece inconștientul personal caută să revină la o viață mai completă, îndepărtându-se de extrema diferențiere a unei funcții. Astfel funcțiile mai puțin diferențiate încep să se dezvolte. Nu putem ajunge nicăieri în analiză cu gândirea până când aceasta nu atinge paradoxul, adică până când ceva este și nu este adevărat în același timp. Același lucru este valabil și pentru funcția simțire, iar o persoană care este tipul simțire dezvoltat trebuie să ajungă într-un punct în care lucrul cel mai iubit este și cel mai urât, înainte de a căuta refugiu în altă funcție.

În viziunea cu grota, scarabeul negru venea după eroul cu părul blond. Acesta din urmă poate fi înțeles ca fiind soarele din timpul zilei, adică funcția superioară. După ce el se duce vine noaptea întunecată, care dă naștere unui nou soare. Ne așteptăm ca ceea ce ia naștere să fie un nou erou, însă în realitate este soarele din miezul nopții.

Ideea că soarele din timpul zilei are opusul său în timpul nopții este o idee arhetipală. De exemplu, Pitagora considera că pământul are un geamăn. Această idee a apărut și într-o carte cu autor necunoscut, care a fost publicată în timpul războiului. Se numește *Peter Blobbs — Real Dreams.*[177] În carte,

---

[177] Nu este anonimă: Arthur John Hubbard, MD, *Authentic Dreams of Peter Blobbs and of Certain of His Relatives* (Londra, 1916). Cartea a fost subiectul unui seminar (se pare că nu a fost înregistrat) pe care Jung l-a ținut în vara anul 1920 la Cornwall, Anglia. Cf. *„Analiza viselor"*, Introducere, p. 11.

primul vis, cel în care apare metafora soarelui din timpul nopții, se numește „The Night of the Swinging Censer“. Visătorul se află într-o catedrală veche, care se umple treptat cu oameni. Este la asfințit sau mai târziu. În mijlocul catedralei atârnă o cădelniță care se leagănă dintr-o parte în alta. Cu cât se înnoptează mai mult, cu atât se intensifică mai mult pendularea cădelniței, iar în același timp catedrala se umple cu oameni îmbrăcați în costume din toate timpurile și secolele. În cele din urmă sosesc și oamenii primitivi. Pe măsură ce biserica se umple, cădelnița se leagănă și strălucește din ce în ce mai puternic. La miezul nopții este atins un maxim, iar către dimineață începe să scadă în intensitate. Odată cu răsăritul soarelui, totul se oprește.

Acesta este un exemplu foarte bun cu privire la funcționarea inconștientului. Pe măsură ce ziua se stinge, inconștientul se activează, iar până la miezul nopții cădelnița atinge un maximum de strălucire, însă luminează trecutul. Cu cât principiul dinamic crește în intensitate și cu cât mergem mai în trecut, cu atât suntem mai mult sub puterea inconștientului. Nebunii se duc cel mai mult în trecut, într-o stare psihică neobișnuită, în care nu-și pot înțelege gândurile și nici nu se pot face înțeleși de către ceilalți. Uneori, dacă unui așa-zis nebun reușim să îi înțelegem gândurile, el se poate vindeca chiar grație acestor rătăciri ciudate ale sale. Odată, un tânăr elvețian a încercat să sară cu un buchet de flori în caleașca împărătesei Germaniei. Când a făcut asta, a strigat: „Culorile elvețiene pentru împărăteasă!“ Povestea lui era următoarea: era nebun de ceva vreme și, identificându-se cu Rousseau, s-a dus pe insula Rousseau[178] și a scris o carte de cinci mii de pagini. Cât se afla acolo, pe insulă s-a mutat un cuplu

[178] Probabil insula St. Pierre, de pe lacul Bienne, unde J.J. Rousseau s-a retras pentru două luni în anul 1765.

german. Soția se simțea neînțeleasă, iar ea și tânărul elvețian s-au îndrăgostit unul de altul. Apoi s-a despărțit de el și s-a întors la Berlin, urmată la scurt timp de el. A trebuit să o caute, desigur, în familia imperială, pentru că ea nu putea fi într-un loc de condiție inferioară, iar când i-a oferit buchetul de flori împărătesei, i-l oferise de fapt viitoarei sale soacre.

Am mers în analiză cu el în profunzime și toate ideile lui erau într-o succesiune logică perfectă. Nu înțelegea de ce este considerat nebun. Era convins că, dacă medicii l-ar înțelege, nu l-ar mai ține închis. A reușit să mă facă să îl înțeleg și în cele din urmă am obținut externarea sa. În urmă cu aproximativ doi ani am primit o scrisoare de la el, din America, în care își exprima recunoștința. Se căsătorise și reușea să își îngrijească familia cu succes. Tulburarea sa nu mai revenise. Faptul că am putut să-i urmăresc ideile l-a ajutat să treacă de la ceea ce, din toate punctele de vedere, părea nebunie la realitate. Ulterior am văzut cum s-a întâmplat același lucru și în alte cazuri.

Cu cât principiul dinamic este mai energizat, cu atât este mai mare puterea inconștientului, până în punctul în care se poate declanșa dementia praecox. Visul cu cădelnița a arătat foarte frumos creșterea treptată a energiei pe măsură ce noaptea înaintează. Cădelnița strălucitoare este o metaforă pentru soarele din timpul nopții, care devine incandescent atunci când soarele din timpul zilei, sau funcția superioară, părăsește scena.

De ce nu apare imediat funcția inferioară? Funcția inferioară este asociată cu inconștientul colectiv și prima dată trebuie să apară în fanteziile colective, care, la o primă vedere, nu par a fi colective. Fiecare le consideră ca fiind unice, iar oamenii care le au sunt temători și retrași, deseori suspicioși, asemenea acelora care ascund un secret important. De aici până la starea de Dumnezeu atotputernic este doar un pas.

Acel om se identifică din ce în ce mai mult cu inconștientul colectiv.

Următorul lucru care mi s-a întâmplat a fost să am o altă viziune fantastică. Am folosit aceeași tehnică a coborârii, însă de data aceasta m-am dus mai în adâncime.[179] Aș spune că prima dată am coborât cam până la adâncimea de 300 de metri. Însă de data aceasta a fost o profunzime cosmică. A fost ca și cum m-aș fi dus pe lună sau ca senzația coborârii în vid. Întâi a apărut imaginea unui crater sau a unui lanț muntos în formă de cerc, iar starea pe care o simțeam era de moarte, ca și cum eu însumi eram jertfit. Era starea lumii de dincolo.[180]

Am văzut doi oameni, un bătrân cu barba albă și o tânără foarte frumoasă. I-am considerat a fi reali și am ascultat ceea ce spuneau. Bătrânul a zis că se numește Ilie.[181] Am fost șocat, însă m-a tulburat și mai tare să aflu că ea era Salomea. Mi-am spus că era o alăturare stranie, Salomea și Ilie, însă Ilie m-a asigurat că ei doi sunt împreună de-o veșnicie. Acest lucru m-a tulburat, de asemenea.[182] Cu ei era un șarpe negru, care era atras de mine. Am concluzionat că Ilie este cel mai înțelept dintre ei, deoarece părea că se gândește la ceva. Eram foarte neîncrezător în Salomea. Am purtat o lungă discuție cu Ilie, însă nu am înțeles nimic. M-am gândit că motivul pentru care am viziuni cu astfel de personaje este acela că tatăl e preot. Atunci, ce este cu acest bătrân? Nu puteam încă să înțeleg semnificația Salomeei. Abia mult mai târziu am găsit legătura ei cu Ilie, pe neașteptate. De fiecare dată când te îmbarci în astfel de călătorii întâlnești o tânără împreună

---

179 Cf. AVR, p. 215.

180 *Viziunea* a avut loc în 21 decembrie 1913. Vezi *Liber Novus*, p. 245.

181 În transcriere: „Elias“ (atât forma germană, cât și cea grecească ale numelui Ilie). / Cu privire la Salomea, vezi prelegerea a XI-a, respectiv a XII-a.

182 „Eu: Ce miracol v-a unit? / I: Niciun miracol, a fost așa de la început. Înțelepciunea mea și fiica mea sunt una. / Sunt încremenit, nu pot să pricep. / I: Ia gândește-te: orbirea ei și clarviziunea mea ne-au făcut dintotdeauna să ne însoțim“ (*Liber Novus*, p. 246).

cu un bătrân. Multe exemple ale unor astfel de personaje sunt prezente în cărți pe care le știți, precum cele ale lui Melville și Rider Haggard.[183] În tradiția gnostică se spune că Simon Magul călătorea cu o tânără pe care o găsise într-un bordel. Se numea Elena și se presupunea a fi o reîncarnare a Elenei din Troia.[184] Mai este și perechea Kundry și Klingsor.[185] În cartea scrisă de călugărul F. Colonna, din secolul al XV-lea, 1450, numită *Hypnerotomachia* (Vis-iubire-luptă), apare aceeași temă.[186] Pe lângă exemplele pe care vi le-am dat, ale operelor lui Haggard și Melville, sunt și cărțile lui Meyrink.[187]

---

183 Cf. temei preotului și fecioarei din romanul *Mardi* (1849), de Herman Melville; pentru romanul *She*, de Rider Haggard, vezi prelegerea a XV-a și sfârșitul prelegerii a XVI-a.

184 Cf. „Despre arhetipurile inconștientului colectiv" (1934), OC vol. 9/11, par. 64 și lucrări ulterioare. Jung a început să studieze scriitorii gnostici încă din 1910 (*AVR*, p. 92) și, după cum el însuși a spus, „în mod sistematic", din 1918 până la momentul susținerii acestui seminar (ibid., p. 200). Simon Magul (secolul I) a fost un vrăjitor. În „Faptele apostolilor" (8: 9–24), după ce s-a creștinat, a dorit să dobândească puterea de propovăduire a Sfântului Duh de la Petru și Pavel (Jung a considerat această relatare ca fiind o satiră). Relatări ulterioare despre el se găsesc în Evangheliile apocrife ale lui Petru și în Scrierile Sfinților Părinți. Simon a fost identificat ca fiind unul dintre întemeietorii gnosticismului, iar în secolul al II-lea a apărut secta simonienilor. Se spune despre el că a călătorit mereu cu o femeie care era reîncarnarea Elenei din Troia și pe care o găsise într-un bordel din Tir. Jung o citează pe aceasta ca exemplu de figură a animei („Suflet și pământ", 1927, OC vol. 10, par. 75). Despre Simon Magul, vezi Gilles Quispel, *Gnosis als Weltreligion* (Zürich: Origo Verlag, 1951) și G.R.S. Mead, *Simon Magus: An Essay on the Founder of Simonianism Based on the Ancient Sources with a Reevaluation of His Philosophy and Teachings* (Londra: Theosophical Publishing House, 1892). În *Liber Novus*, Hristos i se adresează lui Filemon cu numele de Simon Magul (p. 359).

185 În opera lui Wagner, *Parsifal* (1882). Kundry și Klingsor apar și în *Liber Novus* (p. 302).

186 Francesco Colonna, *Hypnerotomachia Poliphili* (Veneția, 1499). Cf. interpretării unei eleve de-a lui Jung, Linda Fierz-David, *The Dream of Poliphilo* (trad. Mary Hottinger, B. S., 1950, orig., Zürich, 1947).

187 Gustav Meyrink, *Der Golem* (1915) și *Fața verde* (1916/2014), citat în *Tipuri* (OC vol. 6), par. 205 și în lucrările sale ulterioare.

Prelegerea a IX-a
Întrebări și discuții

(Într-o prelegere anterioară[188] dr. Jung și-a exprimat punctul de vedere cu privire la faptul că artistul își mută atenția de la obiectul exterior către cel interior, adică spre imaginile inconștientului colectiv. Pentru a exemplifica ceea ce a spus, dr. Jung a adus fotografii ale lucrărilor unui sculptor care îi fusese pacient o vreme. Cu toate că este dificil să relatez discuția care a avut loc pe tema acestor imagini fără să fie prezentate și acestea, s-au spus atât de multe lucruri utile încât merită să fac încercarea.)

Dr. Jung: Aceste sculpturi reprezintă strădania artistului de a exprima o experiență ce ține de inconștientul colectiv. Când cineva intră în contact cu inconștientul colectiv, dacă manifestă vreun fel de abilități creative, va lua naștere o imagine clară, altfel conținutul care apare va fi fragmentat, incomplet. Este adevărat că cel mai probabil va apărea în această ultimă formă și de obicei așa se manifestă în dementia praecox. Însă, dacă este prezentă capacitatea creativă, avem tendința de a modela conținutul astfel încât considerăm că în mod normal relația cu inconștientul colectiv constă în apariția acestuia în forme singulare, iar când cineva este asaltat de un șuvoi de frânturi de imagini, ca în dementia praecox, spunem că este boală.

Când un artist are o viziune din inconștientul colectiv, imediat începe să o transforme estetic și de obicei o

---

188 Prelegerea a VII-a. Fotografiile discutate în prelegerea actuală nu au fost găsite.

materializează într-un monument etc. După cum vedeți, acest artist avea o pasiune pentru chipul uman și a dat frâu liber imaginației de a se juca cu acesta. Nevroza sa s-a declanșat ca urmare a realizării unei fresce, la cererea unei biserici protestante. Era liber să aleagă ce temă dorea. A ales Coborârea Sfântului Duh de Rusalii. A început să facă o compoziție și a reușit foarte bine să grupeze apostolii de-o parte și de alta, lăsând locul din mijloc liber pentru imaginea Sfântului Duh. Nu se putea hotărî cum să reprezinte Sfântul Duh. A respins simbolul tradițional al focului și a început să se gândească ce e de fapt Sfântul Duh. Tot săpând în interiorul lui pentru un răspuns, a dinamizat inconștientul colectiv și a început să aibă coșmaruri crunte și multe alte spaime, astfel că, atunci când a venit la mine în tratament, uitase complet de căutarea sa inițială a Sfântului Duh. Pe durata analizei cu mine, sarcina sa a fost de a da imaginilor din inconștientul colectiv o formă concretă.

După cum ați observat, primele imagini sunt ale unor zei cu gurile deschise și ochii stinși. Libidoul este absorbit înapoi în inconștient. Apoi i s-a părut că aceste fețe relativ simple nu sunt potrivite, astfel că a început să picteze fețele care exprimă trăirile de groază. Într-un final a sintetizat totul într-o figură nemaipomenit de demonică, ce semăna foarte mult cu una dintre zeitățile demoni din Java. Acesta era pentru el Sfântul Duh. Nu știu ce s-a mai întâmplat cu el.

Dr. Ward: A avut vreo trăire pe care a descris-o ca fiind o experiență religioasă?

Dr. Jung: Da, aceste întâlniri cu inconștientul colectiv erau experiențele lui religioase și le-a înțeles ca atare. Legat de aceasta, este interesant să ne amintim faptul că Luther a ajuns la o concepție cu privire la dualitatea lui Dumnezeu. El a descris un Dumnezeu manifest și un Dumnezeu ascuns, acesta din urmă fiind un simbol al forțelor negative ale vieții.

Cu alte cuvinte, Luther a fost atât de marcat de puterea forțelor răului încât a fost necesar pentru el ca aceste forțe să rămână atribute ale zeității. Apoi, diavolul a jucat doar un rol secundar între cele două forțe.

Dl Aldrich: Dacă aceasta era viziunea negativă a artistului despre zeitate, care era viziunea pozitivă? Cum erau reprezentate chipurile celelalte în frescă?

Dr. Jung: Erau reprezentări destul de convenționale. Ca toți introvertiții, la nivelul conștiinței avea tendința de a rămâne formal.

(Au fost o serie de întrebări scrise, iar restul orei le-a fost dedicat.)

Întrebarea dnei Evans: „Nu există o presiune sau un impuls din partea fiecărui pol din perechea de opuse pe care le avem? Nu e important să menținem echilibrul interior? De exemplu: o persoană este atât bună, cât și rea, generoasă și zgârcită, încăpățânată și supusă. Este posibil ca presiunea unuia dintre poli să distrugă acea persoană, atât moral, cât și fizic?"

„Sunt necesare atât binele, cât și răul pentru dezvoltarea individualității?" (*The Psychology of the Unconscious* [ed. 1919], p. 121).

„La mijloc, între opuse, este inacțiune, o stare imobilă care nu se schimbă? Este oare Nirvana, cea atât de dorită de către misticul oriental în meditația sa?"

Dr. Jung: Pentru a putea răspunde corespunzător acestei întrebări, este nevoie de o discuție mai cuprinzătoare despre perechea de opuse. Doriți să ne oprim din ceea ce discutam pentru a face asta acum sau să amânăm pentru o prelegere ulterioară?

(Participanții au votat să se amâne discuția despre perechea de opuse pentru o întâlnire viitoare.)

Dra Corrie: Într-o prelegere anterioară ați vorbit despre schimbarea modului de funcționare mentală pentru a putea fi un observator pasiv al viselor. Ulterior, în altă prelegere,[189] spuneți că faptul de a privi inconștientul este doar o atitudine de suprafață și reprezintă cel mai rău lucru pe care îl putem face. Nu înțeleg diferența. Înseamnă că trebuie să adopți atitudinea din timpul nopții pe timp de zi?

Dr. Jung: Cele două vieți nu-și au locul împreună. Când am spus că am inversat modul de funcționare pentru a vedea, nu am avut în minte faptul că fac asta doar cu scopul de a privi. Scopul era acela de a asimila conținuturile inconștiente și singura cale de a realiza acest lucru este să dai materialului posibilitatea să apară. Când cineva adoptă doar o atitudine la nivel perceptiv față de propriul inconștient, tendință des întâlnită la anumite persoane intuitive, acel om nu face niciun efort să integreze în personalitatea sa conținutul inconștientului. Nu există nicio legătură de ordin moral între conținutul observat și personalitatea acelei persoane. Însă dacă observăm pentru a integra conținutul, adoptăm o atitudine care implică toate funcțiile noastre. Nietzsche a ridicat atitudinea estetică la rangul de cea mai importantă valoare a omului,[190] însă la fel de importantă poate fi și atitudinea intelectuală, prin care cineva se poate doar gândi la viață, fără să o trăiască vreodată. În această situație cineva nu se află în viață, nici măcar în a sa. Pentru a putea favoriza apariția conștiinței a trebuit să facem un pas în afara vieții și să observăm; cu alte cuvinte, a trebuit să ne disociem, însă pe cât de necesar ne este acest proces în evoluția conștiinței, nu ar trebui folosit așa cum se procedează astăzi, pentru a ne ține departe de viață. În prezent efortul nostru ar trebui să fie dublu, atât de a deveni mai conștienți, cât și de a ne trăi deplin viața. Idealul din zilele noastre este de a munci cu orice preț, însă

---

189 Cf. prelegerilor a IV-a și a VI-a.
190 Cf. *Tipuri*, par. 231–232.

mulți oameni doar muncesc și nu mai trăiesc. Nu trebuie să minimalizăm dorința de a munci, însă putem înțelege că nu are valoare atunci când ne separă de viață.

Întrebarea drei Henty: „Nu se poate dezvolta funcția inferioară fără o înfrângere a funcției superioare, așa cum ați descris data trecută?“

Dr. Jung: Poți ridica apa de la baza cascadei fără un consum considerabil de energie? Trebuie să ai energie pentru a dinamiza funcția inferioară și, dacă nu o iei de la funcția superioară, de unde altundeva? Dacă îți canalizezi întreaga energie și voință în funcția superioară, te îndrepți încet spre un iad — te secătuiește. Oamenii normali sunt cei care pot trăi orice fel de situații fără a protesta. Însă există anumiți oameni în care anumite situații de viață trezesc revoltă. Să ne uităm, de exemplu, la strădania de a trăi o viață împlinită; este cel mai greu de realizat. A aduce la suprafață funcția inferioară astăzi înseamnă a trăi, însă plătim scump acest gest atât prin greșeli, cât și prin diminuarea energiei.

Uneori nu este alegerea noastră — funcția inferioară ne ia prin surprindere. O astfel de situație a fost în perioada răspândirii creștinismului, cu două mii de ani în urmă. În acele vremuri, valorile spirituale se scufundaseră în inconștient și, pentru a deveni din nou conștienți de ele, oamenii au trebuit să treacă prin experiențe dramatice ca să respingă valorile materiale. Au trebuit să renunțe la tot — aur, femei, artă. Mulți s-au retras în deșert pentru a se detașa de lume. În cele din urmă au ajuns să renunțe la viața însăși și au murit în arena cu lei sau arși de vii. Au trecut prin toate aceste experiențe pe măsură ce în ei creștea o nouă atitudine psihică. Au fost sacrificați pentru că au atacat valorile cele mai importante ale timpurilor de atunci. Au pus în pericol unitatea familiei romane prin disputele religioase. Au respins natura divină a împăratului. Efectul pe care l-au produs asupra mentalului colectiv a fost similar cu ceea ce s-ar întâmpla astăzi dacă s-ar critica zeul la care se închină Occidentul — Respectabilitatea. În prezent și noi suntem în căutarea altor valori. Căutăm viață, nu eficiență, iar această căutare a noastră este în contradicție cu idealurile colective din timpurile noastre. Doar cei care sunt îndeajuns de puternici sau cei care au fost luați în stăpânire de noua atitudine pot trece prin acest proces de transformare, însă odată început trebuie să suferi. Este un fenomen care are loc peste tot în lumea din prezent.

Dl Robertson: Ce i-a împins pe oameni către noua atitudine în urmă cu două mii de ani?

Dr. Jung: Oamenii nu vedeau o altă cale de face față situației extreme în care îi adusese păgânismul. Schimbarea de atitudine pe care a adus-o creștinismul a lăsat sterpe literatura și arta acelor vremuri. Conform filologilor, tot ce era valoros a dispărut atunci. Rămăsese doar o vagă înflăcărare în operele lui Apuleius. În realitate, toate aceste lucruri s-au întâmplat deoarece șuvoiul creativității nu mai curgea prin albia săpată de Antichitate și căuta o altă matcă. A apărut un nou curent literar și artistic, Tertullian fiind un exemplu reprezentativ.[191] Libidoul s-a dus către valorile spirituale și astfel a avut loc o schimbare colosală în mentalitatea umană în trei sute de ani. Individului îi este mereu greu să se adapteze acestor mișcări colective. Îi cuprind pe oameni din interior, din inconștient, fără ca ei să-și poată da seama ce li s-a întâmplat. Astfel că literatura din acea vreme era plină de un sentimentalism bolnăvicios — energia s-a dus din conștient în inconștient, unde a fost îngropată. Acești oameni de la începuturile perioadei creștine nu erau conștienți de schimbarea colectivă ce avea loc atunci. Nu puteau să conștientizeze faptul că

---

191 Tertullian (cca. 160–220, d.H.) a fost unul dintre Părinții Bisericii. El este autorul multor concepte ale creștinismului timpuriu. În 1921, Jung a analizat opera sa în *Tipuri psihologice* (OC vol. 6, par. 16 și următoarele).

erau creștini. Ei încă mai căutau să fie inițiați în tot soiul de mistere, în căutarea a ceea ce creștinismul oferea. Nu puteau accepta creștinismul pentru că venea de la oameni pe care îi disprețuiau.

Multe din problemele timpurilor noastre vin din faptul că nu conștientizăm faptul că facem parte dintr-o turmă care s-a îndepărtat de la direcția principală. Atunci când ești într-o turmă nu te mai simți în pericol, totodată, acest lucru ne împiedică să vedem unde ne-am îndepărtat de tendințele profunde ale inconștientului colectiv.

Dra Hincks: Când vorbeați de aducerea în conștiință a funcției inferioare, vă referiți la cea din inconștient?

Dr. Jung: Da.

Dra Hincks: Am înțeles că v-ați dezvoltat intuiția, în opoziție cu gândirea dumneavoastră.

Dr. Jung: Nu, m-am referit la simțire în opoziție cu gândirea. Ca om de știință, gândirea și senzația erau cele mai dezvoltate funcții ale mele, iar intuiția și simțirea erau în inconștient și influențate de inconștientul colectiv. Nu poți ajunge direct de la funcția superioară la cea inferioară, ci doar trecând mereu prin funcția auxiliară. Este ca și cum inconștientul se află într-o opoziție atât de puternică cu funcția superioară încât nu se poate un atac direct. Procesul de perlaborare a funcțiilor auxiliare are loc după cum urmează: să presupunem că ai funcția senzație foarte dezvoltată, dar nu excesiv. Apoi poți să accepți că orice situație are un câmp de posibilități, cu alte cuvinte dai voie unui aspect intuitiv să se manifeste. Senzația ca funcție auxiliară îi permite intuiției să existe. Însă, în măsura în care senzația (din exemplu) se subordonează gândirii, intuiția sprijină simțirea, aceasta fiind aici funcția inferioară. De aceea, în această situație gândirea nu se va înțelege cu intuiția și va tinde să o excludă. Gândirea nu va lăsa împreună senzația și intuiția, ci mai degrabă le va separa. Această tendință distructivă față de intuiție este observată de simțire, care sprijină intuiția.

Invers, dacă ești tipul intuitiv, nu îți poți accesa senzațiile direct. Ele sunt pline de monștri și trebuie să o iei pe calea gândirii sau a simțirii, oricare dintre ele este funcția auxiliară din conștient. Este nevoie de o gândire foarte calculată pentru ca un astfel de om să stea cu picioarele pe pământ. Concluzionând, calea de a ajunge la funcția inferioară este de la cea superioară la funcția auxiliară și de la aceasta la opusa ei. Acest prim conflict care ia naștere între funcția auxiliară, aflată în conștiință, și opusa sa din inconștient este lupta care se dă de obicei în analiză. Poate fi numit conflictul premergător. Bătălia decisivă, dintre funcția superioară și cea inferioară, are loc doar în viață. În exemplul dat, tipul gândire cu senzația ca funcție auxiliară, confruntarea premergătoare se dă între senzație și intuiție, iar lupta finală între gândire și simțire.

Dr. de Angulo: De ce nu poate avea loc bătălia principală în analiză?

Dr. Jung: Acest lucru se poate întâmpla doar dacă analistul își pierde obiectivitatea și se implică într-o relație personală cu pacientul. Într-o astfel de legătură se poate spune că analistul se află mereu în pericol de a fi contaminat de către inconștientul său. Să presupunem că o femeie vine și îmi spune că sunt salvatorul ei. Cu toate că la nivel conștient știu că a realizat o puternică proiecție pe mine, inconștient mă pot îmbăta cu senzația și mă pot inflaționa periculos pentru mine.

Întrebarea dnei Keller: (Această întrebare, așa cum a fost inițial adresată, s-a pierdut. Tema era în legătură cu voința.)

Dr. Jung: Nu se poate spune despre voința omului că este precum o piatră ce se rostogolește la vale. Ceea ce este adevărat este faptul că prin intermediul voinței putem declanșa un proces, de exemplu o fantezie, care apoi își urmează cursul. Există două modalități de a înțelege voința. Cea a lui Schopenhauer, de exemplu, care vorbește despre voința de a trăi și despre voința de a muri, în sensul unui impuls către viață și al unuia către moarte. Mie îmi place să rezerv conceptul de voință pentru acea cantitate mică de energie care ne stă la dispoziție în conștiință. Acum, dacă folosești această cantitate mică în slujba dinamizării proceselor instinctuale, acestea se manifestă cu o forță mult mai puternică decât a ta.

Libidoul omului conține cele două impulsuri sau instincte opuse: instinctul de a trăi și cel de a muri. La tinerețe, instinctul de a trăi este mai puternic — de aceea tinerii nu se agață de viață, ci o trăiesc. Libidoul, ca manifestare a energiei, conține perechea de opuse, altfel nu ar exista o mișcare a libidoului. Folosirea termenilor de viață și moarte reprezintă o metaforă; oricare alții sunt potriviți, atâta timp cât descriu opoziția existentă. La animale și la primitivi opusele sunt mult mai apropiate decât la oamenii așa-numiți civilizați. De aceea, atât animalele, cât și primitivii se despart de viață mult mai ușor decât o facem noi. Un primitiv își sacrifica viața doar pentru a prinde un dușman. Altfel spus, din cauza existenței conștiinței, polii opuși sunt mult mai îndepărtați la noi. Acest fapt ne oferă o mai mare energie psihică, iar prețul pe care îl plătim constă într-o atitudine unidirecțională.

Când perechile de opuse sunt mai apropiate, individul se schimbă ușor. Trece rapid de la o tendință către creștere la o tendință către moarte.

Am ajuns acum la discuția despre perechea de opuse. Doriți să discutăm această temă la următoarea întâlnire?

(S-a votat aprobator de către participanți.)

Prelegerea a X-a

Dr. Jung:

Doriți să abordăm tema perechilor de opuse într-un mod anume?

Dr. de Angulo: Aș dori să începem cu descrierea lor așa cum apar în natură, iar apoi să ne apropiem de maniera în care se manifestă în om.

Dr. Jung: Asta ar însemna să începem cu finalul întrucât, într-un anumit sens, conceptul de perechi de opuse este o proiecție a omului asupra naturii. Din acest motiv consider că este mai indicat să începem cu experiența noastră psihică legată de perechea de opuse, dat fiind că nu suntem siguri de existența laturii obiective a vieții. Așadar, de exemplu, teoria monistă este foarte răspândită, fapt ce reprezintă o negare a aspectului dualist al lumii, susținând atât unitatea individului, cât și unitatea lumii. Dacă luăm în considerare teoria perechilor de opuse, putem observa că monismul și dualismul devin o pereche de opuse, însă în această situație ne regăsim încă o dată în cercul magic al personalității noastre, fără a găsi un răspuns. Nu poți depăși limita propriei persoane până când nu te pierzi pe tine însuți cu totul.

Dra Hincks a pus o întrebare scrisă care ne conduce la aspectul filosofic al problemei, unde cred că vom găsi abordarea cea mai potrivită.

Întrebarea drei Hincks: „În lucrul cu opusele în analiză, le considerați fenomene psihice sau biologice, în care aspectele care se opun pot fi eliminate, spre deosebire de viziunea filosofică, în care ele sunt atribute care se opun din punct de vedere logic, prin urmare ireconciliabile?“

Dr. Jung: Ideea perechilor de opuse este de când lumea și dacă o abordăm adecvat trebuie să ne întoarcem la cele mai vechi izvoare ale filosofiei chineze, oracolul *I Ching*.[192] Cu toate că pare straniu, perechile de opuse nu apar ca atare în gândirea egipteană, însă reprezintă piatra de temelie a filosofiei chineze și indiene. În *I Ching* ele apar ca un proces continuu de enantiodromie, prin care o stare sufletească duce inevitabil la opusul ei. Aceasta este ideea fundamentală a taoismului. Scrierile lui Lao Zi și Confucius sunt pătrunse de acest principiu.

I Ching, izvorul filosofiei chineze, a ajuns la noi, din câte se spune, în forma dată de regele Wên pe când era întemnițat și, ulterior, de fiul său, ducele Chou. Ei au oferit o interpretare intuitivă a oracolului *I Ching*. Unii dintre dumneavoastră știți cum se folosește *I Ching*. Structura este sub formă de hexagrame, care simbolizează procesul de enantiodromie. Poate fi numit și psihologie a paradoxului, adică pe măsură ce principiul *a* se intensifică, opusul, principiul *b*, scade în intensitate, însă mereu vine un moment în care *b* începe să se intensifice imperceptibil, până când ajunge să devină principiul dominant. Aceeași idee este prezentă și în simbolul căii Tao, în care principiile opuse sunt reprezentate prin diviziuni elicoidale care alcătuiesc un cerc, cu alb și negru. Sunt considerate a fi elementul masculin, respectiv cel feminin. Partea albă, principiul masculin, conține un punct negru,

---

192 *În manuscris*: *„Yi King"*. Așa a fost scris în traducerea lui James Legge (Sacred books of the East, XVI, ediția a doua, Oxford, 1899), singura versiune disponibilă în engleză în 1925. (Biblioteca lui Jung cuprindea toate cele cincizeci de volume, mai puțin patru, ale colecției Sacred Books of the East.) În această prelegere se face referire la *The I Ching or Book of Changes*, traducerea lui Richard Wilhelm, în engleză de Cary F. Baynes, cu o prefață de Jung (New York / Princeton și Londra, 1950; a treia ediție, 1967. Prefața se găsește și în OC vol. 11). Inițial dr. de Angulo a fost traducătorul în limba engleză, cea care a înregistrat acest seminar. Interesul lui Jung pentru *I Ching* datează din jurul anului 1920 (*AVR*, p. 425). El și Wilhelm s-au întâlnit prima dată în anul 1923.

iar partea neagră, principiul feminin, conține un punct alb. Astfel, principiul masculin, yang, când atinge cea mai mare dezvoltare, generează femininul, yin, și invers.

Și *Tao Tê Ching* se întemeiază pe aceste principii ale opuselor, exprimate într-un mod diferit. Este posibil ca Lao Zi, autorul cărții *Tao Tê Ching*, să fi fost familiarizat cu filosofia *Upanișadelor*, date fiind asemănările dintre cele două sisteme de gândire. Este posibil ca printre cărțile regelui pentru care el a lucrat ca bibliotecar să fi existat texte brahmanice sau poate că a intrat în contact cu scrierile indice prin intermediul celor care au călătorit. La Lao Zi ideea opuselor este astfel exprimată: Înaltul se sprijină pe Jos, adică Supremul Binele și Supremul Rău, nimic nu există fără acțiunea opusului care îl echilibrează.[193] Este aceeași concepție pe care Nietzsche o exprimă atunci când spune că un copac, cu cât crește mai mare, cu atât rădăcinile îi sunt mai adânci.[194]

Atitudinea filosofică indiană cu privire la opuse este mai evoluată. Aici învățătura este: „Eliberează-te de perechile de opuse, nu acorda atenție nici Înaltului și nici Josului".[195] Omul ideal trebuie să se detașeze atât de virtuțile, cât și de viciile sale. Din nou, este aceeași idee pe care Nietzsche o exprimă

---

193 În *Tao Tê Ching* sau *Daodejing* se afirmă: „Tot ce se află pe pământ cunoaște frumusețea drept frumusețe, așadar există urâțenie;/ Tot ce se află pe pământ cunoaște binele drept bine, așadar există răutate;/ Ființa și neființa se generează una pe alta;/ superiorul și inferiorul se completează unul pe altul;/ Nota și vocea se potrivesc una cu alta;/ Înaintea și dinapoia se urmăresc unul pe altul;/" *Lao Zi* (Oxford: Oxford University Press, 2008), 2, p. 7.

194 Se face referire la *„Așa grăit-a Zarathustra"*, de Nietzsche, în care Zarathustra spune: „Cu omul se întâmplă ca și cu-acest copac./ Cu cât se înalță spre înălțime și lumină, cu-atât și rădăcinile doresc să se înfigă mai puternic în pământ, în jos, în întuneric și-n adânc — în rău.", traducere de Șt. Aug. Doinaș, București, Humanitas, 1996, p. 101. Jung a însemnat cu o linie pe marginea acestui pasaj din exemplarul său.

195 Vezi *Bhagavad Gita*: „Vedele se ocupă de cele trei Tendințe (guna); fii fără cele trei Tendințe, o, Arjuna, fără dualitate, stând în adevărul veșnic, fără să agonisești bunuri lumești, cu Sinele (ātman) [tău]." Trad. din limba sanskrită Sergiu Al-George, București, 1971, Ed. Științifică, II-45, p. 49.

atunci când ne îndeamnă să ne stăpânim atât virtuțile, cât și viciile.[196] Așadar, în Upanișade, spre deosebire de viziunea chineză, accentul nu este pus pe opuse ca atare, ci pe procesul creativ neobișnuit ce are loc între ele. Se poate spune că perspectiva Upanișadelor este una monistă. Atman este elementul central aflat între cei doi poli, a căror existență nu este pusă la îndoială. Pe de altă parte, așa cum am văzut, Lao Zi pune accentul pe opuse, cu toate că el cunoaște calea dintre ele, Tao, acceptând-o a fi esența vieții. Cu toate acestea el este mereu preocupat de elementul pedagogic al problemei opuselor. Intenția sa este ca discipolii săi să nu uite niciodată că trăiesc într-o tensiune a opuselor, iar datoria sa este să îi învețe lucrurile care îi vor ghida de-a lungul acestei căi.

Pe de altă parte, discipolul brahmanic nu trebuie să fie învățat aceste lucruri, el le cunoaște. Poate că acest aspect reprezintă o consecință a faptului că în cazul brahmanilor această cunoaștere ține de înțelepciunea transmisă de-a lungul generațiilor în cadrul castei. Cunoașterea opuselor reprezenta un atribut al acestei caste sacerdotale, nefiind astfel nevoie să fie transmisă ca învățătură. Am putea spune că discipolul brahmanic se situa deja la un anumit *niveau*[197] filosofic privind virturea nașterii[198] și era pregătit pentru următorul pas, anume pentru procesul care are loc între opuse, în vreme ce oamenii cărora Lao Zi li se adresa nu aveau un astfel de statut privilegiat din punct de vedere spiritual; ei erau oamenii de inteligență medie. Legenda despre modul în care Lao Zi și-a scris învățăturile, înainte de a se retrage în singurătate, reprezintă un exemplu a ceea ce vreau să spun.

---

196 Vezi „*Așa grăit-a Zarathustra*", de Nietzsche, București, Humanitas, 1996, partea a doua, capitolul al cincilea, „Despre virtuoși" (pp. 155 și următoarele).

197 *nivel*, în limba franceză, în original. (*N. red.*)

198 Nașterea în casta brahmanilor îi oferea apartenența la casta respectivă. (*N.t.*)

Se spune că Lao Zi și-a părăsit casa din munți și a pribegit către vest. Când a ajuns la poarta Marelui Zid, paznicul l-a recunoscut imediat și nu l-a lăsat să treacă dincolo până ce nu și-a scris învățătura.[199] Atunci a scris cartea celor cinci mii de cuvinte, *Tao Tê Ching*. Legenda ne arată că această carte a fost menită pentru cei cu un nivel mediu de învățătură, nu doar pentru o clasă preoțească. *Upanișadele* se adresează celor care se află dincolo de perechile de opuse. Dacă te-ai eliberat de iluzie, în egală măsură viața are și nu are sens. Însă astfel de oameni nu pot fi des întâlniți decât într-o castă devotată studiului filosofic.

În acele timpuri gândirea filosofică era natura însăși. Nu avea un scop anume, ci mai degrabă gândurile apăreau în mintea oamenilor într-o manieră ciudată, direct și spontan, dând impresia de a fi mai degrabă ceva dat minții decât produs de aceasta. Desigur, ne putem gândi la numeroase exemple de acest fel dacă ne uităm la marile descoperiri sau opere de artă. Punctul de vedere al lui Mayer despre energie s-a născut astfel, ca și cum ar fi fost inspirație divină[200]. La fel și *Sonata Diavolului*, a lui Tartini.[201] *Madonna* lui Rafael (acum aflată la Dresda) este rezultatul unei viziuni spontane, așa cum a fost și opera lui Michelangelo *Moise*.[202] Când un gând sau o viziune apare unui om în această manieră, are o putere de

---

199 Se pare că este vorba despre Yin Xi, paznic al porții de vest a Marelui Zid, Hank Pass.

200 Julius Robert Mayer, fizician german din secolul al XIX-lea. Cf. „Psihologia inconștientului" (1917), OC7, par. 106 și următoarele.

201 Giuseppe Tartini, violonist și compozitor italian, secolul al XVIII-lea. Referitor la visul care l-a inspirat, vezi Encyclopedia Britannica, ediția a unsprezecea, Tartini.

202 *Madonna Sixtină*, aflată în Gemäldegalerie, Dresda; *Moise*, în Biserica San Pietro din Vincoli, Roma. Conform lui John Shearman, istoric de artă renascentistă italiană, primele izvoare istorice nu menționează că aceste lucrări au fost inspirate de viziuni. Shearman sugerează faptul că afirmația lui Jung reprezintă „concretizarea unor zvonuri din mongrafiile secolului al XIX-lea... Interesant este că fiecare operă de artă *reprezintă* o viziune".

convingere copleșitoare. Aceasta este gândirea originală. În prezent noi am pierdut într-o mare măsură această capacitate a imanenței gândirii, am putea spune, iar în schimb avem iluzia de a ne făuri noi înșine propriile gânduri. Nu credem că gândurile noastre sunt ființe unice care se plimbă în creierul nostru și născocim ideea că ele ar fi lipsite de putere fără acțiunea noastră creativă binevoitoare. Născocim asta pentru a nu fi prea influențați de gândurile noastre. Suntem în relație cu gândirea noastră cam cum este și Chantecler[203] cu soarele: încredințat că soarele nu răsare fără cântecul lui, a fost convins odată să facă încercarea de a nu mai cânta, însă pe măsură ce soarele se ridica pe cer, atât de mare a fost neîncrederea în puterile sale încât a cântat, asigurându-se astfel că lumea nu va fi fără soare în acea zi.

Este important pentru noi să credem că gândurile noastre reprezintă expresia liberă a gândirii noastre intenționale, altminteri nu ne-am putea elibera de sub puterea magică a naturii. În definitiv, noi chiar putem gândi, chiar dacă nu independent total de natură. Însă este de datoria psihologului să susțină cele două afirmații prin care, admițând puterea gândirii omului, să accentueze și faptul că acesta se află prins în propria piele, iar din acest motiv gândirea sa va fi mereu influențată de natură într-un mod pe care el nu îl poate controla în întregime.

După cum am mai spus, acest mod de gândire original are o putere de convingere imediată. Când ai un astfel de gând ești convins că este adevărat — este ca o revelație. Acest aspect nu este nicăieri surprins mai frumos decât în cazul unei proiecții; pur și simplu știi că este adevărat și ai tendința de a respinge orice sugestie legată de o posibilă eroare a gândului respectiv. Acest fapt este adevărat mai ales la femei, în cazul cărora

---

203 Cocoșul din povestea cu același nume. (N.t.)

proiecția putând să nici nu fie conștientizată. Inconștientul are puterea de a ne influența gândirea în moduri incredibile. Astfel, îmi amintesc că odată citeam un pasaj dintr-o carte de Lamprecht[204] despre faptul că este destul de evident că omul a trecut printr-o epocă de incest. Am acceptat ideea când am citit-o, însă apoi mi-am spus: „De ce este atât de evident că omul a traversat o perioadă de incest?" Cu cât mă gândeam mai mult, devenea mai puțin evident. Fără îndoială că Lamprecht a fost condus către ipoteza sa de acceptarea inconștientă a mitului lui Adam și al Evei. Astfel, mereu există un anumit mod de a gândi care ne ia în posesie, iar aceste idei inconștiente acționează ca niște păpușari.

În măsura în care gândirea naturală a purtat în ea convingerea faptului natural, când primii filosofi au meditat asupra naturii au avut astfel de revelații spontane, cum am spune, li s-au arătat, iar ei nu le-au pus la îndoială, considerând că însăși natura le vorbise și că dețineau un adevăr absolut. Nu s-au gândit niciodată că ar putea fi o proiecție, fără a avea o bază în real. La fel a fost și cu principiul opuselor; primii filosofi considerau că natura l-a oferit omului. Legenda spune despre *I Ching* că un cal a apărut din Râul Galben, purtând în spate trigramele, pe baza cărora sunt construite simbolurile. Înțelepții le-au luat ca model și au fost cunoscute sub numele de Harta râului.[205]

Noi nu gândim astfel și nu mai considerăm gândurile noastre ca fiind natură. Însuși modul în care procesele gândirii funcționează ne ține departe de ideea că natura ne-a vorbit atunci când avem un gând. Însă acei oameni permiteau minții

---

204 Karl Lamprecht, istoric german. Cf. „*Analiza viselor*", p. 198. 2012: Cu privire la legătura dintre concepția lui Jung despre dominante și scrierile lui Lamprecht, vezi Shamdasani, *Jung and the Making of Modern Psychology: The Dream of a Science* (pp. 282–283 și 305).

205 De obicei sunt numite Harta Râului Galben. Cf. *I Ching*, ediția a treia, pp. 309, 320.

lor să funcționeze fără a o controla. Întrucât creierul este tot un fenomen natural, reprezintă, de asemenea, un produs al naturii și astfel poartă rezultatul acțiunii forțelor naturii. Rodul creierului este natural și drept urmare putem deduce faptul că el conține principiile generale ale naturii. Un om foarte înțelept poate construi întreaga lume pornind de la un măr. Îți poate spune despre clima care a permis apariția lui, copacul care i-a dat naștere, animalele care l-au mâncat. Pe scurt, îți poate spune totul despre acel măr deoarece toate au legătură unele cu altele. Atunci de ce să nu admitem faptul că și creierul poate crea ceva natural care să reproducă principiile naturii? Evident că nu există nicio lege care să demonstreze acest lucru, însă nu putem presupune că rezultatele minții noastre nu derivă din natură. Astfel că nu văd niciun motiv pentru care să nu găsim adevăruri uimitoare în gândirea vechilor înțelepți, așa cum apar reprezentate în *I Ching*. Se spune despre Confucius că a regretat că nu și-a petrecut întreaga viață în studiul *I Ching* și că ar fi spus faptul că doar o singură dată nu a reușit să îl ghideze în acțiunile sale.

Încă din cele mai vechi timpuri, perechile de opuse au făcut obiectul gândurilor oamenilor. Următorul filosof important pe care trebuie să îl menționăm legat de această temă este Heraclit. Filosofia sa seamănă foarte mult cu cea chineză. Este singurul vestic care a înțeles vreodată cu adevărat Estul. Dacă lumea vestică ar fi urmat gândirea sa, toți am fi fost chinezi ca viziune, și nu creștini. Putem considera că Heraclit a făcut legătura dintre Est și Vest. După el, următoarea personalitate din istorie care a fost profund preocupată de tema perechilor de opuse a fost Abelard, însă el a rupt toate legăturile cu natura și a intelectualizat în întregime subiectul.[206]

---

206 Pierre Abelard a fost un scolastic medieval. În 1921, Jung a discutat opera lui pe larg în *Tipuri psihologice* (OC, vol. 6), în legătură cu controversa dintre nominalism și realism (par. 68 și următoarele).

Cea mai recentă revitalizare a temei este prin intermediul psihanalizei. Freud are multe de spus despre perechile de opuse, despre modul în care se manifestă în psihopatologie. Într-un caz de sadism, masochismul se află mereu în inconștient și viceversa.[207] Un om care pe de-o parte este zgârcit este risipitor pe de alta. Toți cunoaștem cruzimea oamenilor excesiv de buni și faptul că oameni onorabili sunt adesea binecuvântați cu niște draci împieliţaţi de copii. Atât în lucrările lui Freud, cât și în ale lui Adler, se observă o acțiune continuă a acestui principiu al opuselor, principiul lui deasupra și dedesubt.

Am abordat subiectul și din perspectiva patologiei, prima dată în cadrul psihologiei sexualității, iar mai târziu cu privire la personalitate ca întreg. Am exprimat acest principiu ca regulă de căutare a opusului oricărei trăsături date și de fiecare dată a funcționat. Am descoperit faptul că fanatismul extrem are la bază o îndoială ascunsă. Torquemada, părintele Inchiziției, era astfel din cauza nesiguranței în credința sa. La nivel inconștient era măcinat de îndoială, în vreme ce în plan conștient manifesta o mare credință. De obicei orice atitudine extremă aduce cu ea opusul. Am observat acest fenomen și în clivajul primar al libidoului, fenomen în virtutea căruia nu putem dori cu ardoare ceva fără a-l distruge în același timp. Un astfel de eveniment intens i s-a întâmplat unei paciente de-a mea. Era o tânără logodită cu un bărbat cu care nu se putea căsători din cauza unor dificultăți financiare. În cele din urmă, el a plecat în Japonia și a stat acolo trei ani. În această perioadă, ea i-a scris cele mai frumoase scrisori de dragoste și abia trăia de la o zi la alta, atât de mare era dorul de el. El a chemat-o la el și s-au căsătorit. La scurt timp, ea a înnebunit și a trebuit să fie trimisă acasă.

---

207 Vezi Freud, *Trei eseuri despre teoria sexualității*, Opere esențiale, vol. 5, București, Trei, 2009.

Așadar, când spui „Da", în același timp spui și „Nu". Acest principiu poate părea greu de înțeles, însă trebuie să existe acest clivaj al libidoului, altfel nimic nu funcționează și noi nu trăim.[208] Viața nu este nicicând mai frumoasă ca atunci când este înconjurată de moarte. Odată am avut un pacient foarte bogat care, când a venit la mine, mi-a zis: „Nu știu ce vei face cu mine, dar sper că îmi vei da ceva ce nu este monoton". Exact așa ar fi viața dacă nu ar avea opuse. Astfel că trebuie să vedem perechile de opuse nu ca pe niște greșeli, ci ca fiind originea vieții. Pentru că același lucru se petrece și în natură. Dacă nu există nicio diferență între sus și jos, ploaia nu poate cădea pe pământ. Fizica modernă numește starea ce ar rezulta în urma eliminării opuselor din natură prin termenul de entropie: adică moarte într-o nepăsare calmă. Dacă toate dorințele îți sunt îndeplinite, atingi ceea ce se poate numi entropie psihică. Astfel, mi-am dat seama că ceea ce crezusem a fi o manifestare patologică, de fapt este o lege a naturii. Suntem parte din manifestarea generală a energiei, iar ceea ce am încercat să prezint în *Tipuri* este psihologia privită din această perspectivă.

Când începeam să scriu la *Tipuri*, am primit o scrisoare de la un editor francez care dorea ca eu să contribui cu o carte la o serie editată de el pe tema opuselor. Mi-a trimis o listă lungă de perechi de opuse la care să reflectez: acțiune și inacțiune, spiritualitate și materialism etc., însă am evitat toate aceste categorii de opoziții secundare sau subordonate și m-am preocupat de identificarea elementului fundamental al acestora. Am început cu concepția primitivă privind curgerea în afară și înăuntru a energiei, iar de aici am elaborat teoria despre tipurile introvertit și extravertit.[209]

---

208 Această propoziție, precum și precedenta sunt citate în *ABC of Jung's Psychology* (Londra, 1928), p. 58, de Joan Corrie.

209 „Despre problema lipsurilor psihologice" (OC 6), Anexă, pp. 858 și următoarele, inițial o prelegere în limba germană, revizuită într-o versiune franceză, ambele în 1913.

După cum vă amintiți dintr-o prelegere anterioară, am ajuns la concepția privind clivarea libidoului în timp ce lucram la cartea *The Psychology of the Unconscious*, însă expresia „clivare a libidoului" poate duce la o înțelegere greșită. Libidoul nu este clivat în sine, ci are loc o mișcare de echilibrare între tendințele opuse și se poate spune că libidoul este unul sau că este dual, în funcție de cum te concentrezi, fie pe curgerea energiei, fie pe cei doi poli opuși între care curge energia. Opoziția este o condiție necesară pentru a avea loc mișcarea libidoului,[210] iar în virtutea acestui fapt putem spune că tindem către o concepție dualistă asupra lumii. Pe de altă parte putem spune despre „curgere", adică energia, că este una singură, iar aceasta este o viziune monistă. Dacă nu este un sus și un jos, apa nu curge; dacă este un sus și un jos, însă nu există apă, nimic nu se întâmplă; astfel, în manifestare există în același timp dualitate și unitate, și ține de temperamentul fiecăruia ce perspectivă alege. Dacă ești dualist precum Lao Zi și ești preocupat mai ales de opuse, tot ceea ce vei putea spune despre ce are loc între opuse se poate rezuma în cuvintele sale, „Tao este nemișcare". Însă, pe de altă parte, dacă ești monist precum brahmanii, poți scrie volume întregi despre Atman, ceea ce se află între opuse.

Prin urmare, monismul și dualismul sunt probleme psihologice care nu au o validitate intrinsecă. Ceea ce ne preocupă cel mai mult este existența opuselor. Într-un fel, pentru noi este ceva nou faptul că toate lucrurile funcționează în opuse. Încă suntem reticenți în a accepta răul din binele nostru și faptul că idealurile noatre se bazează pe lucruri cât se poate de îndepărtate de ideal. Trebuie să ne dăm silința să cunoaștem opusul atitudinilor noastre și să înțelegem faptul

---

210 Propoziția anterioară și aceasta, până aici, sunt citate în *ABC*, Corrie, p. 58.

că viața este un proces ce se desfășoară între doi poli, fiind întreagă doar atunci când se apropie de moarte. Ne aflăm în situația discipolilor lui Lao Zi și trebuie să afirmăm despre Tao că „este nemișcare", deoarece pentru noi nu este vizibil. Însă când devenim conștienți de opuse, suntem nevoiți să căutăm calea care să le împace, deoarece nu putem trăi într-o lume care în același timp este și nu este; trebuie să trecem mai departe printr-un proces de creație care ne va permite să obținem un al treilea element, superior perechilor de opuse. Putem să ne însușim conceptele de Tao și Atman ca soluții posibile, însă doar dacă plecăm de la supoziția că acești termeni au avut pentru creatorii lor aceeași semnificație ca și ideile noastre filosofice pentru noi. Dar nu este același lucru, Tao și Atman s-au dezvoltat, Atman din simbolismul lotusului, în vreme ce Tao este apa nemișcată. Altfel spus, au apărut ca revelații pentru creatorii lor, pe când pentru noi sunt concepte care ne lasă reci. Nu le putem asimila așa cum au făcut oamenii din acele timpuri. Desigur că teozofii încearcă să facă acest lucru, însă depărtându-se de esență și cu riscul de a se rupe de realitate.

Aceste revelații li s-au arătat acelor oameni, s-au dezvoltat din ei precum crește mărul în copac. Nouă ne oferă o mare satisfacție în plan intelectual, însă nu ne ajută cu nimic în unificarea opuselor. Să presupunem că un pacient vine la mine trăind un conflict puternic, iar eu îi spun: „Citește *Tao Tê Ching*" sau „Leapădă-ți suferințele lui Hristos". Este un sfat minunat, însă cu ce îl ajută pe pacient în rezolvarea conflictului? Cu nimic. Fără îndoială că semnificația imaginii lui Hristos are sens pentru catolici și parțial pentru protestanți, dar nu funcționează pentru toți; aproape toți pacienții mei sunt oameni pentru care simbolurile tradiționale nu mai funcționează. Așadar, drumul nostru trebuie să fie unul în care creativitatea este prezentă, în care procesul de creștere interioară este revelat. Analiza ar trebui să declanşeze în noi o experienţă care ne cuprinde sau ne copleşeşte ca şi cum ar veni de la zei, o experienţă care are consistenţă şi corporalitate, aşa cum li s-a întâmplat oamenilor din vechime. Dacă aş alege un simbol pentru această experienţă, ar fi Buna Vestire.

Swedenborg a avut o experienţă de acest fel, cu caracter nemijlocit şi fascinant. Era la Londra, într-un han. În cursul serii, după ce a luat o cină foarte gustoasă, a văzut deodată podeaua acoperită cu şerpi şi broaşte. S-a speriat şi mai tare când în faţa lui a apărut un bărbat într-o mantie roşie.Cu siguranţă vă închipuiţi că această apariţie i-a spus lucruri importante, însă ceea ce i-a zis a fost: „Nu mai mânca aşa mult!" În acest mod, gândul lui Swedenborg a căpătat formă fizică şi, fiind obiectivat, a avut un efect teribil asupra lui. L-a zguduit profund.[211]

Îmi vine în minte un caz asemănător, acela al unui bărbat care bea. Într-o seară a venit mort de beat de la o petrecere. A auzit oameni la etajul de deasupra dând o mare petrecere şi s-a bucurat. La cinci dimineaţa s-a dus la fereastră să vadă ce era cu zgomotul puternic care se auzea. Locuia pe o alee cu platani. A văzut că avea loc un târg de animale, însă toţi porcii erau în copaci. A strigat puternic să atragă atenţia asupra lor, iar apoi poliţia l-a dus la ospiciu. Când a realizat ce i s-a întâmplat, a decis să se lase de băut.

În ambele cazuri natura a declanşat o spaimă puternică, însă cu toate că exemplele date sunt groteşti, exemplifică ceea ce voiam să spun, în sensul că imaginea care eliberează trebuie să aibă o natură foarte veche, doar atunci este convingătoare. Trebuie să fie intrinsec adevărată, adică să vină din

---

211 Cf. introducerii lui Jung la lucrarea *Introduction to Zen Buddhism*, de Suzuki (1939, OC vol. 11), capitolul al XIII-lea, unde anecdota este povestită altfel. Jung a comentat pe marginea acestei întâmplări într-o discuţie despre Swedenborg de la Clubul psihologic în 1954 (notele Anielei Jaffé, Jaffé Collection, Swiss Federal Institute of Technology).

propria ființă și să ne aparțină. Știm că nu este nicio metodă prin care să forțăm apariția acestor întâmplări, însă există o multitudine de tehnici pentru a produce stări psihice care să ne mijlocească contactul cu adevărul iminent. Dintre acestea, yoga este exemplul cel mai clar. Sunt mai multe ramuri în yoga, unele care au de-a face cu respirația, posturile, alimentația etc., iar altele, precum Kundalini yoga,[212] reprezintă un soi de antrenament sexual, într-o oarecare măsură obscen. Se recurge la sexualitate deoarece este o manifestare instinctuală care, din acest motiv, poate induce stări în care pot avea loc aceste experiențe directe. Toate aceste tehnici din yoga, precum și alte practici asemănătoare vor produce starea dorită, însă doar dacă Dumnezeu permite acest lucru, să spunem așa. Adică, este necesară implicarea unui alt factor, a cărui natură nu o cunoaștem. Toate practicile primitive trebuie înțelese ca fiind strădania omului de a deveni mai receptiv la revelațiile naturii.

---

212 Aceasta reprezintă cea mai veche referire la Kundalini yoga din activitatea înregistrată a lui Jung. În toamna anului 1932, Jung și indianistul german J.W. Hauer au susținut un seminar pe această temă, mare parte în engleză. Vezi *The Psychology of Kundalini Yoga: Notes of the Seminar Given in 1932 by Jung*, editată de Shamdasani (Princeton, NJ: Princeton University Press, 1996).

Prelegerea a XI-a
Întrebări și discuții

Dr. Jung: De la întâlnirea precedentă au rămas întrebări nediscutate și, cum am uitat să le aduc cu mine, de data aceasta vă rog să le adresați verbal. Dnă Keller, cred că aveați o întrebare.

Dna Keller: Aș dori să știu mai multe despre imaginea ancestrală și despre modul în care influențează viața unei persoane.

Dr. Jung: Mă tem că nu am suficientă experiență pentru a lămuri o astfel de întrebare. Ideile mele pe această temă sunt, la urma urmei, mai degrabă niște ipoteze, însă vă pot da un exemplu despre cum mi se pare mie că funcționează lucrurile. Să presupunem că un bărbat a avut o dezvoltare normală timp de aproximativ patruzeci de ani, însă ajunge într-o situație care trezește un complex ancestral. Complexul se va declanșa pentru că situația pe care o trăiește acea persoană este una la care el se adaptează cel mai bine prin intermediul acelei atitudini arhaice. Să presupunem că acest bărbat normal, despre care vorbim, ajunge într-o poziție de responsabilitate, în care are multă putere. El însuși nu este potrivit pentru a fi un lider, însă printre trăsăturile sale moștenite este imaginea unui astfel de lider, sau posibilitatea de a fi astfel. Acum, această trăsătură îl ia în posesie, iar din acest moment el are o personalitate diferită. Dumnezeu știe ce s-a întâmplat cu el. Este ca și cum s-a pierdut pe el însuși, iar trăsătura arhaică a preluat conducerea și l-a înghițit. Prietenii lui nu pot înțelege ce s-a întâmplat cu el, el fiind acum o persoană cu totul diferită de cea care era înainte. Este posibil să nici nu apară un conflict în interiorul lui, cu toate că aceasta se întâmplă des. Este posibil ca imaginea să aibă o atât de mare forță încât eul se retrage și cedează în fața presiunii acesteia.

Dna Keller: Dacă imaginea este necesară pentru ca el să îndeplinească acea funcție, cum poate să se împace cu el însuși și în același timp să învingă imaginea atunci când sunt în conflict?

Dr. Jung: Ei bine, de obicei singurul lucru care poate fi făcut este să se încerce prin intermediul tratamentului analitic o reconciliere a acestor imagini cu eul. Dacă persoana este slabă, imaginea pune stăpânire pe ea. Putem vedea lucrul acesta întâmplându-se de fiecare dată cu fetele când se căsătoresc. Puteau fi niște fete perfect normale până atunci, după care apare un rol pe care se simt obligate să îl joace — fata nu mai este ea însăși. De obicei consecința este nevroza. Îmi amintesc cazul unei mame cu patru copii care se plângea că niciodată în viața ei nu avusese parte de vreo experiență valoroasă. „Dar cei patru copii ai dumneavoastră?", am întrebat-o. „O", mi-a spus ea, „ei doar mi s-au întâmplat". Aproape puteai spune că bunica ei, și nu ea făcuse copiii. În realitate, îi respingea.

Mai sunt întrebări? Dr. Mann?

Dr. Mann: Am înmânat o întrebare la care cred că se va răspunde pe parcursul prelegerilor. Voiam să știu dacă puteți schița trecerea tipului irațional de la funcția superioară la cea inferioară așa cum ați descris-o pentru noi în cazul tipului rațional, prin prisma propriei experiențe.

Dr. Jung: Să luăm tipul intuitiv, cu funcția auxiliară gândirea, și să presupunem că a folosit cât a putut de mult intuiția și a eșuat la un moment dat. După cum știți, intuitivul aleargă mereu după noi posibilități. Să presupunem că într-un final ajunge într-o încurcătură din care nu mai poate ieși. Nu este nimic de care să îi fie mai frică decât de asta — el detestă atașamentele stabile și închisorile, însă iată că acum se află în cele din urmă într-o groapă și nu vede nicio cale prin care intuiția sa îl poate salva. Pe acolo curge un râu, trec trenuri, însă el este blocat. Poate că acum începe să se *gândească* ce este de făcut. Când începe să își folosească intelectul este posibil să intre în conflict cu ceea ce simte, deoarece prin intermediul gândirii sale va căuta căi ocolite de a ieși din dificultate, o minciună sau o înșelăciune, fapt ce nu va fi acceptabil pentru valorile sale. Atunci el trebuie să aleagă între simțire și intelect, iar în procesul deciziei ajunge să conștientizeze diferența care există între cele două. Va ieși din acest conflict descoperind o nouă împărăție, a senzației, iar atunci, pentru prima oară, realitatea va dobândi un sens nou pentru el. Pentru un tip intuitiv care nu și-a dezvoltat senzația, lumea tipului senzație seamănă cu un peisaj selenar — adică pustie și moartă. El crede că senzorialul își trăiește viața înconjurat de trupuri neînsuflețite, însă, îndată ce acceptă această funcție inferioară din el însuși, începe să se bucure de obiect așa cum este, în loc să îl vadă prin intermediul proiecțiilor sale.

Oamenii care au funcția intuiție excesiv dezvoltată, fapt ce îi duce la o desconsiderare a realității obiective, iar în cele din urmă la un conflict precum cel descris mai sus, au de obicei vise specifice. Odată am avut o pacientă cu o intuiție extraordinară, care însă împinsese lucrurile până la punctul în care propriul ei corp nu mai era real pentru ea. Odată am întrebat-o, mai mult în glumă, dacă observase vreodată că are corp, iar ea mi-a răspuns foarte serios că nu — se spăla sub un cearșaf! Când a venit la mine încetase până și să își mai audă pașii când mergea — doar plutea prin lume. Primul ei vis o prezenta stând pe un balon, nici măcar înăuntru, închipuiți-vă, pe un balon care era sus în aer, iar ea se apleca, privindu-mă pe furiș. Aveam o armă și trăgeam în balon. În cele din urmă l-am doborât. Înainte de a veni la mine trăise într-o casă în care fusese fascinată de fetele fermecătoare. Era un bordel, iar ea nu își dăduse seama de acest lucru. Acest șoc a adus-o în analiză.

Nu pot aduce un astfel de caz la un sentiment al realității apelând direct la senzație, deoarece, pentru intuitiv, faptele sunt superflue; atunci, cum gândirea este funcția ei auxiliară, am început să reflectez împreună cu ea într-un mod simplu până când ea va dori să dezgolească faptele de atmosfera pe care a proiectat-o asupra lor. Să presupunem că îi spun: „Aici este o maimuță verde". Imediat, ea va spune: „Nu, este roșie". Apoi îi spun: „O mie de oameni spun că această maimuță este verde, iar dacă tu crezi că e roșie, este doar rodul imaginației tale". Următorul pas este să o aduc în punctul în care simțirea și gândirea ei intră în conflict. Un intuitiv procedează cu ceea ce simte la fel cum procedează și cu gândurile sale. Adică, dacă ea are o intuiție negativă despre o persoană, atunci acea persoană este văzută ca fiind în întregime rea, nemaicontând deloc cum este cu adevărat. Însă treptat, o astfel de pacientă începe să întrebe cum este până la urmă obiectul și să își dorească să experiementeze obiectul în mod direct. Atunci este capabilă să îi dea senzației adevărata valoare și încetează să mai privească obiectul de la distanță. Cu alte cuvinte, este dispusă să își sacrifice dorința copleșitoare de a cunoaște prin intermediul intuiției.

Pentru tipul senzație, ceea ce am spus despre modul de funcționare al intuitivului va părea fără îndoială complet lipsit de sens, atât de diferite sunt modurile în care cele două tipuri văd realitatea. Am avut odată un pacient care, după aproximativ șase luni de analiză cu mine, și-a dat seama oarecum șocat de faptul că nu aveam ochi mari, albaștri. O altă pacientă, fiind și mai familiarizată cu cabinetul meu, care este zugrăvit în verde, m-a întrebat de ce am schimbat lambriul de stejar, care fusese acolo în toată perioada de când ea venea la mine. Cu greu am putut să o conving că era proiecția ei.

Aceeași alterare a realității este specifică tuturor funcțiilor superioare care sunt folosite în exces. Cu cât mai pure devin, cu atât încearcă să modifice realitatea să corespundă unei scheme. Viața conține toate cele patru funcții, poate chiar mai multe, și nu este posibil să menținem contactul cu aceasta dacă nu ținem seama de una sau mai multe dintre celelalte funcții.

Întrebarea drei Corrie: „Ați vrea să explicați legătura dintre ambivalență și perechea de opuse?“

Dr. Jung: Dacă te gândești la perechile de opuse imediat presupui existența a două tabere aflate în război una cu cealaltă — aceasta este o viziune dualistă. Ambivalența este o concepție monistă; aici opusele nu apar ca fiind separate, ci ca aspecte contrastante ale unuia și aceluiași lucru. Să luăm, de exemplu, un bărbat care are atât părți bune, cât și rele. Un astfel de om este ambivalent. Spunem despre el că este un om slab, că este sfâșiat între Dumnezeu și Diavol — tot ceea ce e bun aparține lui Dumnezeu, iar tot ceea ce este rău aparține Diavolului. Iar el este un atom care se leagănă între cei doi poli și nu poți ști niciodată ce va alege. Caracterul său nu a căpătat stabilitate, rămânând ambivalent. Pe de altă parte, putem avea exemplul unui fiu care se află între cei doi părinți aflați în conflict — nu știm nimic despre personalitatea sa, însă el este victima acestor opuse și poate să rămână așa timp îndelungat. A trebuit să descoperim conceptul de „imagine“ pentru a ne putea explica această situație. O astfel de persoană nu poate evolua până nu își dă seama că a prezentat doar o parte a situației considerându-se o victimă a celor două opuse, tatăl și mama sa. Trebuie să realizeze faptul că poartă imaginile celor doi în el însuși și că în propriul psihic are loc acest conflict, cu alte cuvinte că el este ambivalent. Până nu conștientizează acest fapt, se poate folosi de proprii părinți sau de imaginile lor ca arme, pentru a evita să își trăiască viața. Dacă acceptă faptul că taberele aflate în conflict sunt părți din el însuși, atunci își asumă responsabilitatea pentru problema pe care acestea o reprezintă. La fel, nu văd niciun sens în a da vina pe război pentru ceea ce ni s-a întâmplat. Fiecare dintre noi a purtat în el însuși elementele care au cauzat războiul.

Așadar, legătura dintre ambivalență și perechile de opuse este un punct de vedere subiectiv.

Dl Robertson: Dacă libidoul este înțeles ca fiind mereu clivat, unde este elementul care împinge într-o direcție sau alta?

Dr. Jung: Problema impulsului nu își are locul, deoarece libidoul, energia, prin definiție, se află în mișcare. Expresia „ambitendință" este un mod de a numi natura contradictorie a energiei. Nu există potențial fără opuse, prin urmare individul manifestă ambitendință. Substanța energiei, să spunem așa, este de fapt o disipare a acesteia, în sensul că nu putem vedea energia, ci doar mișcarea ei într-o direcție. Teoretic, un proces mecanic este reversibil, însă în natură energia se mișcă întotdeauna într-o singură direcție, de la un nivel înalt către unul mai jos. Astfel că și mișcarea libidoului are direcție și despre fiecare funcție se poate spune că are intenționalitate. Desigur, bine cunoscuta prejudecată împotriva acestei perspective care a existat în biologie are de-a face cu confuzia teleologiei cu intenționalitatea. Teleologia afirmă faptul că există un scop către care se îndreaptă totul, însă un astfel de scop nu poate exista decât dacă admitem existența unei minți care ne conduce către un scop final, perspectivă cu care nu putem fi de acord. Totuși, procesele tind către o anumită finalitate, fără a avea de-a face cu un scop predeterminat. Toate procesele biologice au intenționalitate. Natura sistemului nervos constă în intenționalitate, dat fiind că se comportă ca o centrală telegrafică, coordonând toate părțile corpului. Toate reflexele nervoase potrivite sunt adunate în creier. Revenind la punctul de vedere inițial cu privire la ambitendință, energia nu este propriu-zis clivată, este vorba despre perechile de opuse și despre unitatea acestora, cu alte cuvinte, este vorba despre un paradox.

Dl Robertson: Nu îmi este clar cum faceți diferența dintre teleologic și intenționalitate.

Dr. Jung: O acțiune poate avea un caracter intențional, fără anticiparea unui scop. Această idee este amplu dezvoltată în lucrările lui Bergson, după cum știți. Pot foarte bine să merg într-o direcție fără a avea în minte scopul final. Pot merge către un pol fără a avea intenția de a-l atinge. Îl folosesc pentru a mă orienta, nu ca scop. Se vorbește despre faptul că instinctul este orb, totuși instinctul are intenționalitate. Funcționează corespunzător doar în anumite condiții, însă imediat ce nu mai este în acord cu acestea, existența speciei este pusă în pericol. Vechiul instinct belicos al omului primitiv, trăit de națiunile din prezent cu descoperirile lor, gazarea, etc., devine suicidar.

Întrebarea scrisă a dlui Robertson: „Ați prezentat perspectivele celor două tipologii — introvertitul se uită la partea de sus și la baza cascadei, iar extravertitul privește apa care curge între cele două puncte.

Dar nu chiar dumneavoastră priviți «susul și josul» prin ideea de mai sus? În acest fel ne-ați exemplificat propria tendință (introvertită) de a înțelege enantiodromia. Sau afirmați că există o anumită validitate *obiectivă* a acestui concept?“

Dr. Jung: Desigur că a privi susul și josul reprezintă o atitudine introvertită, însă acesta este rolul pe care introvertul îl îndeplinește. Fiind distanță între el și obiect, este receptiv la categorii — poate diviza și discrimina. Nu caută să obțină multe informații și idei despre obiect. Extravertitul este mereu în căutare de cât mai multe informații. De obicei el are o singură idee importantă, cea mai bună idee am putea spune, care va susține toate acele informații, în vreme ce introvertul vrea să descompună acea idee.

Când se pune problema validității obiective, se poate spune că, de vreme ce atât de mulți oameni văd acest proces de enantiodromie, trebuie să fie adevărat, și deoarece atât de mulți oameni văd o dezvoltare continuă, trebuie să fie adevărată și ideea aceasta, însă, strict vorbind, nu putem afirma existența unei validități obiective, ci doar subiective. Nu este foarte satisfăcătoare această concluzie, iar introvertitul are mereu tendința de a spune în secret că punctul său de vedere este singurul corect, privit subiectiv.

Dr. de Angulo: Nu văd legătura logică dintre introversie și capacitatea de a observa fenomenul enantiodromiei. Probabil că sunt foarte mulți extravertiți care îl văd, de asemenea.

Dr. Jung: Nu este o legătură logică, însă am observat că există o diferență structurală între cele două atitudini. Introvertiții își doresc să vadă cum lucrurile mărunte devin importante și invers. Extravertiții preferă lucrurile mărețe, ei nu își doresc să vadă că lucrurile bune se înrăutățesc, ci că se îmbunătățesc mereu. Unui extravertit nu îi face deloc plăcere să admită faptul că el conține și o tendință opusă detestabilă. Mai mult decât atât, introvertitul tinde să accepte cu ușurință enantiodromia, deoarece un astfel de concept deposedează obiectul de multă putere, în vreme ce extravertitul, neavând nicio dorință de a minimiza importanța obiectului, este dispus să îl investească cu putere.

Dl Aldrich: Dre Jung, mi se pare că o parte din ceea ce ați spus intră în contradicție cu ceea ce susțineți în *Tipuri*, cu privire la nominalismul extravertitului care ia în considerare faptele separate, și realismul introvertitului, care caută mereu unitatea prin intermediul abstractizării.[213]

---

[213] Cf. OC vol. 6, par. 40 și următoarele.

Dr. Jung: Nu, nu este nicio contradicție aici. Nominalistul, deși pune accentul pe faptele separate, creează un soi de unitate compensatoare imaginând o Ființă veșnică, ce le cuprinde pe toate. Realistul nu își dorește atât de mult să ajungă la o idee centrală, cât să se îndepărteze de fapte, abstractizându-le în idei. Conceptul lui Goethe de „Urpflanze“[214] este un exemplu de idee care este mult prea generală și ilustrează ceea ce am vrut să spun cu privire la tendința extraverților de a formula „idei mari“. Agassiz,[215] pe de altă parte, a dezvoltat ideea potrivit căreia animalele provin din mai multe tipuri, iar aceasta se potrivește tipului introvertit mult mai bine decât concepția lui Goethe. În viziunea platonică despre viață există un număr limitat de imagini primordiale, însă tot sunt mai multe, nu doar una — astfel că introvertitul are tendința de a fi politeist.

Dl Aldrich: Însă nu Platon a atribuit originea lumii minții Zeului?

Dr. Jung: Da, așa este, însă ceea ce ne interesează la Platon nu este această viziune, ci conceptul de *eidola* sau idei primordiale abstracte.[216]

PRELEGERE

Ultima dată[217] v-am vorbit despre visul cu uciderea eroului, iar apoi despre fantasma cu Ilie și Salomea.

---

214 Cf. Goethe, *Versuch die Metamorphose der Pflanzen zu erklären* (1790).
215 Louis Agassiz, cercetător în științele naturii, american de origine elvețiană, a elaborat teoria „creației multiple“. Jung nu l-a mai citat nicăieri, cu toate că biblioteca sa conține lucrarea lui Agassiz, *Schöpfungsplan* (1875).
216 Cf. Platon, *Timaios*.
217 De fapt în prelegerea a VIII-a.

Uciderea eroului nu este un fapt oarecare, ci implică anumite consecințe. A distruge o imagine înseamnă că devii acea imagine. A scăpa de conceptul de Dumnezeu înseamnă că devii acel Dumnezeu. Se întâmplă astfel deoarece dacă distrugi o imagine o faci întotdeauna conștient, iar libidoul investit în acea imagine se duce în inconștient. Cu cât imaginea este mai puternică, cu atât ești mai prins de ea în inconștient, astfel că, dacă renunți la erou la nivel conștient, ești împins în rolul de erou de către inconștient.

Îmi amintesc de un caz în legătură cu acest subiect. Era un bărbat care a fost capabil să facă o excelentă analiză a situației sale. Mama sa îi spusese în repetate rânduri, pe măsură ce creștea, că într-o bună zi va deveni un salvator al umanității. Cu toate că nu prea îi venea să creadă, totuși l-a atins într-un fel. A început să învețe și în cele din urmă a ajuns la universitate. Acolo a cedat psihic și s-a întors acasă. Însă un salvator nu trebuie să studieze chimia, mai mult decât atât, un salvator este mereu neînțeles. Și astfel, încurajat pe această direcție de către mama sa și de propria imaginație, a rupt complet legătura cu conștiința sa. Era mulțumit cu o funcție într-o companie de asigurări, fapt ce implica nimic mai mult decât lipirea timbrelor. În tot acest timp juca rolul secret al celui mai disprețuit dintre oameni. În cele din urmă a ajuns la mine. Analizându-l, am găsit această fantasmă a salvatorului. A înțeles-o doar la nivel rațional și astfel influența afectivă pe care o exercita asupra lui a rămas neschimbată — în ciuda a ceea ce gândea despre fantasmă, încă obținea o satisfacție din a fi un salvator nerecunoscut.

Părea că analiza ar putea să îl trezească la realitate, însă nici aceasta nu a avut ecou. I se părea foarte interesant să trăiască într-o fantasmă atât de bizară. A început să evolueze la locul de muncă, iar mai târziu a concurat și a obținut un post de director într-o mare fabrică. Aici s-a prăbușit cu totul. Nu a putut să vadă faptul că nu conștientizase semnificația afectivă a fantasmei și că însăși forța acesteia l-a determinat să aspire la o funcție pe care nu era capabil să o ocupe. Fantasma sa era de fapt una a puterii, iar dorința de a fi un salvator avea la bază nevoia de putere. Putem ajunge să înțelegem o astfel de fantasmă și cu toate astea, acțiunea ei să persiste în inconștient.

Astfel, uciderea eroului înseamnă că cineva devine erou și trebuie să se petreacă ceva caracteristic unui erou.

Pe lângă Ilie și Salomea, a apărut un al treilea element în fantasma pe care am început să o povestesc, și anume șarpele mare și negru dintre ei.[218] Șarpele reprezintă perechea eroului. Mitologia este plină de exemple ale relației dintre erou și șarpe.[219] Un mit nordic povestește că eroul are ochii unui șarpe. Multe mituri prezintă eroul fiind venerat sub formă de șarpe și fiind transformat în acesta după moarte. Probabil tema aceasta are legătură cu ideea primitivă potrivit căreia primul animal care se târăște afară din mormânt este sufletul celui care a fost îngropat.

Așadar, prezența șarpelui ne spune că va apărea din nou un mit al eroului. În ceea ce privește cele două figuri, Salomea este o imagine a animei. Ea este oarbă deoarece, cu toate că face legătura dintre conștiință și inconștient, nu vede acțiunea inconștientului. Ilie este personificarea elementului de cunoaștere, iar Salomea, al celui erotic. Ilie este imaginea

---

218 Jung a scris în *Liber Novus*: „În afară de Ilie și Salomea, aflu în șarpe al treilea principiu. El este un element străin, situat între cele două principii, cu toate că legat de ele. Șarpele mă învață diferența indispensabilă de esență dintre cele două principii din mine. Dacă privesc plăcerea dinspre pregândire, văd mai întâi șarpele veninos, înspăimântător. Dacă îmi îndrept simțirea dinspre plăcere către pregândire, simt mai întâi șarpele rece, plin de cruzime. Șarpele este natura pământească a omului, de care el nu e conștient. Spița lui se schimbă după țară și popor, căci ea este acel lucru tainic care se revarsă spre om din pământul matern care-l hrănește" (p. 247).

219 Cf. *AVR*, p. 216; OC vol. 5, anexă, erou; șarpe.

bătrânului profet, plin de înțelepciune.[220] Putem spune despre aceste figuri că reprezintă personificări ale Logosului și Erosului, foarte clar conturate. Această descriere este folositoare gândirii, însă cum Logos și Eros reprezintă concepte pur ipotetice, nicidecum științifice, ci iraționale, este mult mai bine să lăsăm aceste figuri așa cum sunt, ca experiențe.

Cât despre șarpe, ce altă semnificație mai poate avea?[221]

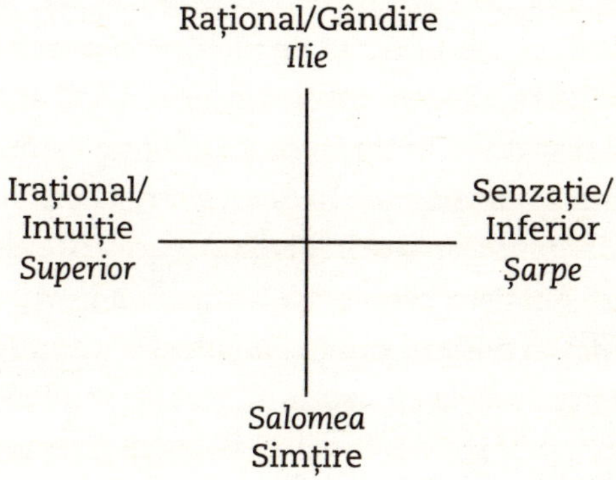

---

[220] În partea a doua din *Liber Novus*, Jung a interpretat figurile lui Ilie și Salomeei ca reprezentând pregândirea și plăcerea: „Puterile adâncului meu sunt predeterminarea și plăcerea. Predeterminarea sau pregândirea este Prometeu, care fără gânduri determinate aduce haoticul la formă și la determinare, care sapă canalele și îi oferă plăcerii obiectul. Pregândirea există și înainte de gândire. Plăcerea este însă forța care fără formă și determinare în sine dorește și distruge forme. Ea iubește forma pe care o cuprinde în sine și distruge forma pe care nu o preia. Pregândirea este un clarvăzător, plăcerea este însă oarbă. Ea nu prevede, ci dorește ceea ce atinge. Pregândirea în sine e neviguroasă și de aceea imobilă. Plăcere însă, viguroasă și de aceea mobilă" (p. 247). În comentarii ulterioare, scrise cel mai probabil în '20, Jung a analizat această imagine, notând următoarele: „Această configurație e o imagine ce apare mereu în spiritul uman. Bătrânul reprezintă un principiu spiritual ce ar putea fi desemnat ca Logos, iar fecioara reprezintă un principiu nespiritual, al simțirii, ce ar putea fi numit Eros".

[221] Cf. *Liber Novus*, pp. 96 și 102.

Prelegerea a XII-a
Întrebări și discuții

Întrebarea dr.-ului Ward: „Vorbiți despre energie ca mișcându-se de la un nivel superior la unul inferior și exemplificați cu imaginea cascadei. Cum explicați energia opusă, dar de valoare egală, care ridică apa în norul de ploaie? În această situație norul de ploaie reprezintă nivelul inferior? Așa ar fi dacă ne referim la acest nivel în termeni de energie termică. Nu ar trebui să luăm în considerare în cazul energiei psihice această capacitate de transformare în diverse moduri de exprimare? Nu este oare aceasta problema centrală a nevrozei? Dacă energia psihică ar fi liberă sau fluidă într-o cantitate suficientă pentru a se transforma cu ușurință, nu s-ar produce nevroza. Însă aici apare problema morală — alegerea direcției. Ați vrea să dezbateți această întrebare?"

Dr. Jung: Pentru a face apa să se ridice din mare ai nevoie de o nouă formă de energie. Când apa se duce în sus, mereu există o sursă de energie suplimentară; cu alte cuvinte, energia soarelui o ridică. Apa strânsă în nori trebuie să cadă din nou. În inconștientul colectiv eliberăm surse suplimentare de energie care determină creșterea nivelului nostru. În inconștientul colectiv există energie acumulată în structuri „solide" de demult, însă energia suplimentară, similară depozitelor de cărbune din mine, este cea care se epuizează. Dacă nu reușim să folosim energia atomică,[222] energia mareelor sau cea a vântului, populația Europei va scădea. Dacă folosim energia inconștientului colectiv până când o epuizăm, ajungem la

[222] Procesul de fisiune nucleară a fost descoperit în 1938.

diferențiere. Arhetipurile sunt surse de energie. Când oamenii care nu au nicio viziune asupra vieții își însușesc o idee arhetipală, să zicem una religioasă, devin eficienți. Convinge-i pe oamenii simpli de o idee și imediat devin importanți și grozav de competenți.

Ne place să credem că ne putem trăi viața pe baza ideilor morale, însă acestea nu atrag. Dacă ne-ar fi atras, am fi fost sănătoși de mult. Concepțiile morale nu ating inconștientul colectiv. Pe tărâmul voinței avem posibilitatea de a alege, însă dincolo de acesta nu există alegere.

PRELEGERE

Șarpele negru simbolizează libidoul care se întoarce în interior. Salomea este anima, iar Ilie, bătrânul înțelept. Salomea, fiind instinctuală și oarbă, are nevoie să fie ghidată de înțelepciunea lui Ilie. Imaginea profetului este compensatoare față de cea a animei oarbe.[223]

Deoarece eu sunt un tip gândire introvertă, anima mea deține simțire oarbă. În cazul meu, anima o conține atât pe Salomea, cât și ceva din șarpe, aspect ce ține de senzație. După cum știți, adevărata Salomea era într-o relație incestuoasă cu Irod, tatăl ei vitreg. Din cauza dragostei lui pentru ea, Salomea a primit capul Sfântului Ioan Botezătorul.[224]

---

223 Cf. AVR, p. 216.

224 Cf. Evangheliei după Matei 14:6 și după Marcu 6:22. Însă nicăieri nu apare numele femeii. Ea este identificată ca fiind Salomea în *Antiquities of the Jews*, cartea a XVIII-a, cap. 5, de Flavius Josephus. Biblioteca lui Jung conținea o ediție în germană, din 1735, a lucrărilor lui Josephus, care era semnată „Dr. Jung". Probabil a aparținut tatălui sau bunicului lui Jung. Jung și-a pus propria semnătură în 1889, pe când avea paisprezece ani. (Informație personală oferită de Lorenz Jung.)

Citisem multă mitologie înainte să am această fantasmă, iar ceea ce am citit s-a condensat în aceste figuri. Bătrânul este o figură caracteristică. Îl putem vedea peste tot; apare sub tot felul de forme, de obicei însoțit de o tânără. (Vezi Rider Haggard: *Wisdom's Daughter.*)[225]

Perechea simțire–senzație se află în opoziție cu gândirea conștientă și intuiția, însă nu sunt suficiente pentru a exista echilibru. Dacă admitem că anima este cauzată de superioritatea funcției diferențiate din conștiință, inconștientul este echilibrat printr-o figură din el însuși, care compensează figura animei. Acesta este bătrânul Ilie. Este ca și cum avem o balanță, într-o parte se află conștiința, iar în cealaltă inconștientul. Aceasta a fost una dintre primele mele teorii. Pentru Freud, inconștientul revarsă mereu conținut de neacceptat în conștiință, iar conștiința nu-l poate asimila și îl refulează. Nu există niciun echilibru.

În acea perioadă am observat un principiu compensator care părea să indice existența unui echilibru între conștiință și inconștient. Însă, mai târziu am observat faptul că inconștientul se echilibra prin el însuși. Acesta conține atât „da", cât și „nu". Inconștientul nu este nicidecum exact opusul conștiinței. Poate fi diferit, într-un mod irațional. Nu poți deduce inconștientul din conștient. Inconștientul este echilibrat în el însuși, ca și conștiința. Când întâlnim o figură ieșită din comun ca Salomea, apare o figură compensatoare în inconștient. Dacă ar exista doar o imagine malefică precum Salomea, conștiința ar trebui să construiască un zid pentru a o ține la distanță, o atitudine morală exagerată, fanatică. Însă nu am avut această atitudine morală excesivă. Așadar, presupun că Salomea a fost compensată de Ilie. Când Ilie mi-a spus că mereu a fost împreună cu Salomea, mi s-a părut aproape o

---

225 Londra, 1923. Cf. „Suflet și pământ" (1927, OC vol. 7), par. 75.

blasfemie din partea lui. Aveam sentimentul că mă adâncesc într-o stare de suferință chinuitoare.

Această stare a mea era legată de Salomea, iar a-l auzi pe Ilie spunând că mereu a fost însoțit de ea m-a șocat profund. Ilie și Salomea sunt împreună pentru că sunt o pereche de opuse. Ilie este o figură importantă în inconștientul bărbatului, nu în al femeii. Este bărbatul cu un statut deosebit, receptiv la mesajele inconștientului, cel cu o intuiție extraordinară. În înalta societate el ar fi înțeleptul, asemenea lui Lao Zi. Are darul de a intra în legătură cu arhetipurile. Va fi înconjurat de mana și îi va trezi pe ceilalți deoarece atinge arhetipurile din ei. Este fascinant și are ceva incitant. El este înțeleptul, vraciul, personalitatea mana.

Pe parcursul dezvoltării umanității, înțeleptul devine o imagine spirituală, un zeu, „bătrânul de pe munte" (vezi Moise, care a coborât de pe munte ca dătător de legi), vraciul tribului. El este legiuitorul. Chiar și Hristos este însoțit de Moise și Ilie în Schimbarea la față. Toți marii legiuitori și maeștri din trecut, ca de exemplu Mahatmas din învățăturile teozofice, sunt priviți de adepții teozofiei ca fiind entități spirituale încă în viață.[226] Astfel, teozofii cred că Dalai Lama este o astfel de figură. În istoria gnosticismului, această imagine joacă un rol deosebit de important, fiecare sectă afirmând că a fost întemeiată de o astfel de entitate. Hristos este considerat prea tânăr pentru a putea fi Mahatma, are un alt rol. Ioan Botezătorul a fost marele înțelept, învățătorul și întemeietorul, însă semnificația sa a fost minimalizată. Același arhetip reapare la Goethe în figura lui Faust sau a lui Zarathustra la

---

226 Mahatmas, sau maeștrii, sunt considerați a fi învățători spirituali care sălășluiesc în Tibet. Ei stau la baza teozofiei. Și alte figuri religioase importante sunt considerate a fi maeștri. Cf. B.F. Campbell, *Ancient Wisdom Revived: A History of the Theosophical Movement* (Berkeley, 1980), pp. 53–54. Cu privire la scepticismul lui Jung față de teozofie, vezi *Tipuri* (OC vol. 6), par. 594 și *Analiza viselor*, pp. 78, 80.

Nietzsche, în care Zarathustra este prezentat ca o apariție supraumană. Nietzsche a fost luat în posesie de însuflețirea bruscă a arhetipului bătrânului înțelept. După cum am spus, acesta are o funcție importantă în psihicul bărbatului, însă din păcate este mai puțin importantă decât funcția animei.

Șarpele este animalul, însă animalul magic. Este puțin probabil să existe un om căruia să îi fie indiferent șarpele. Când te gândești la un șarpe, te afli în contact cu un instinct specific rasei. Caii și maimuțele au frică de șerpi, asemenea omului. În zonele necivilizate poți înțelege cu ușurință de ce omul a dobândit această frică instinctuală. Beduinii se tem de scorpioni și poartă amulete protectoare, în special pietre de la anumite ruine romane. Așadar, de fiecare dată când apare un șarpe, trebuie să vă gândiți la o stare primordială de frică. Culoarea neagră este asociată cu această stare, împreună cu natura subpământeană a șarpelui. El este ascuns și prin urmare periculos. Ca animal, simbolizează ceva inconștient; este mișcarea sau atitudinea instinctuală; fie ne arată calea către comoara ascunsă, fie o păzește. Balaurul reprezintă forma mitologică a șarpelui. Șarpele exercită o atracție ciudată prin frica pe care o trezește în noi. Unii oameni sunt fascinați de această frică. Lucrurile care dau fiori și care sunt periculoase au o extraordinară putere de atracție. Această îmbinare de frică și atracție se poate vedea, de exemplu, atunci când o pasăre este hipnotizată de un șarpe: ea coboară pentru a se lupta cu șarpele, însă este atrasă și cade pradă acestuia. Șarpele arată calea către lucrurile ascunse și simbolizează introversiunea libidoului, care îl determină pe om să meargă dincolo de limita sa de siguranță și dincolo de granița a ceea ce este conștient, așa cum o exprimă în imaginea craterului adânc.

Șarpele este și Yin, puterea feminină întunecată. Chinezii nu folosesc șarpele (dragonul) ca pe un simbol pentru Yin, ci pentru Yang. În [tradiția] chineză, Yin este simbolizat de tigru, iar Yang, de dragon.

Șarpele conduce mișcarea psihicului aparent pe un drum greșit, în împărăția umbrelor, a imaginilor false și lipsite de viață, însă, de asemenea, în pământ, către concretizare. Face lucrurile reale, le dă viață, asemenea energiei Yin. Atâta vreme cât șarpele duce spre tenebre, are funcția animei: te duce în profunzimi, unește ceea ce e deasupra cu ceea ce e dedesubt.[227] Există paralele mitologice în cest sens. Unii negri numesc sufletul „șarpele meu"; ei spun: „Șarpele meu mi-a spus" însemnând „Am avut un gând". Așadar, șarpele este și un simbol al înțelepciunii, rostește înțelepciunea adâncurilor. Este chtonic, născut din pământ, ca și Erda, fiica pământului. Pe lumea cealaltă, eroii morți se transformă în șerpi.

În mitologie există așa-numita pasăre-soare care se devorează pe ea însăși, se duce în pământ și renaște. Pasărea semenda,[228] asemenea păsării Phoenix, arde pentru a se regenera. Din cenușa sa apare șarpele, iar din șarpe din nou pasărea. Șarpele reprezintă trecerea de la originea divină înapoi la pasăre. Șarpele înconjoară ambarcațiunea zeului Ra. În călătoria pe timpul nopții, în cea de-a Șaptea Oră, Ra trebuie să se lupte cu șarpele. Ra este susținut de ritualul preoților: dacă ucide șarpele soarele va răsări, iar dacă nu va reuși soarele nu va mai răsări.

---

227 În *Cartea Neagră* 5, 16 ianuarie 1916, sufletul lui Jung i-a explicat acestuia următoarele: „Dacă nu sunt alcătuit din unirea josului cu susul, atunci mă descompun în trei părți: *șarpele* și ca atare, sau sub altă formă animalică, hoinăresc de colo-colo, trăind demonic natura, inspirând spaimă și dorință. *Sufletul omului*, care trăiește necontenit cu tine. *Sufletul celest*, calitate în care zăbovesc la zei, departe de tine și ție necunoscut, apărând sub chip de pasăre. Fiecare din aceste trei părți este apoi autonomă" (reprodusă în *Liber Novus* p. 370, anexa C). Într-un alt moment din această perioadă, Jung a scris: „Atunci sufletul meu se împărți; sub formă de pasăre se avântă în înălțime, spre zeii de sus, iar sub formă de șarpe se furișă spre zeii de jos" (ibid., p. 358).

228 Cf. „Despre simbolistica mandalei" (1950, OC vol. 9, cap. al XII-lea).

Șarpele reprezintă tendința de a coborî în adâncuri și de a te preda lumii ademenitoare a umbrelor.

Începusem deja o discuție interesantă cu bătrânul înțelept și, în mod surprinzător, acesta a adoptat o atitudine mai degrabă critică față de felul în care gândesc. A spus că privesc gândurile ca și cum le-aș fi produs eu, însă, în viziunea lui, gândurile erau precum animalele într-o pădure sau ca oamenii dintr-o încăpere, precum păsările în zbor. Mi-a zis: „Dacă ai vedea oameni într-o încăpere nu ai spune că tu i-ai creat sau că ești responsabil pentru ei".[229] Doar atunci am înțeles obiectivitatea psihică. Doar atunci puteam să îi spun unui pacient: „Fă liniște, se întâmplă ceva". Într-o casă *există* șoareci. Nu poți spune că greșești când ai un gând. Pentru a putea înțelege inconștientul trebuie să ne privim gândurile ca fiind întâmplări, fenomene. Trebuie să adoptăm o obiectivitate perfectă față de ele.

Câteva seri mai târziu, am simțit că lucrurile trebuie să continue. Astfel că am încercat să urmez aceiași pași, însă el cobora. Am rămas la suprafață.[230] Apoi mi-am dat seama că în mine există un conflict legat de a coborî, însă nu am putut să îmi dau seama despre ce anume e vorba. Am simțit doar că în mine se luptau două principii întunecate, doi șerpi. Vedeam un perete abrupt de stâncă, o creastă ascuțită, într-o parte

---

229 Jung se referă la următorul dialog: „Eu: «Gândul bătea prea departe de mine și eu mă tem de ideile care zboară departe. Sunt primejdioase, căci eu sunt om, și știi cât de mult s-au obișnuit oamenii să-și considere gândurile ca pe proprietatea lor cea mai intimă, încât, în cele din urmă, ajung să se confunde cu ele». / Ilie: «Vrei să te confunzi din cauza asta cu un pom sau cu un animal, fiindcă îi privești și fiindcă există cu tine într-una și aceeași lume? Trebuie să fii totuna cu gândurile tale fiindcă exiști în lumea gândurilor tale? Dar gândurile tale sunt tot atât de mult în afara Sinelui tău precum sunt pomii și animalele în afara corpului tău». / Eu: «Înțeleg. Lumea gândurilor mele a fost pentru mine mai mult cuvânt decât lume. Gândeam despre lumea gândurilor mele: ea sunt eu». / Ilie: «Spui lumii oamenilor și oricărei ființe din afara ta: ‚Tu ești eu?'»" (*Liber Novus*, p. 249).

230 2012: Vezi *Liber Novus*, p. 251.

era un ținut pustiu, o zi luminoasă, iar în cealaltă întuneric. Am văzut un șarpe alb în partea cu lumină și unul negru în cea întunecată. S-au întâlnit pentru a se lupta pe creasta îngustă. A urmat o bătălie cumplită. În cele din urmă, capul șarpelui negru s-a albit și s-a retras, învins. Am simțit ca și cum „acum putem merge mai departe“. Apoi a apărut bătrânul sus, pe creasta stâncoasă. Am urcat împreună la înălțime și am ajuns la un perete gigantic, cu blocuri de stâncă așezate într-un mare cerc. Mi-am spus: este un loc sacru al druizilor. Printr-o deschizătură am ajuns într-un spațiu larg, ce avea în centru o movilă ca un altar druidic. Bătrânul a urcat pe altar. Imediat statura sa și altarul s-au micșorat, iar pereții se măreau din ce în ce mai mult. Apoi am văzut o casă mică lângă pereți și o femeie micuță, cât o păpușă, care s-a dovedit a fi Salomea. De asemenea, am văzut șarpele, și acesta foarte mic. Pereții continuau să se mărească, iar atunci mi-am dat seama că sunt în lumea de jos și că pereții pe care îi vedeam erau ai unui crater, iar aceea era casa Salomeei și a lui Ilie. În tot acest timp eu nu m-am mărit, mi-am păstrat dimensiunile. Pe măsură ce pereții se măreau, Salomea și Ilie au crescut puțin. Mi-am dat seama că mă aflu la fundul lumii. Ilie a zâmbit și mi-a spus „Este la fel, deasupra sau dedesubt“.

Apoi s-a întâmplat ceva teribil. Salomea a devenit interesată de mine, convinsă că o pot vindeca de orbire. A început să se prosterneze în fața mea. Am întrebat-o: „De ce mi te închini?“ Ea mi-a răspuns: Tu ești Christos. În ciuda protestelor mele, ea continua. Am spus: „Asta e o nebunie“ și am devenit foarte neîncrezător față de tot ceea ce se întâmpla. Apoi am văzut șarpele apropiindu-se de mine. A început să se încolăcească în jurul meu și să mă strângă. Inelele lui au ajuns în dreptul inimii. Pe măsură ce mă zbăteam, mi-am dat seama că eram crucificat. În chinurile cumplite prin care treceam am transpirat atât de puternic încât apa a țâșnit din tot corpul meu. Atunci Salomea s-a ridicat și putea vedea. Cât timp șarpele mă strângea am simțit cum chipul meu s-a transformat în al unui animal de pradă, un leu sau un tigru.[231]

Interpretarea acestor imagini este următoarea: întâi lupta dintre cei doi șerpi — cel alb semnifică mișcarea către lumină, cel negru mișcarea în împărăția întunericului, împreună cu aspectele morale implicate. În mine era un conflict real, o împotrivire în a mai coborî. Tendința mea cea mai puternică era de a merge în sus. Deoarece fusesem atât de marcat în ziua anterioară de sălbăticia locului pe care îl văzusem, tendința mea era de a găsi calea spre conștiință urcând, așa cum am procedat și pe munte. Muntele era regatul soarelui, iar peretele în formă circulară era vasul în care oamenii acumulaseră soarele.

Ilie spusese că jos este la fel ca sus. Este similar cu *Infernul* lui Dante.[232] Gnosticii exprimă aceeași concepție în simbolul conurilor răsturnate. Așadar, muntele și craterul sunt la fel. Nu era nimic construit de conștiință în aceste fantasme, erau doar evenimente care mi s-au întâmplat. Așadar, presupun faptul că Dante a căpătat această viziune de la aceleași

---

231 Jung face referire la următorul episod: „În jurul Crucii se încolăcește șarpele negru — sunt subjugat și-mi întind brațele. Salomea se apropie. Șarpele mi s-a înfășurat în jurul întregului corp, iar chipul meu este acela al unui leu. / Salomea vorbește: «Maria a fost mama lui Christos, înțelegi?» / Eu: «Văd că o putere teribilă și incomprehensibilă mă silește să-l imit pe Domnul în ultimul său chin. Dar cum aș putea cuteza s-o numesc pe Maria mama mea?» / S: «Tu ești Christos.» / Eu stau cu brațele întinse ca un crucificat, corpul îmi e strâns și oribil încercuit de un șarpe: «Salomea, tu spui că eu sunt Christos?» / Mă simt ca și cum aș sta singur pe un munte înalt, cu brațele întinse rigid. Șarpele îmi strânge corpul cu inelele lui groaznice și sângele îmi țâșnește din corp, revărsându-se în șiroaie pe pantele muntelui. Salomea se apleacă la picioarele mele și le înfășoară în părul ei negru. Rămâne multă vreme așa. Apoi strigă: «Văd lumină!» Într-adevăr, vede, ochii ei sunt deschiși. Șarpele cade de pe corpul meu istovit. Pășesc peste el și îngenunchez la picioarele profetului, a cărui siluetă strălucește ca o flacără" (*Liber Novus*, p. 252).

232 Se face referire la concepția lui Dante cu privire la forma conică a Infernului, cu cercurile sale, oglindind imaginea răsturnată a Raiului, cu sferele sale.

arhetipuri. Văzusem deseori aceste idei la pacienți — conurile superioare și inferioare, cele de sus și cele de jos.

Apropierea Salomeei și faptul că se închina la mine reprezintă în mod evident acel aspect al funcției inferioare care este asociat cu o aură malefică. Am simțit adularea din partea ei ca fiind cea mai funestă vrajă. Ești asaltat de frica de a înnebuni. Așa începe nebunia, aceasta *este* nebunia. De exemplu, într-o carte rusească este povestea unui bărbat căruia îi e teamă că va înnebuni.[233] Stând în pat noaptea, vede în mijlocul camerei un pătrat format de lumina strălucitoare a lunii. Își spune: „Dacă aș sta și urla ca un câine aș fi nebun, însă nu voi face asta și deci nu sunt nebun". Apoi încearcă să alunge acest gând, însă după un timp își spune: „Aș putea sta și urla precum un câine, știind și alegând să fac asta și tot nu aș fi nebun". Din nou încearcă să alunge gândul, însă în cele din urmă nu îi mai poate rezista — se ridică și stând în lumina lunii, urlă ca un câine și înnebunește.

Nu poți deveni conștient de faptele inconștientului fără a te lăsa în voia lor. Dacă îți poți depăși frica de inconștient și poți coborî, atunci se poate observa cum aceste fapte capătă o viață proprie. Poți fi copleșit de aceste gânduri în așa măsură încât poți înnebuni cu adevărat sau poți fi aproape de a ți se întâmpla asta. Aceste imagini par atât de reale încât conving și poartă o semnificație atât de puternică încât cineva poate fi copleșit. Ele fac parte din misterele antice. De fapt, astfel de figuri au produs misterele. Comparați misterele lui Isis, așa cum au fost descrise de Apuleius,[234] cu ritualurile de inițiere și deificare.

---

233 Povestea, așa cum a fost prezentată, nu a putut fi identificată la niciun scriitor rus, deși specialiștii în limbi slavice consultați consideră că poate fi vorba despre o relatare deformată a unei povești de Leonid Andreyev, „Fluierul".

234 Lucius Apuleius, *Măgarul de aur*, XI. Cf. *Simboluri ale transformării* (OC vol. 5), par. 102; *Psychology of the Unconscious* (1916), p. 496, u. 30.

O stare de evlavie însoțește misterele, în special pe cel de deificare. Acesta reprezenta unul dintre cele mai importante mistere. Îi dădea individului o valoare divină — îi oferea certitudinea nemuririi. Ai un sentiment ciudat trecând printr-o astfel de inițiere. Momentul important care a dus la deificare a fost încolăcirea șarpelui în jurul meu. Acțiunea Salomeei a însemnat un act de deificare. Figura de animal în care am simțit că se transformă chipul meu era celebrul [zeu] Leontocephalus din misterele mithraice,[235] figură ce este reprezentată ca un șarpe înfășurat pe un om, capul șarpelui ce stă pe al omului, iar chipul omului este cel al unui leu. Această statuie a fost găsită doar în grotele unde se celebrau misterele (premergătoare bisericilor, cele mai vechi vestigii ale catacombelor). Inițial catacombele nu era ascunzători, ci reprezentau simboluri pentru coborârea în lumea de jos. Tot parte din concepțiile de la începuturi era ca sfinții să fie îngropați împreună cu martirii, pentru a putea coborî în pământ înainte de a renaște. Misterele dionisiace aveau aceeași viziune.

Când catacombele au căzut în desuetudine, ideea de biserică a continuat. Și în religia mithraică exista o biserică subterană în care doar inițiații luau parte la ceremoniile de acolo. Au fost săpate găuri în pereții subterani pentru ca mirenii din biserica de deasupra să poată auzi ceea ce rosteau inițiații în biserica de jos. Aceasta era prevăzută cu divane sau firide, amplasate de-o parte și de alta. În ceremonii erau folosite clopote și pâinea însemnată cu o cruce. Știm că oficiau un ospăț ritualic în care această pâine era mâncată cu apă în loc de vin. Cultul mithraic era unul ascetic. Nu erau admise

---

235 Cf. OC vol. 5, par. 425 și pl. XLIV; *Psihologia inconștientului*, p. 313f. Acest episod a fost analizat de Richard Noll în „Jung the *Leontocephalus*", *Spring: A Journal of Archetype and Culture* 53 (1994): pp. 12–60. Despre articolul lui Noll, vezi Shamdasani, *Cult Fictions: Jung and the Founding of Analytical Psychology* (Londra: Routledge, 1998).

femeile ca membri. Este aproape sigur că ritualul simbolic de deificare a jucat un rol important în aceste mistere.

Zeul cu cap de leu, încolăcit de șarpe, era numit Aion sau ființa eternă. Acesta își are originea în zeitatea persană Zrwanakarana,[236] cuvânt ce semnifică „timpul nesfârșit". Un alt simbol important în cultul mithraic este amfora mithraică din care ies flăcări, iar leul și șarpele de o parte și de alta, ambii încercând să ajungă la foc.[237] Leul reprezintă soarele de iulie, tânăr, uscat și puternic, aflat la apogeul strălucirii, vara. Șarpele reprezintă umiditatea, întunericul, pământul, iarna. Sunt două opuse ale lumii care încearcă să fie împreună prin simbolul unificator dintre ele. Este celebra semnificație a vasului, simbolism care supraviețuiește până în 1925 — *vezi Parsifal*. Este Sfântul Graal, numit Vasul Păcatului (vezi King: *The Gnostics and Their Remains*[238]). De asemenea, este și un simbol al primilor gnostici. Desigur, este un simbol al omului, un simbol al pântecului — sursa creativității omului din care se înalță focul. Când se unesc opusele se petrece ceva divin, apare nemurirea, timpul etern și creator. Ori de câte ori ceva este creat, avem de-a face cu timpul. Așadar, Cronos este zeul timpului, al focului și al luminii.

În acest mister al deificării te transformi pe tine însuți în conținător și ești un conținător al creației în care opusele se unesc. Cu cât îți dai seama mai mult de semnificația acestor imagini, cu atât ești mai pătruns de ele. Când imaginile ți se arată și nu sunt înțelese, te afli în lumea zeilor sau, dacă vrei, a lunaticilor. Nu mai ești în lumea umană pentru că nu te mai poți exprima. Doar atunci când poți spune: „Imaginea aceasta este așa și pe dincolo" rămâi în contact cu umanitatea.

---

236 Cf. OC vol. 5, par. 425 și pl. XLIV; *Psychology of the Unconscious*, pp. 313 și următoarele.

237 Cf. OC vol. 5, pl. LXIII.

238 C.W. King, *The Gnostics and Their Remains, Ancient and Medieval* (Londra, 1864) – în biblioteca lui Jung.

Oricine poate fi copleșit de aceste imagini și se poate pierde în ele. Unii resping experiența spunând că este lipsită de sens și astfel pierd adevărata lor semnificație, deoarece acestea sunt imaginile creatoare. Altcineva se poate identifica cu imaginile și să devină astfel un fanatic sau un clovn.

Întrebare: Când ați avut acest vis?

Dr. Jung: În decembrie 1913. Totul, de la început la sfârșit, este simbolism mithraic. În 1910 am avut un vis[239] cu o catedrală gotică în care era oficiată liturghia. Deodată, tot zidul din față s-a prăbușit și cirezi de vite, cu tălăngi dăngănind, au dat valma în biserică. Poate vă amintiți cum Cumont[240] a remarcat faptul că, dacă ar fi avut loc ceva care să submineze creștinismul în secolul al treilea, astăzi lumea ar fi mithraică.

---

239 Nu apare notat nicăieri (excepție făcând *ABC of Jung's Psychology*, de Joan Corrie, 1927, p. 80, unde este prezentat ca fiind cel din acest seminar). Într-o scrisoare către Freud, în 20 februarie 1910, Jung scrie: „Atâta fierbe în interiorul meu, în special mitologia... Visele mele se complac în simboluri elocvente", *Freud/Jung*, 1807, pp.435.

240 Franz Cumont, *Texts et monuments figureés relatifs aux mystères de Mithra* (2 vol., Bruxelles, 1894–1899) și *Die Mysterien des Mithra* (1911), ambele în biblioteca lui Jung, precum și alte lucrări ale lui Cumont. Interesul lui Jung pentru mithraism este menționat încă din iunie 1910, în corespondența sa cu Freud: cf. scrisorile 199F și 200J. El îl citează des pe Cumont în *Wandlungen und Symbole*.

Prelegerea a XIII-a
Întrebări și discuții

Dr. Jung:

Am adus niște desene realizate de un tânăr american care, la momentul la care le-a desenat, nu știa nimic despre teoriile mele. I-am spus pur și simplu să încerce să exprime prin culoare starea sa interioară, fiind foarte tulburat. Nu i s-a spus cum să picteze, iar eu i-am explicat foarte puțin desenele, pentru a nu perturba atitudinea sa naivă față de acestea.

Desenele sunt realizate progresiv și, după cum veți vedea, exprimă apariția funcției transcendente, adică încercarea de a aduce la lumină conținutul inconștient. Ele indică o luptă între opuse și încercarea de a rezolva conflictul, de a le unifica. Astfel, aceste desene sunt reprezentative pentru discuția pe care am avut-o cu privire la perechea de opuse, însă abia astăzi am putut să le aduc.

Primul desen (vezi Diagrama 1):[241] În această imagine el a spus că a simțit o strălucire deasupra; jos a simțit ceva mișcându-se, asemenea unui șarpe, iar apoi apăsarea pământului; în mijloc era gol, întuneric. În paranteză fie spus, putem observa faptul că doar un american poate construi un astfel de simbol. Albastrul din partea de sus a cercului cel mai de jos este asociat cu marea — el chiar se simte dezorientat[242] în starea sa de atunci. Negrul, inconștientul, este asociat cu ideea de rău. Această perspectivă este caracteristică psihologiei masculine: conștiința deasupra, sexul jos, iar în mijloc nimic.

---

241 Doar primul desen este reprodus în transcrierea inițială a seminarului. Desenele originale nu au supraviețuit.

242 *at sea* — expresie americană, cu sensul de dezorientat, pierdut. (N.t.)

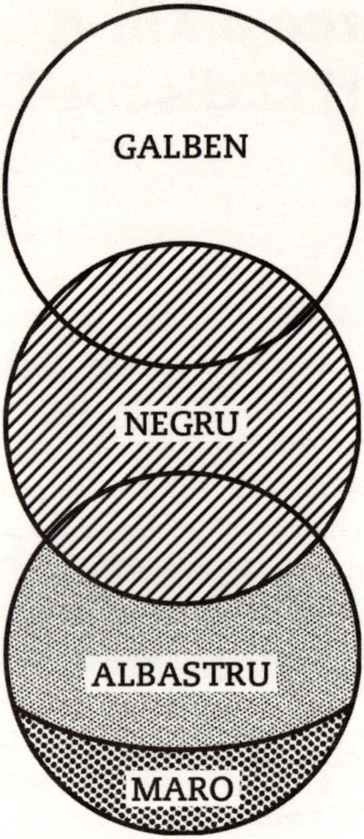

Diagrama 1

A doua imagine: Două cercuri despărțite, unul sus și altul jos. Aceasta indică o separare completă, Yang deasupra și Yin dedesubt. În cercul de jos se observă tendința de a elabora o ornamentare primitivă.

A treia imagine: arată o încercare de unificare. Culori yang deasupra, yin dedesubt; sunt prezente semne care indică o creștere interioară în încercarea de picta un copac cu verde. De jos vin șerpi.

A patra imagine: aici se observă o încercare foarte hotărâtă de a unifica lucrurile. Cele două principii, Yang și Yin, se îmbină într-o formă de stea. Relația dintre intuiție și senzație este reprezentată prin structura verticală a desenului. Formele orizontale din desen indică apariția funcțiilor raționale, deoarece ele stau pe pământ.

A cincea imagine: aici se observă mai degrabă o trăsătură caracteristică Indiei sau perioadei primitive. Sunt prezente „sufletele-păsări"; este nevoie de participarea animalelor ajutătoare. În desenele anterioare se poate vedea faptul că tânărul a ajuns într-un impas deoarece tipul irațional nu-și poate dezvolta o funcție rațională în mod direct, de aceea are păsări. Elementul Yang aproape că a dispărut, iar păsările se află în centru. În interiorul pământului se observă acțiuni neobișnuite: canale, șerpi, poate și rădăcini. Păsările indică o atitudine instinctivă. Dacă poate vedea că sunt prezente păsări care îl pot ajuta, aceasta înseamnă pentru el mult mai mult decât orice funcție rațională.

A șasea imagine: în imaginea precedentă el s-a apropiat de pământ. Acum se află în profunzimea acestuia. Pământul se ridică către cer, norii acoperă soarele, însă elementul Yang coboară în pământ, în profunzimile mării. Undeva în înalt este un bărbat care încearcă să vadă dacă poate zări în adâncimile inconștientului. Conținuturile inconștientului sunt redate sub formă de pești. Nu există nicio punte între punctul în care stă bărbatul și profunzimi. Nu poate face saltul.

A șaptea imagine: aici bărbatul a făcut saltul. Însă este aer, nu apă; este un deșert, se văd cranii. Bărbatul este țintuit în nisipul deșertului cu sfere de fier. Toată viața este deasupra sa. Aceasta înseamnă că a merge la cealaltă extremă este la fel de dezastruos și fatal ca și a rămâne sus. Bărbatul se află în interiorul pământului.

Apariția acestor imagini reprezintă o stimulare a straturilor primitive ale psihicului, prin intermediul cărora individul va putea intra în contact cu instinctualitatea sa. Imaginile indică o influență pronunțată din Est, trăsătură specifică psihologiei americane, spre deosebire de europeni. Niciun european nu ar fi putut crea aceste desene.

(A urmat o discuție despre modul în care diferite popoare tind să reacționeze față de culturile primitive cu care intră în contact.)

America de Nord a urmat o direcție cu totul diferită față de America de Sud cu privire la acest subiect. Americanul anglo-saxon stă la distanță de primitiv, în vreme ce latino-americanul coboară la nivelul acestuia. Am dat peste probleme de natură psihologică deosebite care exemplifică ceea ce am spus. Ceea ce vă voi spune în continuare vă va arăta câte ceva din ce se întâmplă în America de Sud.

Odată, o familie din America de Sud mi-a cerut sfatul cu privire la starea fiului lor, care aproape că înnebunise din cauza prietenilor lui. Părinții erau originari din Austria și au plecat în America de Sud abia după ce s-au căsătorit. În casă domneau tradițiile europene, însă în afară totul era indian. Locuitorii de origine latină cedaseră acestor influențe. În familiile indiene era obiceiul de a-și trimite copiii la oraș pentru a munci pentru un salariu de nimic sau chiar pe degeaba, iar în cazul fetițelor acest fapt însemna, în mod inevitabil, un abuz sexual.

Acest mod de viață l-a revoltat pe fiul acestor austrieci și s-a dus la un profesor de care era foarte atașat pentru a-i cere un sfat. Profesorul l-a întrebat dacă are un talisman. Desigur că băiatul nu avea așa ceva, astfel că i s-a dat unul. Profesorul i-a spus că trebuie să ia talismanul, care era o păpușă, și să aibă grijă ca mereu să o facă mai puternică. Cu cât păpușa va deveni mai puternică, dificultățile băiatului se vor diminua. Primul lucru pe care îl avea de făcut cu păpușa era să o poarte în brațe pe străzi, iar băiatul a făcut lucrul acesta, fiindu-i foarte rușine. Apoi s-a dus la profesor și l-a întrebat dacă mai trebuie să îndeplinească vreo altă sarcină, iar acesta i-a zis că da. Păpușa nu era încă suficient de puternică. Trebuie să o ducă la o mare festivitate ce urma să se țină în cinstea președintelui republicii, să treacă de cordonul de poliție și să miște păpușa de trei ori în fața președintelui. Băiatul a făcut ce i s-a spus și desigur că a avut probleme cu poliția. Însă a fost eliberat când s-a aflat că situația creată avea de-a face doar cu întărirea puterii unui talisman. Băiatul s-a reîntors la profesor. Nu, păpușa nu era încă puternică pe cât ar trebui! Acum băiatul trebuie să găsească o fetiță și să o sufoce cu păpușa până ea va fi pe punctul de a muri. În acel moment forța agoniei fetei în fața morții va intra în păpușă și aceasta va fi cu adevărat puternică. Băiatul a cedat psihic după această ultimă sarcină, însă îi era teamă să spună ceva ca nu cumva să iasă puterea din păpușă. Astfel că a continuat să trăiască într-o situație complet nevrotică până când părinții lui au trebuit să caute o soluție.

Mama copilului era catolică, însă ar fi absurd să spunem că biserica susținea astfel de lucruri. Clerul spaniol din aceste țări latino-americane este și dintotdeauna a fost încărcat de superstiții. Astfel de lucruri precum cele pe care vi le-am descris se petrec peste tot în aceste țări și provin din faptul că conchistadorii s-au căsătorit cu nativii acestor locuri. În acest proces, latino-americanii au reușit să evite clivajul dintre conștiință și inconștient, însă au pierdut avantajul conștiinței. Anglo-saxonii nu s-au amestecat cu primitivii, însă în inconștient au regresat la nivel primitiv.

Întrebarea drei Taylor: (1) „Credeți că dezvoltarea într-o oarecare măsură a religiei mithraice o poate face să devină o religie funcțională în viitorul apropiat?"

Dr. Jung: N-aș crede că se va întâmpla așa ceva. Doar am menționat religia mithraică pentru că fantasmele mele aveau foarte mare legătură cu aceasta. În sine, această religie este cât se poate de depășită. Este importantă deoarece este înrudită cu creștinismul, care a asimilat anumite elemente din ea. Este interesant să identificăm atât elementele care au fost îndepărtate cât și cele care au fost acceptate de creștinism. Este posibil ca baterea clopotelor în timpul liturghiei să vină din cultul mithraic, unde clopotele sunau într-un anumit moment în ritualul misterelor. De asemenea, ziua de Crăciun este o sărbătoare mithraică. La începuturi, Crăciunul era sărbătorit pe 8 ianuarie, reprezentând o dată preluată de la egipteni, ziua în care se celebra găsirea corpului lui Osiris. Abia mai târziu, când cultul mithraic apunea, creștinii au preluat data de 25 decembrie ca zi a Crăciunului, care pentru adepții mithraismului reprezenta sărbătorirea lui *Sol invictus*.[243] Pentru primii creștini, Crăciunul însemna renașterea soarelui, iar până în timpul domniei lui Augustin, Christos a fost identificat cu soarele.

Întrebarea drei Taylor: (2) „Perspectiva pe care o exprimați în ultima prelegere reprezintă o dezvoltare a celei anterioare, conform căreia conținuturile inconștientului pot fi deduse din ceea ce lipsește din conștiință?"

Dr. Jung: Da, însă nu sugerez faptul că perspectiva mea anterioară intră în contradicție cu ceea ce am spus zilele trecute despre inconștient ca fiind echilibrat prin el însuși. Doar am mers cu discuția un pas mai departe.

Nu există nicio îndoială că, într-o anumită măsură, conștientul poate fi dedus din inconștient și invers. Dacă un vis vorbește despre anumite lucruri, avem dreptul să presupunem atitudinea conștiinței pornind de la acestea. Dacă o persoană funcționează doar la nivel intelectual trebuie să-și fi reprimat emoțiile în inconștient și suntem îndreptățiți să ne așteptăm să le găsim acolo.

---

243 Mithra este numit *Sol invictus* (soarele nebiruit). (N.t.)

Am continuat și am afirmat faptul că inconștientul are capacitatea de autoreglare prin el însuși, pe lângă funcția compensatoare față de conștiință. Adică, nu putem spune că majoritatea conținuturilor inconștientului nu sunt nimic altceva decât o contrapondere pentru conștiință și nici viceversa. Prin urmare, cineva poate foarte bine trăi în întregime la nivel conștient, așa cum fac cei mai mulți oameni, și să fie prea puțin atent sau chiar deloc la viața sa din inconștient. Atâta timp cât poți face față simptomelor și blocajelor care decurg dintr-un astfel de mod de a trăi, restul nu contează.

Referitor la procesul de echilibrare de la nivelul conștiinței, acesta constă în alegeri. Spui „da“ la ceva și „nu“ la altceva. La fel, dacă ne uităm la un vis, și acolo găsim un „da“ și un „nu“ — aceasta este ceea ce eu numesc ambiguitatea visului; nu este în întregime într-o direcție sau în alta, de aceea spun despre inconștient că se autoreglează prin el însuși atunci când funcționează cum trebuie. În toate situațiile în care inconștientul este puternic unidirecțional, se întâmplă astfel pentru că este dereglat. Un exemplu în acest sens este povestea lui Saul sau Pavel — dacă Saul ar fi fost mai echilibrat la nivelul conștiinței, și inconștientul său ar fi urmat o altă direcție și nu l-ar fi creat peste noapte pe Pavel cel înțelept, ca să zicem așa.

Putem observa același principiu al echilibrului în cazul oricăror elemente autonome care se află într-o relație compensatoare unul cu celălalt — de exemplu, în relația dintre bărbați și femei. Nu există bărbat care să nu poată trăi fără femeie, adică are în el însuși capacitatea de autoreglare necesară dacă ar fi nevoit să își trăiască viața astfel. Același lucru se aplică și în cazul femeii, însă pentru ca oricare dintre cei doi să trăiască o viață împlinită, au nevoie unul de celălalt ca parte compensatoare. Același lucru se întâmplă și cu conștiința și inconștientul și intrăm în analiză pentru a ne putea îmbogăți cu ceea ce ne aduce compensator inconștientul. Primitivii dau dovadă de un psihic mult mai echilibrat decât noi deoarece ei lasă iraționalul să iasă la suprafață, în vreme ce pe noi ne deranjează. Uneori, un pacient se înfurie doar la gândul că un vis sau o fantezie au o temă ce ține de sexualitate, cu toate că în prezent a devenit o modă acceptarea sexualității. Dar lasă un vis să vorbească despre o critică morală la adresa persoanei — lasă-l să spună că este ceva murdar și urât cu privire la tine — imediat apare aceeași reacție violentă care însoțea un vis cu conținut sexual.

Dl Robertson: Nu există și o altă modalitate de a privi procesul de echilibrare care se petrece la nivel conștient? Adică, dacă toate cele patru funcții acționează, asta nu înseamnă că există echilibru?

Dr. Jung: Chiar dacă cele patru funcții acționează, există lucruri uitate, iar inconștientul le conține. Unii oameni au tendința de a încărca inconștientul cu ceea ce aparține de drept conștiinței, iar acest fapt mereu perturbă funcționarea inconștientului. Acești oameni ar putea scoate multe conținuturi, atât de la nivelul inconștientului personal, cât și din cel colectiv, și astfel să elibereze inconștientul pentru a funcționa mai adecvat. De exemplu, poți întâlni oameni care consideră că s-au născut fără un sens religios, însă asta este la fel de absurd ca și cum ar spune că s-au născut fără ochi. Înseamnă doar că au lăsat acea latură a lor în inconștient. Dacă aducem aceste lucruri la nivelul conștiinței, atunci, după cum am spus, ajutăm funcțiile inconștientului. Vă dau un alt exemplu: auzim mereu oameni care au o oarecare experiență de analiză personală spunând: „Nu pot să mă hotărăsc cu privire la asta, o să văd ce îmi spun visele". Însă sunt o mulțime de lucruri care au nevoie de o decizie luată la nivel conștient și este stupid să „lăsăm" în seama inconștientului decizia.

Acest proces de eliberare a inconștientului de elemente care în mod real aparțin conștiinței este mijlocit în mare măsură de toate ritualurile de inițiere din vechime. Toți cei care trec prin ceremonii de inițiere în adevăratul sens al cuvântului trăiesc o experiență magică asociată acestora, care se datorează pur și simplu efectului pe care aceste ceremonii l-au avut asupra inconștientului. Cineva poate avea insight-uri remarcabile grație eliberării conținuturilor din inconștient care are loc pe această cale. Cineva poate chiar deveni clarvăzător, însă când se constelează un astfel de dar, persoana devine permeabilă față de tot soiul de stări din mediul său care pot să-i aducă nefericire. Când viața ajunge să fie sărăcită peste putință, oamenii pornesc în căutarea unor astfel de puteri, însă, deseori imediat ce le dobândesc, își blestemă soarta. Însă când focul interior există, insight-urile sunt bine-venite. Cei dintre dumneavoastră care ați ascultat ultima prelegere a dr.-lui Radin[244] vă amintiți drumul în zigzag care a fost găsit după ce a trecut de a patra probă în Dansul de vindecare. La încheierea celei de-a patra probe, inițiatului i s-au oferit privilegii importante și a dobândit o putere mai mare, iar de acum drumul devine plin de obstacole înspăimântătoare. Așadar, când eliberezi inconștientul de conținuturi neconștientizate, îi permiți să acționeze conform rolului său specific și o va lua înainte precum un animal. Vei avea de străbătut drumul plin de obstacole cu toate fricile pe care le trăiește omul primitiv pe această cale, însă vei avea parte și de toată bogăția experienței lui. Este un adevăr faptul că, pentru primitiv, viața este mult mai bogată decât pentru noi,

---

244 Nu au fost găsite înregistrările prelegerii dr. Radin, dar este evident din discuția din acest seminar că o temă a fost despre Ritualurile vindecătoare ale tribului Winnebago, din zona central-vestică a Americii. Cf. Radin, *The Road of Life and Death: A Ritual Drama of the American Indians* (B.S., V; New York, 1945). Despre relația lui Radin cu Jung și cum Radin a luat parte la seminar, vezi introducerea lui McGuire, la început.

pentru că obiectului îi este atașată o semnificație. Privim un animal și spunem despre el că este cutare specie, însă dacă am ști că acel animal este spiritul nostru, am fi altfel. Sau, suntem în pădure și o gâză se așază pe capul cuiva. Singurul comentariu pe care îl stârnește este: „Ce neplăcut!" Însă pentru omul primitiv acea întâmplare are o semnificație. Uneori am văzut această reacție primitivă la pacienții mei — o înțelegere extraordinară a faptului că lucrurile din natură aparent neînsemnate sunt încărcate de sens. În definitiv, un animal nu este doar ceva cu blană pe el, este o ființă întreagă. Poți spune că un lup de prerie este doar un lup de prerie, însă apoi apare unul care este vraciul Lup de prerie, un super-animal cu mana și putere spirituală. Așa spune primitivul.

Inconștientul ar trebui să acționeze pentru noi ca un super-animal. Când cineva visează un taur, ar trebui să se gândească la acesta ca fiind nu numai sub nivelul omului, ci și deasupra lui — asemănător unui zeu.

•

Dra Houghton: Dacă îmi este permis să pun întrebarea acum, aș dori să știu de ce americanii sunt mai apropiați de Extremul Orient decât europenii.

Dr. Jung: În primul rând sunt mai aproape geografic și în al doilea rând există legături artistice mult mai puternice între Est și America decât între Est și Europa. Și apoi, americanii trăiesc pe pământul acelei rase.

Dra Houghton: Vă referiți la perspectiva etnologică?

Dr. Jung: Da. Am fost uimit de asemănarea dintre femeile indiene Pueblo și femeile elvețiene din cantonul Appenzell, unde avem urmași ai cotropitorilor mongoli. Astfel ne putem explica faptul că ceva din psihicul americanilor înclină către Est.

Dr. de Angulo: Nu poate fi și o explicație legată de condiția conștiinței?

Dr. Jung: Da, poate fi explicat și în acest mod. Adică, americanii, fiind atât de clivați, se întorc către Est pentru a exprima inconștientul. Înalta prețuire a culturii chineze în America este remarcabilă. Tot ceea ce știu despre specificul chinezilor vine din partea anglo-saxonă, nu din Europa, din Anglia, este adevărat, însă America reprezintă o prelungire a Angliei.

PRELEGERE

Astăzi doresc să vă ofer o schemă pentru a putea înțelege figuri precum cele despre care am vorbit data trecută, anima și bătrânul înțelept. Când analizați un bărbat, aproape de fiecare dată ajungeți la ele dacă mergeți suficient de profund. La început este posibil să nu fie separate — am avut trei imagini — însă pot fi fuzionate și cu imaginea unui animal care, de exemplu, poate avea o formă feminină. Sau animalul poate fi clivat și poate apărea o figură hermafrodită. Astfel, bătrânul înțelept și anima sunt un întreg.

Toate aceste figuri corespund anumitor relații dintre eul conștient și persona, iar simbolismul acestora se schimbă în funcție de situația existentă la nivelul conștiinței. Să începem cu această diagramă [2].

Să considerăm această încăpere ca fiind conștiința: simt că sunt un punct de claritate în acest câmp vizual conștient. Nu sunt conștient de ceea ce gândiți, prin urmare este un câmp limitat într-o anumită măsură — în afara lui este lumea realității concrete. Această lume îmi poate fi reprezentată printr-un obiect. Astfel că, dacă îl întreb pe domnul A. ceva, el devine legătura mea cu cu acea lume pentru momentul respectiv. Însă dacă mă întreb pe mine însumi cum pot stabili o legătură absolută sau necondiționată cu lumea, răspunsul meu este că pot face acest lucru doar când sunt în același timp și pasiv și activ, atât victimă cât și actor. Pentru un bărbat așa ceva se poate întâmpla doar prin intermediul unei femei. Ea este elementul care leagă bărbatul de pământ. Dacă nu te căsătorești poți merge unde dorești, însă îndată ce un bărbat se căsătorește el trebuie să fie într-un anume loc, trebuie să lase să-i crească rădăcini.

Acest câmp vizual despre care vorbesc reprezintă sfera mea de acțiune și aceasta se mărește în funcție de cât de departe merg acțiunile mele. Câmpul constituie masca mea, însă când sunt activ acțiunea mea poate ajunge la tine dacă o receptezi, astfel că tu mă ajuți să îmi construiesc înfățișarea — n-o pot face de unul singur. Cu alte cuvinte, creez un înveliș în jurul meu, ca urmare a influenței noastre reciproce. Aceasta este ceea ce numim persona. Faptul că există un

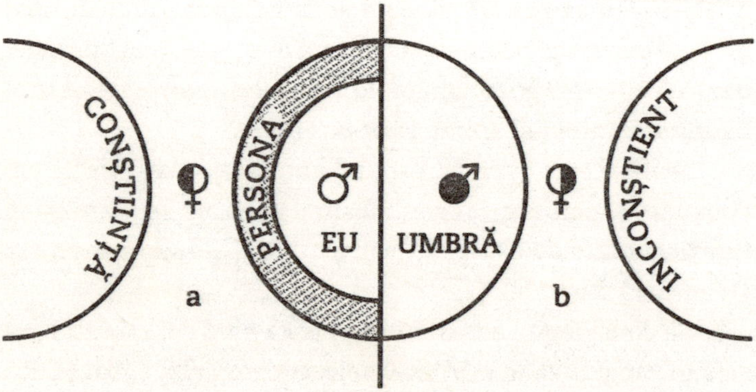

a Femeie
b Anima
♂ simbol pentru masculinitate
♀ simbol pentru feminitate

Diagrama 2

înveliș nu înseamnă o înșelătorie voită; se datorează pur și simplu faptului că trăiesc într-un sistem de relații prin care nu sunt niciodată izolat de efectul obiectului asupra mea. În măsura în care trăiești într-o lume, nu poți să nu ai o persona. Poți spune: „Nu vreau să am cutare persona“, însă renunțând la una, dobândești o altă persona — doar dacă, desigur, nu trăiești pe Everest. Poți afla cine ești doar prin efectul pe care îl ai asupra altora. În acest fel îți creezi personalitatea. Asta e tot ce poate fi spus despre conștiință.

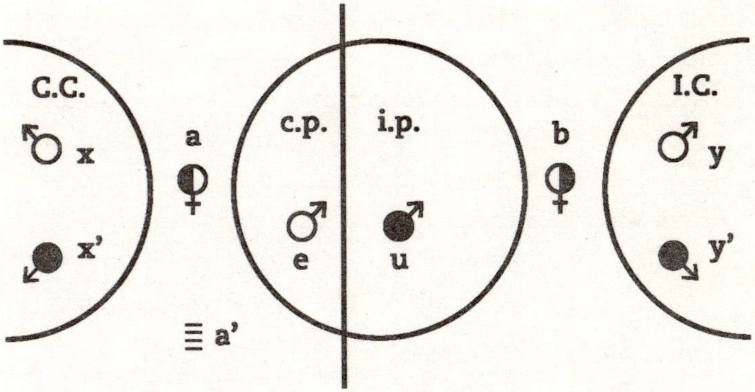

C.C.	=	Conștientul colectiv	a	=	femeia reală sau obiectul absolut
c.p.	=	Conștientul personal			
i.p.	=	Inconștientul personal	a'	=	multitudinea de obiecte absolute
I.C.	=	Inconștientul colectiv			
x	=	aspect pozitiv al C.C.	b	=	anima
x'	=	aspect negativ al C.C.	e	=	Eul
y	=	aspect pozitiv al I.C.	u	=	Umbra
y'	=	aspect negativ al I.C.			

Diagrama 3

În ceea ce privește inconștientul, trebuie să lucrăm cu interferențe prin intermediul viselor. Trebuie să presupunem existența unui câmp similar, însă mai deosebit, dat fiind faptul că în vise insul nu este chiar el însuși; chiar și sexul nu este clar definit în inconștient. Mai presupunem, de asemenea, că în inconștient mai există și imagini ale inconștientului colectiv. În ce relație te afli cu acestea? Din nou este o femeie. Dacă renunți la femeie în realitatea exterioară, cazi pradă animei. Ceea ce îi displace cel mai mult bărbatului este acest caracter de inevitabil al legăturii lui cu femeia. Tocmai când este convins că s-a eliberat de ea și în sfârșit se poate plimba în lumea sa interioară care îi aparține, iată că stă în poala mamei sale!

Prelegerea a XIV-a

Dr. Jung:

Voi continua discuția începută data trecută folosind o diagramă asemănătoare (vezi Diagrama 3). Folosind alb și negru pentru a reprezenta elementele *a* și *b*, am încercat să redau faptul că un bărbat are atât relații pozitive, cât și negative cu femeia din realitate și cu anima. De obicei, dacă atitudinea sa față de femeia din realitate este pozitivă, atunci atitudinea sa față de anima este negativă și invers. Însă deseori se întâmplă ca el să aibă atât o atitudine pozitivă, cât și una negativă față de femeie, doar că cea negativă este îngropată și trebuie descoperită în profunzimea inconștientului. De exemplu, la căsnicii se observă adesea faptul că factorul negativ este nesemnificativ la început, iar cu trecerea anilor devine cel mai evident lucru al relației, până când, în cele din urmă, intervine ruptura, cu toate că în tot acest timp cei doi au trăit iluzia unei căsnicii foarte armonioase.

În conștientul colectiv al bărbatului găsim principiul dualității, pe care am încercat să îl redau prin cele două simboluri, *x* și *x'*. Acesta se referă la faptul că, de obicei, legile și idealurile noastre sunt bune și atunci când începem să cercetăm lumea conștientă a bărbatului, inițial dăm peste aspectul pozitiv, x. Dacă ne uităm la istorie suntem impresionați de întinderea și însemnătatea lucrurilor dezvoltate în cadrul bisericii și statului. Dacă ar fi să ne exprimăm din punctul de vedere al omului primitiv, am spune că a existat un sfat al bătrânilor înțelepți care a decis toate acestea. Să luăm ca exemplu liturghia catolică. Dacă o studiem trebuie să recunoaștem că este unul dintre cele mai minunate lucruri pe care le avem. La fel și cu legile noastre, au multe nuanțe care ne trezesc respectul și admirația. Însă imaginea nu este întreagă; nu ne poate scăpa faptul că are și o latură negativă. Să luăm, de pildă, binele exprimat în creștinism. Nouă ne pare evident, însă puneți-vă în pielea unui nativ polinezian, iar creștinismul va fi cât se poate de negativ. Sau întrebați-i pe ereticii spanioli, care au fost arși în numele lui Dumnezeu, ce părere au despre creștinism.

Întorcându-ne la inconștient, dualitatea animei este evidentă. Când un bărbat ajunge să își cunoască anima, aceasta este atât zi, cât și noapte pentru el. După cum deseori am observat la personajul „Ea", al lui Rider Haggard, imagine a animei, nu putem fi niciodată siguri de bunătatea sau de răutatea ei; pe rând, fiecare aspect ne ia în posesie. Puterea ei stă în mare măsură în dualitatea naturii ei. După cum am spus, un bărbat poate ști că o femeie are atât laturi luminoase cât și întunecoase, însă când vede într-o femeie acea magie care este esența Ei, el începe să proiecteze imediat imagini inconștiente formidabile asupra ei.

De asemenea, există dualitate și în relația bărbatului cu inconștientul colectiv. Trecând de anima, el ajunge la imaginea bătrânului înțelept, șamanul sau vraciul. De obicei, vraciul are un rol binefăcător. Dacă s-au pierdut animale de turmă, el știe cum să le găsească și unde; dacă este nevoie de ploaie, el are grijă să o aducă. De asemenea, el trebuie să găsească leacuri pentru boli. În toate aceste acțiuni el apare ca o figură pozitivă, cum am indicat prin *y* în diagramă. Însă trebuie să luăm în considerare și magia neagră, care este asociată cu răul. Astfel există și *y'*, numit vrăjitorul negru, la polul opus lui *y*.

Acest aspect dual sub care se înfățișează inconștientul colectiv al bărbatului mi-a fost adus în atenție foarte limpede prin intermediul unui vis al unui student la teologie pe care l-am văzut odată.[245] Avea îndoieli în privința alegerii făcute, de a deveni preot, dacă este cea bună, dacă era cu adevărat credincios așa cum credea etc. În orice caz, mulți dintre dumneavoastră ați mai auzit acest vis, astfel că nu știu dacă merită să îl repet.

(I s-a cerut să povestească din nou visul.)

Ei bine, visătorul se afla în fața unui bătrân maiestuos, care era îmbrăcat într-o mantie neagră. Știa că acesta este Vrăjitorul Alb. Bătrânul tocmai încheiase un soi de discurs, despre care visătorul știa că era plin de lucruri importante, însă nu își amintea exact ceea ce se spusese. Totuși știa faptul că bătrânul zisese că va fi nevoie de Vrăjitorul Negru. Tocmai atunci a intrat un alt bătrân impresionant, îmbrăcat în alb. Acesta era Vrăjitorul Negru. Dorea să vorbească cu Vrăjitorul Alb, însă zărindu-l pe tânăr, a ezitat. Imediat Vrăjitorul Alb i-a explicat faptul că tânărul este un „inocent", Vrăjitorul Negru putând vorbi nestingherit în fața lui. Acesta a început să povestească cum că vine dintr-o țară unde domnea un rege bătrân, care, gândindu-se la faptul că se apropie de moarte, a început să caute un loc unde să fie îngropat, potrivit și demn de el. Printre niște morminte vechi a dat peste o criptă splendidă. A pus să fie deschisă și curățată. Înăuntru au găsit mormântul unei fecioare care trăise cu mult timp în urmă. Când au scos oasele în lumina

---

245 Jung a menționat prima dată acest vis în cea de-a treia dintre cele trei prelegeri pe care le-a susținut la Londra, 1924, sub patronajul New Education Fellowship: prima prelegere, în 10 mai, ca parte a unei conferințe a asociațiilor de educație locale, la Expoziția British Empire, recent deschisă în suburbia orașului Wembley; a doua și a treia prelegere, pe 12, respectiv 13 mai, la Mortimer Street Hall, în West End. (*Times Educational Supplement*, 3, 10 și 17 mai 1924). Inițial prelegerile au fost schițate de către Jung în engleză și revizuite de C. Roberts Aldrich. Prima dată au fost publicate în germană (1926), ulterior au apărut în engleză în *Contributions to Analytical Psychology* (1928), traduse de H.G. Baynes și Cary F. (de Angulo) Baynes. Referitor la visul discutat aici, vezi „Psihologia analitică și educația" (OC vol. 17), par. 208 și, mai detaliat, „Arhetipurile și inconștientul colectiv" (1934, OC vol. 9/1), par. 71 și următoarele.

soarelui, acestea s-au transformat într-un cal negru care a fugit în deșert și căruia i s-a pierdut urma. Vrăjitorul Negru, auzind despre acest cal, s-a gândit că este foarte important să îl găsească, astfel că s-a dus în locul în care au început toate, iar acolo a găsit urmele calului. Le-a urmat în deșert multe zile, până când a traversat deșertul, iar acolo a găsit calul negru păscând. Lângă acesta erau cheile Paradisului. A venit cu ele la Vrăjitorul Alb pentru a-i cere ajutorul, deoarece nu știa ce să facă cu ele.

Acesta era visul unui bărbat care nu avea cunoștință de ideile psihologiei analitice. Condiția pe care o trăia a activat inconștientul său în această manieră și pentru că avea o înzestrare practică de care nu era conștient, conținutul inconștient a luat această formă, care nu ar fi fost posibilă dacă el nu avea acea înclinație. În mod evident, visul este plin de înțelepciune și dacă ar fi început analiza în mod sigur ar fi fost impresionat de acea înțelepciune și ar fi ajuns să aibă o profundă considerație față de inconștient.

•

Acum aș dori să vă prezint câte ceva despre psihologia femeilor, folosind aceeași schemă, cu câteva modificări (vezi Diagrama 4).

Putem spune că bărbatul din realitate este văzut de femeie în aspectele lui pozitive, iar relația cu el este comparativ exclusivă — în această privință este opusul relației obișnuite pe care bărbatul o are cu femeia din realitate. La bărbat această relație nu este exclusivă. Când bărbatul obișnuit face comparații între soția lui și alte femei spune: „Dintre alte femei, ea este soția mea“. Pentru femeie, însă, obiectul care pentru ea reprezintă lumea (în schema noastră *a*) este soțul *meu*, copiii *mei*, în mijlocul unei lumi pe care nu o consideră

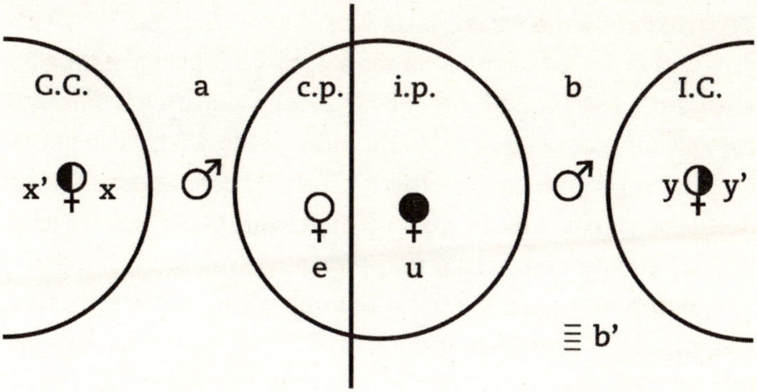

Semnificația simbolurilor C.C., c.p., i.p. și I.C. rămâne aceeași ca în Diagrama 3.

x'x = Aspectul dual al conștientului colectiv, fuzionat

yy' = Aspectul dual al inconștientului colectiv, fuzionat

a = bărbatul din realitate sau obiectul absolut

b = animus

b' = multitudine de figuri animus

Diagrama 4

atât de interesantă. Pentru soție, acest soț „unic" are o umbră, așa cum am văzut și în cazul relației bărbatului cu femeia din realitate.

La fel, și animusul are atât o latură luminoasă, cât și una întunecată, însă compensator față de imaginea singulară a bărbatului la nivel conștient, în inconștientul femeii există o multitudine de figuri animus. Bărbatul trăiește relația cu anima puternic emoțional, pe când relația femeii cu animusul ei ține mai mult de Logos. Când un bărbat este luat în posesie de anima, trăiește stări ciudate, este dominat de emoțiile sale. O femeie dominată de animus este stăpânită de convingeri, neavând capacitatea de a discrimina. Ea poate face cu ușurință afirmații de genul: „În anul o mie nouă sute și așa mai departe Papa mi-a spus cutare lucru“ sau: „În urmă cu câțiva ani, un bătrân cu barbă albă mi-a spus că faptul acesta este adevărat“ și să rămână un adevăr absolut pentru ea. Bărbatul care se confruntă cu această manifestare la o femeie o simte ca fiind o prejudecată nerostită. Pentru bărbat este foarte derutant și într-o mare măsură enervant, pentru că nu este vizibilă și acționează cu o mare forță.

Acum ajungem la relația femeii cu conștiința colectivă. Dat fiind că nu am afectivitatea unei femei, poate nu sunt cel mai în măsură să fac lumină asupra naturii acestei relații. Însă, întrucât familia pare a fi temelia vieții unei femei, poate că este corect să afirmăm că atitudinea ei față de lumea conștiinței este aceea a unei mame. O femeie are o atitudine ciudată și față de natură, mai plină de încredere decât atitudinea unui bărbat. Ea spune întotdeauna: „Se va rezolva până la urmă“, în timp ce un bărbat ar fi pe punctul de a ceda de teamă. Trebuie să fie ceva de genul acesta care explică faptul că rata sinuciderilor este de trei ori mai mare în rândul bărbaților decât la femei. Cu toate că nu este atât de evident clivajul din relația femeii cu conștiința colectivă, așa cum se întâmplă în cazul bărbatului, mereu putem observa suficiente elemente ale dualității încât să justifice existența simbolurilor *x* și *x*’. Altfel spus, femeia vede că bunul zeu care face ca toate lucrurile să se rezolve are toane, astfel că nu poate avea multă încredere. Acesta este elementul de scepticism, umbra sa. Bărbații au tendința de a separa *x* de *x*’. Femeile tind să le vadă împreună. Dacă ascultați o discuție între bărbați, puteți mereu observa cum fac distincția între laturile pozitive și cele negative ale subiectului; întâi le discută pe unele, apoi pe celelalte. Însă începeți o discuție în contradictoriu cu o femeie, având ca premisă tocmai acest principiu al discriminării, și în mai puțin de două minute v-a distrus toată organizarea logică, aducând pozitivul chiar în toiul discuției despre aspectele negative și invers. Nu o vei putea convinge niciodată că a distrus logica discuției. Conform modului ei de gândi, cele două aspecte merg împreună. Această tendință către unitate acționează în psihismul femeii, așa cum principiul opus, al diferențierii, acționează în psihismul bărbatului.

Când vorbim despre inconștientul femeii, imaginea devine cu adevărat enigmatică. Cred că iarăși ne întâlnim cu imaginea mamei și din nou este duală, însă într-un mod neobișnuit. După cum am văzut în cazul bărbatului, la el există o diferențiere clară între bine și rău, Cosmos și Haos. Însă în inconștientul colectiv al femeii există o fuziune între elementele umane și cele animalice. Am fost profund impresionat de natura animală a inconștientului femeii și am motive să cred că ea are o legătură puternică cu elementul dionisiac. Este ca și cum bărbatul este mult mai îndepărtat de instinctualitate decât femeia — nu în sensul că nu are o latură puternic animalică, însă aceasta nu este atât de integrată la nivel psihic cum este la femei. Este ca și cum la bărbați asemănarea cu animalul s-a oprit la nivelul măduvei spinării, în timp ce la femei a urcat în straturile inferioare ale creierului. E ca și cum bărbatul își ține instinctualitatea de la mijloc în jos, iar la femeie se întinde în întreaga ei ființă. Când un bărbat vede instinctualitatea la femei, imediat presupune că natura animalică a femeilor este ca și a lui, singura diferență fiind aceea că ea are mai mult. Însă este complet greșit, deoarece animalitatea femeilor conține spiritualitate, în timp ce la bărbat este doar sexuală. Instinctualitatea unei femei este, probabil, ca aceea pe care am găsi-o în orice animal precum calul, dacă am putea vedea acest animal din interior și nu doar din afară, așa cum îl vedem de fapt. Dacă am putea vedea viața psihică a unui cal din interior, ni s-ar părea foarte ciudată. Însă un bărbat privește mereu un animal din afară — nu deține în inconștientul său animalitatea psihică pe care femeia o are.

Desigur că am putut să vă ofer doar o schiță a domeniului psihologiei feminine. Sunt multe întrebări care se nasc în legătură cu acesta.

•

(În continuare a urmat o discuție pe două direcții principale: prima, legată de faptul că bărbații au tendința de a separa perechea de opuse, iar femeile să păstreze o oarecare unitate, iar a doua direcție, dacă dr. Jung a apreciat corect gradul de conștientizare dobândit de femei în ceea ce privește afectivitatea lor.

În legătură cu primul punct, dl Schmitz a spus că, în viziunea sa, diferența fundamentală dintre bărbați și femei constă în faptul că femeia are un simț al dualității dat de însăși natura ei, în timp ce bărbatul l-a dobândit prin intermediul intelectului — cu alte cuvinte, faptul că femeia este încă inconștientă, iar bărbatul conștient, și că din acest motiv Elena sau figura animei apare împreună cu bătrânul înțelept.)

Dr. Jung: Da, la bărbați apare astfel, însă nu trebuie să uitați că o femeie poate avea un mod de funcționare la nivel conștient pe care bărbatul nu îl înțelege și de aici vin toate părerile greșite ale bărbatului despre femei. Elena este doar femeia unui bărbat. Ea este ceea ce și-ar dori un bărbat, însă în niciun caz ceea ce o femeie ar considera că înseamnă o femeie adevărată — Elena este un artefact. O femeie reală este o persoană cu totul altfel, iar atunci când un bărbat o întâlnește și o proiectează pe Elena pe ea, pur și simplu nu se potrivește, dezastrul fiind inevitabil.

•

Dl Schmitz a fost de părere că nu este nimic bizar în legătură cu conștiința femeilor, doar că acestea au specifică tendința de a amesteca lucrurile care trebuie să fie separate.

Dr. Jung: Din nou, aceasta este o prejudecată masculină. Tipul de conștiință pe care bărbatul l-a dezvoltat tinde să separe sau să diferențieze, însă principiul unității în baza căruia femeia acționează nu este neapărat o stare de inconștiență, după cum ați sugera, cu toate că este adevărat faptul că femeile, de obicei, sunt reticente în a deveni conștiente.

•

(În ceea ce privește al doilea punct al discuției, și anume corectitudinea aprecierii dr.-ului Jung legat de gradul de conștientizare pe care femeile l-au atins în plan afectiv, s-a spus că, în timp ce a arătat foarte clar capacitatea de diferențiere pe care bărbații au dezvoltat-o la nivelul conștiinței colective, în ceea ce privește femeia la acest nivel, dr. Jung ne-a lăsat mai degrabă impresia că ea este o făptură inevitabil amorfă. Unora dintre participanți li s-a părut că, pentru a avea o imagine completă, ar fi trebuit să se accentueze faptul că femeia a construit o lume de valori bazate pe afectivitate în care diferențiază cu aceeași acuratețe ca și un bărbat în lumea intelectului, și că pentru ea este la fel de derutant să îi fie călcate în picioare aceste valori de către bărbatul insensibil, cum adesea se întâmplă, pe cât este de supărător pentru bărbat să îi fie „amestecate" valorile intelectuale de către femeia ilogică.)

Prelegerea a XV-a
Întrebări și discuții

Dr. Jung:

Înainte de a răspunde la întrebări, aș dori să vă dau o temă de lucru care îmi doresc foarte mult să fie realizată: analiza a trei cărți scrise pe tema animei — *She*, de Haggard; *L'Atlantide*, de Benoît, și *Fața verde*, a lui Meyrink.[246] Aș dori să alegeți trei comisii formate din aproximativ cinci oameni pentru fiecare dintre aceste trei cărți, fiecare comisie desemnând un președinte care va prezenta ideile grupului. Făcând aceasta îmi pot face o idee mai clară cu privire la ceea ce ați câștigat din aceste lecturi. Puteți aborda tema oricum doriți, însă aș dori să fac următoarele recomandări: (1) Pentru cei care poate nu au citit cartea despre care se va vorbi, ar trebui să avem un rezumat al acesteia; (2) apoi ar trebui să fie o caracterizare și o interpretare ale *dramatis personae*;[247] (3) aceasta ar trebui urmată de o descriere a proceselor psihologice implicate, transformări ale libidoului și manifestarea figurilor din inconștient, de la început la sfârșit. Fără îndoială că prezentarea materialului va dura cam o oră, după care vom avea o jumătate de oră pentru discuții.

(Clasa a sugerat ca, în loc să fie toate cele trei cărți pe tema animei, ar fi interesant să fie una care abordează figura animusului. La recomandarea dr.-ului Jung, romanul numit

---

246 H. Rider Haggard, *She* (Londra, 1887); Pierre Benoît, *L'Atlantide* (Paris, 1920); Gustav Meyrink, *Das grüne Gesicht* (Leipzig, 1916) (*Fața Verde*, București, Nemira, 2014). În scrierile sale ulterioare, Jung a citat deseori primele două opere ca exemple importante de figuri ale animei. Se pare că prima dată a dat peste romanul *L'Atlantide* în timpul călătoriei sale în Algeria și Tunisia, în martie 1920; cf. *Word and Image*, p. 151.

247 Personajele romanului. (N.t.)

The Evil Vineyard, de Marie Hay,[248] a fost introdus în locul cărții *Fața verde*.)

Comisiile au fost constituite după cum urmează (președintele este indicat cu semnul ◊):

	Dr. Harding ◊		Dl Aldrich ◊		Dr. Mann ◊
	Dra Baynes		Dna Zinno		Dl Robertson
She	Dr. Bond	*L'Atlantide*	Dra Houghton	*The Evil Vineyard*	Dra Hincks
	Dl Radin		Dra Sergeant		Dl Bacon
	Dr. Ward		Dl Bacon		Dr. de Angulo

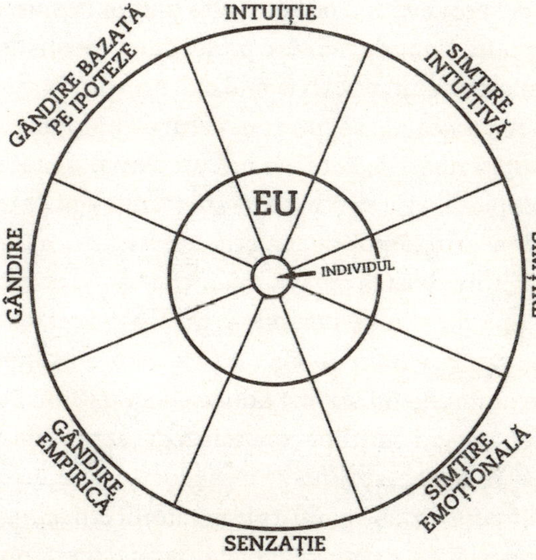

Diagrama 5

---

[248] New York și Londra, 1923. Agnes Blanche Marie Hay (1873–1938), englezoaică, s-a căsătorit cu un diplomat german, Herbert Beneckendorff und von Hindenburg. Printre cărțile scrise de ea se numără și cea despre viața poetului elvețian Gottfried Keller (1920). Pentru alte comentarii ale romanelor lui Hay, Haggard și Benoît, cf. „Suflet și pământ" (1927, OC vol. 10), par. 75–91. Pentru rezumate și discuția din cadrul seminarului, vezi în continuare anexa la prelegerea a XVI-a.

PRELEGERE[249]

Diagrama 5 reprezintă o condiție ideală care nu există în realitate, în care se presupune o conștientizare completă a tuturor funcțiilor. Din acest motiv am reprezentat funcțiile în același plan. În centru se află un nucleu potențial pe care îl numesc sine,[250] reprezentând totalitatea sau suma proceselor conștiente și celor inconștiente. Acest concept este diferit de Eu sau sinele parțial, care nu se află în contact cu aspectele inconștiente ale proceselor psihologice. Deoarece Eul nu este în legătură cu partea inconștientă a personalității noastre, deseori avem o cu totul altă părere despre noi față de a celorlalți, lăsând chiar loc proiecțiilor. Inconștientul își joacă rolul neîncetat, uneori având chiar o atitudine emfatică față de noi, fără ca noi să fim conștienți de amprenta pe care o lasă asupra noastră. Pot face lucruri care în realitate sunt foarte complexe, fără să știu că le-am făcut — ca de exemplu, mergând pe stradă pot să mă strecor printr-o mulțime de oameni și, totuși, dacă cineva mă întreabă: „Câți oameni ai depășit?", să nu știu să-i răspund. Cu toate acestea, fiecare dintre cei pe care i-am depășit a fost memorat individual; doar că rezultatele nu au fost aduse la cunoștință Eului.

La fel, rareori suntem conștienți de expresiile noastre faciale, iar în tot acest timp se ivesc lucruri din inconștient care sunt foarte vizibile pentru observatorul din afara noastră, căruia uneori îi este greu să creadă faptul că noi nu vedem acele lucruri care pentru el sunt atât de vizibile. Așadar, atâta timp cât în noi există atât de multe pe care Eul nu le vede, nu putem afirma despre acesta că reprezintă totalitatea proceselor noastre mentale.

---

249 În diagramă, „individul".
250 Prezentarea tradițională a lui Jung a teoriei sale despre funcții se găsește în *Tipuri*, capitolul al X-lea.

Desigur, nu putem fi siguri că avem acest centru potențial care am presupus că există; este ceva ce nu poate fi dovedit. În loc de un centru, putem avea două sau, ca în dementia praecox, o multitudine. Însă, când avem de-a face cu un om cât se poate de normal, există mereu un centru către care lucrurile converg, iar când se întâmplă ceva hotărâtor, pare că vine de la acea conducere centrală. Unii oameni proiectează ceea ce primesc din acest miez al ființei lor ca fiind un mesaj venit de la Dumnezeu. Astfel că acest centru cu rol de autoreglare este un postulat pe care îl luăm ca atare.

Am reprezentat sinele printr-un punct în mijlocul diagramei, însă la fel de bine putem considera că include totul sau că acoperă întreaga lume. Filosofia indiană descrie sinele ca în accepțiunea de mai sus, ca fiind mai mic decât nimic, totuși mai mare decât mare.

Întorcându-ne la diagramă, veți vedea că am reprezentat funcțiile ca sectoare de cerc. Să începem cu *gândirea*,[251] sau intelectul pur. Fiind o funcție rațională, este legată de funcția irațională intuiție prin intermediul a ceea ce numim *gândire speculativă* sau gândire intuitivă. Apoi trecem la funcția opusă gândirii, *simțirea*, prin intermediul *simțirii intuitive*, iar de acolo la opusul intuiției, *senzația*, prin intermediul *emoționalității simțirii*. Emoția este acel mod de a simți ce are la bază o stare fiziologică și care este percepută de senzație. De la senzație revenim la *gândire* prin intermediul gândirii pe care o numim *empirică*, adică, gândirea aplicată faptului. Ajungem astfel la concluzia conform căreia gândirea se deplasează cu mai multă ușurință atât către intuiție, cât și către senzație, însă este cea mai îndepărtată de simțire.

---

251 În acest pasaj sunt folosite caractere cursive de dragul clarității. Paragraful este citat în Corrie, *ABC of Jung's Psychology*, pp. 29 și următoarele.

Acum să încercăm să definim cât mai precis noțiunea de simțire, deși, așa cum am observat din prelegerile anterioare, este o sarcină foarte dificilă. Are cineva vreo sugestie cu privire la natura fundamentală a simțirii?

•

(Participanții au oferit una sau două sugestii, însă trebuie menționat faptul că au fost mai degrabă entuziasmați de tema propusă, nereușind să găsească un răspuns. Un punct de vedere încerca să definească simțirea astfel încât să arate faptul că este prezentă în toate celelalte funcții, iar alt punct de vedere considera că definiția trebuie să fie de așa natură încât să se aplice doar funcției simțire. Toți erau de acord cu privire la faptul că definiția simțirii, așa cum este formulată în prezent în psihologia analitică — și anume funcția care exprimă valorile subiective —, nu era mulțumitoare, și că o definițe satisfăcătoare trebuie să includă descrierea unei dinamici existente între subiect și obiect. La sfârșitul orei clasa era încă prinsă în discuția pe această temă. I s-a cerut dr.-ului Jung să ofere un scurt rezumat al punctului său de vedere.)

Dr. Jung: Părerea mea este că simțirea este pe de-o parte un mod de evaluare diferit de gândire, iar pe de alta, o relație dinamică.

Prelegerea a XVI-a

Dr. Jung:

Consider că sunt anumite aspecte generale legate de funcții ce necesită clarificări suplimentare. Aș dori să vorbesc în continuare despre cele patru funcții în relație cu realitatea, deoarece sunt de părere că fiecare dintre ele îl pune în contact pe subiect cu o anumită latură a realității. Astfel, Diagrama 6 reprezintă cele patru funcții principale care izvorăsc dintr-un centru potențial și care, împreună, alcătuiesc subiectul.

Subiectul face parte dintr-o lume de obiecte și nu poate fi înțeles separat de acestea. În mod obișnuit, definim ca fiind obiecte doar acele lucruri care aparțin lumii exterioare, însă la fel de importante sunt și obiectele intrapsihice, cu care subiectul se află în legătură. Acestei din urmă categorii îi aparține orice conținut conștient care a ieșit din câmpul conștiinței, fiind uitat, după cum obișnuim să spunem, sau refulat, precum și totalitatea proceselor inconștiente. Mereu există elemente ale funcțiilor noastre de care suntem conștienți și altele de care nu suntem, care însă intră tot în sfera activității psihice.

Unele dintre aceste obiecte intrapsihice îmi aparțin, iar atunci când uit de ele, le putem compara cu piese de mobilier care s-au pierdut. Pe de altă parte, altele sunt intruși în lumea mea psihică. Vin fie din inconștientul colectiv, fie din lumea exterioară. Să luăm, de exemplu, o tradiție. Poate fi inconștientă și prin urmare este un obiect care apare din interiorul meu, sau poate fi inițiată din afară, de ceva din mediul în care trăim.

În mod evident, lumea exterioară influențează funcțiile. Dacă senzațiile ar fi doar subiective și nu s-ar baza și pe realitate, nu ar purta cu ele atâta putere de convingere. Sigur că toată puterea de convingere nu se întemeiază doar pe efectul acțiunii obiectului exterior. Uneori este prezent și un puternic element subiectiv, după cum dovedesc halucinațiile și iluziile care se observă în cazurile patologice. Însă cea mai mare putere de convingere a senzației vine din legătura ei cu faptele trans-subiective sau obiective ale realității. Senzația vorbește despre realitatea așa cum este *acum*, nu despre realitatea așa cum ar fi fost sau cum ar putea fi. Așadar, această funcție ne oferă doar o imagine statică a realității, iar acesta este principiul de bază al funcționării tipului senzație.

Intuiția este însoțită de o stare similară de certitudine, însă asupra unei alte laturi a realității. Ne vorbește despre realitatea posibilităților, care pentru tipul intuitiv este unica realitate, având aceeași valoare ca și faptele. Atâta timp cât putem verifica validitatea intuiției observând dacă aceste posibilități chiar au loc și dat fiind faptul că multe din aceste lucruri posibile la care s-a ajuns pe calea intuiției au fost realizate, tipul intuitiv este îndreptățit să folosească funcția sa dominantă pentru a înțelege un aspect al realității, și anume realitatea dinamică.

În ceea ce privește funcțiile raționale, lucrurile sunt diferite. Gândirea se întemeiază pe realitate doar indirect, însă cu toate acestea poartă la fel de multă putere de convingere. Pentru o persoană care gândește, nimic nu este mai real decât un gând. Există anumite concepții generale sau colective din care cel care gândește își dezvoltă raționamentul, pe care le numim moduri logice, care, la rândul lor, derivă din anumite idei subiacente. Cu alte cuvinte, modurile logice au origine arhetipală. Într-adevăr, ar fi dificil să identificăm evoluția acestora, însă cândva se va putea realiza acest lucru, când oamenii vor fi mai inteligenți decât sunt în prezent. Însă, dacă urmărim istoria gândirii în linii mari, se poate observa cu ușurință faptul că întotdeauna s-a recunoscut existența imaginilor primordiale. Pentru Kant erau *noumena*, „das Ding an sich". Pentru Platon erau *eidola*, tipare care existau dinaintea lumii și din care provin toate lucrurile.

Așadar, gândirea rezultă din realitatea imaginii, însă imaginea are realitate? Pentru a răspunde la această întrebare, să ne întoarcem la domeniul științelor naturale, unde putem găsi numeroase dovezi cu privire la puterea unei imagini. Dacă tăiați o râmă în două, părții cu capul îi va crește o nouă coadă, iar părții cu coada un nou cap. Dacă distrugeți cristalinul ochiului unei salamandre, va crește un nou cristalin. În ambele situații prezentate, trebuie să presupunem faptul că organismul poartă în el însuși, într-un fel, o imagine a întregului, care tinde să fie refăcută atunci când este afectată. La fel, faptul că stejarul este conținut în ghindă sugerează existența acestui principiu al imaginii totalității. Desigur, principiul

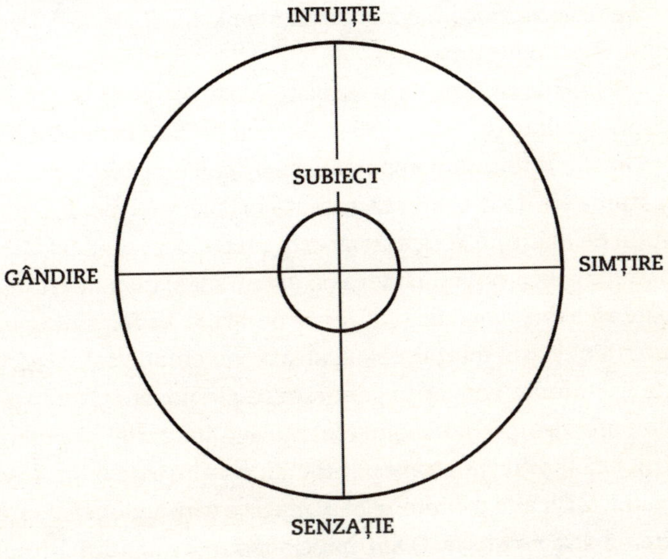

Diagrama 6

prin care se restabilește integritatea atunci când o parte este desprinsă acționează în anumite limite. Partea înlocuită este de natură mai arhaică decât cea originală. Deci, putem spune că, în general, dacă este îndepărtată o formă evoluată, partea înlocuită revine la un stadiu anterior, mai primitiv. Același lucru se întâmplă și din punct de vedere psihologic. Adică, îndată ce renunțăm la funcția superioară, revenim la stadiul primitiv. Putem observa acest lucru și într-o simplă dispută. Dacă nu reușim să convingem prin intermediul gândirii logice, renunțăm la aceasta și apelăm la mijloace mai primitive, adică ridicăm vocea, ne enervăm, devenim sarcastici sau înverșunați. Cu alte cuvinte, dacă mijloacele noastre elegante eșuează, ne folosim de duritatea și vocea emoțiilor.

Revenind la întrebarea cu privire la realitatea imaginilor, găsim în natură ceva similar principiului care stă la baza lor. Când aplicăm acest punct de vedere doar gândirii, presupunem că imaginile sunt statice. Marii filosofi le descriau ca fiind eterne. Aceste imagini statice stau la baza gândirii. Dacă vrem, le putem numi Logos.

Și funcția simțire, după cum am văzut, are propria viziune asupra realității, adică are de-a face cu un fapt trans-subiectiv. Dintr-o anumită perspectivă seamănă cu gândirea, însă legătura este doar aparentă, nu este reală. Astfel, pot lua conceptul de libertate și să arăt că este un concept static, foarte abstract; adică pot considera că este o idee, însă libertatea poate să exprime și un sentiment puternic. La fel, sintagma „țara mea“ poate fi înțeleasă abstract sau emoțional. Așadar, cele mai multe concepții genereoase ale noastre sunt atât valori afective, cât și imagini ale intelectului, astfel că putem afirma că faptul subiacent al funcției simțire este o imagine dinamică. Cu alte cuvinte, este o imagine care acționează, are puterea de a ne mișca. O afirmație abstractă a sentimentului nu ne mișcă, este statică. Dacă îl definesc pe Dumnezeu ca fiind totalitatea neschimbătoare a tuturor proceselor dinamice, ce altceva am dacă nu o concepție în întregime statică? Însă este mai ușor să ne gândim la Dumnezeu ca fiind cea mai puternică imagine dinamică. Pentru totalitatea imaginilor dinamice putem folosi Erosul.

Rezumând, am luat în considerare patru tipuri de realități: (1) realitatea statică, așa cum ajunge la noi prin intermediul senzației; (2) realitatea dinamică, revelată de intuiție; (3) imaginile statice ce ne sunt oferite de gândire; (4) imaginile dinamice, simțite de sentiment.

Presupun că descoperirea celor patru funcții echivalează cu o viziune asupra existenței, și anume că există patru aspecte ale realității. Nu putem afla dacă viața este Cosmos sau Haos, însă, atât cât cunoaștem, toată ordinea existentă este o creație a noastră. Putem să luăm în considerare probabilitatea ca viața să se schimbe astfel încât să dea naștere altei funcții sau altor funcții în noi; deocamdată vă ofer aceste idei ca posibile repere.

Acum ați văzut ceea ce înțeleg prin simțire.

Am fost întrebat dacă, în cazul în care o parte dintre participanți elaborează o definiție cu privire la simțire așa cum înțeleg ei, sunt dispus să o comentez. Aș fi bucuros să fac lucrul acesta, ar fi o modalitate foarte utilă de a aprofunda subiectul. Însă vă avertizez să nu abordați simțirea prea subiectiv. Fiecare tip are un mod diferit de a vedea simțirea și este posibil să găsiți lucruri care nu sunt adevărate pentru celelalt tipuri. Astfel, unul dintre aspectele legate de funcții care au fost cel mai combătute este afirmația pe care am făcut-o referitor la faptul că funcția simțire este rațională. Cărțile mele au fost citite în mare măsură de intelectuali, care desigur că nu au putut să vadă simțirea din această perspectivă, deoarece în ei înșiși simțirea este complet irațională, ca urmare a contaminării cu elemente din inconștient. La fel, persoanele cu funcția simțire destul de dezvoltată, care însă este asociată cu intuiția, consideră simțirea ca fiind o funcție irațională.

Este caracteristic fiecărui om să încerce să înțeleagă viața îndeosebi prin intermediul funcției care este cel mai dezvoltată în el însuși. Uneori este chiar imposibil să încerci să convingi pe cineva că nu poate înțelege lumea trans-subiectivă folosind doar o singură funcție, oricât de dezvoltată ar fi. În ceea ce privește tipul gândire, această constatare am simțit-o odată foarte puternic, cu ocazia vizitei unui bărbat, care a venit să îl sfătuiesc cu privire la o nevroză de compulsie.[252] Mi-a spus: „Nu cred că mă puteți vindeca, dar aș dori să știu de ce nu mă pot vindeca, deoarece, după cum veți vedea, nu este nimic să nu știu despre mine". Lucrul acesta s-a dovedit a fi adevărat, se explorase pe el însuși cu o inteligență remarcabilă și din punct de vedere freudian era analizat în întregime, căci nu mai rămăsese nimic din trecutul lui, chiar până la cele mai îndepărtate experiențe din copilărie, care să nu fi fost explorat. Pentru o clipă nu puteam să îmi dau seama de ce nu se putea face bine. Apoi am început să îl întreb despre situația lui financiară, dat fiind că tocmai se întorcea de la St. Moritz și își petrecuse iarna la Nisa. „Ați putea să faceți suficienți bani cât să trăiți ca acum, fără a mai munci?" l-am întrebat. S-a enervat pe mine că am insistat în această direcție, însă în cele din urmă a trebuit să spună adevărul, și anume că el nu putea să muncească, nu câștigase niciodată bani prin forțele lui, fiind întreținut de către o profesoară cu zece ani mai în vârstă decât el. A spus că nimic din toate acestea nu au vreo legătură cu nevroza sa,

---

[252] Jung a povestit prima dată cazul acesta, mai detaliat, într-una dintre prelegerile pe care le-a ținut la Londra, în 1924; vezi prelegerea a XIV-a. Cf. „Psihologia analitică și educația" (OC vol. 17), par. 182; de asemenea, „Problema fundamentală a psihologiei actuale" (1931), OC vol. 8, par. 685, precum și „Despre bazele psihologiei analitice" (Tavistock Lectures) (1935), OC vol. 18, par. 282.

că el o iubea pe femeie și ea pe el. Amândoi s-au *gândit* mult la situație și erau de acord. Nu am putut să îl fac să vadă că se purta ca un ticălos cu această femeie care trăia aproape din nimic, în timp ce el petrecea în toată Europa. A plecat din cabinet cu convingerea că, „gândindu-se“ la întreaga situație, după cum a afirmat cu satisfacție, a rezolvat totul.

Și tipul senzație poate sacrifica realitatea cu aceeași ușurință. Să presupunem că o femeie s-a îndrăgostit de soțul surorii ei. El este cumnatul ei și, cum nu este permis un astfel de lucru, acest fapt nu e acceptat la nivel conștient. Sunt luate în considerare și acceptate doar aspectele din situația respectivă pe care ea le poate controla; posibilitățile din spatele lor sunt eliminate cu grijă. Astfel că cei doi trăiesc timp de douăzeci de ani și nu ajung să conștientizeze adevărata situație decât prin intermediul analizei.

Am vorbit de mai multe ori despre modul în care tipul intuitiv poate să desconsidere realitatea și sunt sigur că și dumneavoastră puteți oferi numeroase exemple legat de modul în care un tip simțire poate face același lucru. Dacă ceva este neplăcut pentru simțire, acest tip va evita să confrunte realitatea cu cea mai mare ușurință.

Dat fiind faptul că femeile sunt în legătură cu Erosul mai mult decât bărbații, ele tind să aibă anumite concepții despre simțire, așa cum și bărbații, chiar dacă nu sunt intelectuali, tind să aibă anumite concepții despre gândire. Astfel că este dificil ca bărbații și femeile să se înțeleagă unii pe ceilalți. Femeia tinde să identifice simțirea cu realitatea, iar bărbatul se agață cu încăpățânare de enunțul logic.

•

Până acum am vorbit despre individ ca și cum nu s-ar schimba în timp, însă, după cum știm, corpul este o entitate cu patru dimensiuni, cea de-a patra fiind timpul. Dacă a patra dimensiune ar fi timpul, corpurile noastre ar fi vermiforme — întinse în spațiu între două puncte. În Diagrama 7 am încercat să redau modul în care un individ se mișcă în spațiu, cel tridimensional.

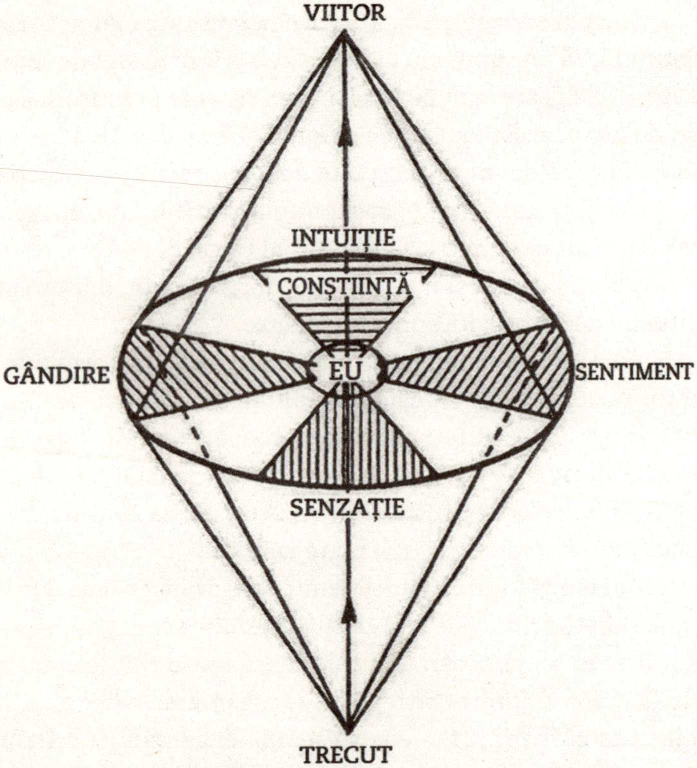

Diagrama 7

Individul nu poate fi înțeles doar ca entitate statică. Dacă dorim să avem o imagine completă despre individ, trebuie să adăugăm factorul timp. Timpul înseamnă un trecut și un viitor și astfel individul este întreg doar dacă privim structura sa din prezent ca rezultat al evenimentelor din trecut și, în același timp, structura sa din prezent ca reprezentând punctul de pornire al unor atitudini noi. Conform acestei concepții, putem distinge două tipuri, acei oameni care se retrag, fiind sub mirajul trecutului, și ceilalți, mult înaintea timpului lor. Cei din urmă pot fi înțeleși doar prin aspirațiile lor.

Până acum, aceste imagini nu au ținut cont de inconștient. În Diagrama 8 am luat acest element în considerare. Această diagramă ia ca exemplu un tip gândire dezvoltat

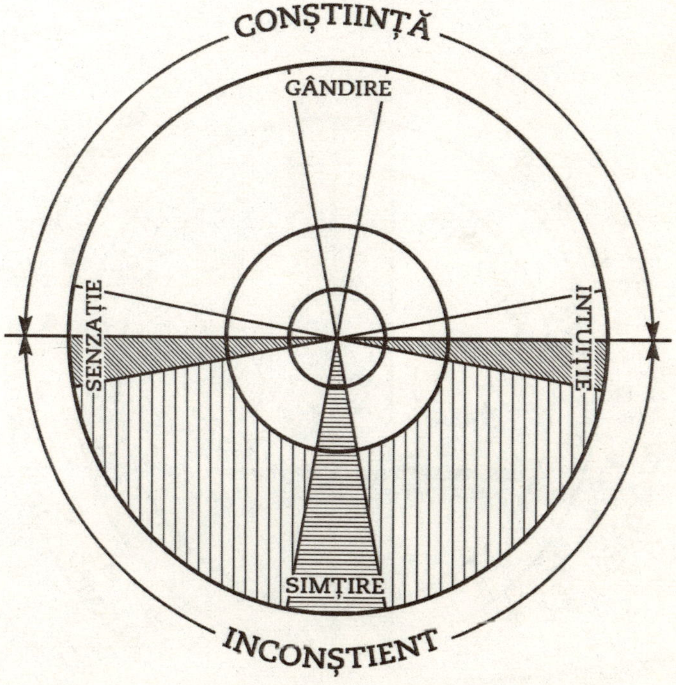

Diagrama 8

complet, la care senzația și intuiția sunt jumătate conștiente și jumătate inconștiente, iar simțirea se află în inconștient. Aceasta nu înseamnă că un astfel de tip este lipsit de sentiment; înseamnă doar că, în comparație cu gândirea sa, simțirea nu se află sub controlul său, ci are ca specific tendința de a izbucni. Așadar, de obicei simțirea nu se manifestă, însă brusc îl ia pe om în posesie.

În Diagrama 9 am reprezentat individul în relație cu lumea obiectelor din exterior pe de-o parte, iar pe de alta relația acestuia cu imaginile inconștientului colectiv. Cea care îl pune în legătură cu prima, lumea obiectelor din exterior, este

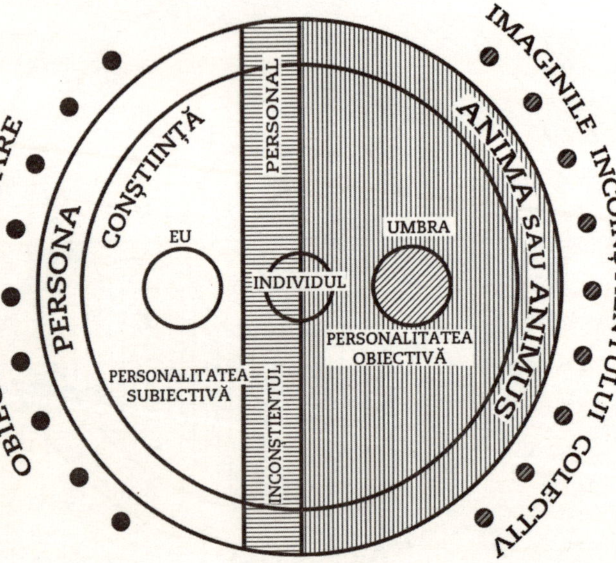

Diagrama 9

persona, dezvoltată prin interacțiunea forțelor interioare cu cele din exterior. Ne putem gândi la persona ca fiind învelișul personalității conștiente. Cum am arătat în altă parte, nu este în întregime alegerea noastră cum va fi persona, dat fiind că nu putem controla niciodată în întregime forțele care vor acționa asupra personalității noastre conștiente.

Centrul acestei personalități conștiente este Eul. Dacă „dăm la o parte" un strat de pe acest Eu, ajungem la inconștientul personal. Acesta conține dorințele sau fantasmele noastre incompatibile cu Eul, influențele din copilărie, sexualitate refuată, adică toate acele lucruri pe care nu dorim să le păstrăm în conștiință dintr-un motiv sau altul sau pe care le-am uitat. În mijloc se află nucleul potențial sau conducerea centrală, reprezentând totalitatea sinelui conștient și inconștient.

Apoi ajungem la inconștientul colectiv, așa cum există în noi — acea parte a experienței de rasă pe care o purtăm în noi înșine. Este sălașul cabirilor sau al piticilor, pe care, dacă îi vom vedea, vor înceta să ne mai vină în ajutor.[253] În această zonă a psihicului deseori apare un alt centru potențial în vise. Este o reprezentare secundară a sinelui nostru, de obicei proiectată pe un apropiat, căci inconștientului îi vine foarte ușor să facă acest lucru. Am numit-o sinele umbră. Primitivul a elaborat un ansamblu de relații complexe cu umbra sa, care surprind foarte bine concepția mea despre sinele umbră. El nu trebuie să calce niciodată pe umbra cuiva și deci nici noi

253 2012: Cabirii erau zeitățile celebrate în cadrul misterelor din Samotracia. Erau considerați a fi aducători de fertilitate și protectori ai marinarilor. Georg Friedrich Creuzer și Friedrich Schelling îi considerau zeități de bază ale mitologiei grecești, din care s-au dezvoltat celelalte (*Symbolik und Mythologie der alten Völker* [Leipzig: Leske, 1810–1823]; tratatul lui Schelling, „*The Deities of Samotrache*" (1815), interpretate și traduse de R. F. Brown (Missoula, MT: Scolars Press, 1977). Jung avea un exemplar din fiecare lucrare. Cabirii apar și în *Faust*, de Goethe, partea a doua, actul al doilea. Cabirii apar și în *Liber Novus* (pp. 306, 320, 326).

nu trebuie să vorbim despre defectele celuilalt, acele trăsături din el de care îi este rușine și pe care le-a ascuns. Un primitiv spune: „Nu ieși afară la miezul zilei, este periculos să nu îți vezi umbra". Noi spunem: „Ai grijă atunci când nu îți cunoști slăbiciunile".

Putem spune despre Eul conștient că este personalitatea subiectivă, iar sinele umbră este personalitatea obiectivă. Aceasta din urmă, formată din ceea ce este parte din inconștientul colectiv în noi, este purtătoarea aspectelor care se manifestă în noi ca efecte. Căci, în mod inconștient avem efecte asupra oamenilor, efecte pe care nu le putem anticipa și nici explica adecvat. Instinctul ne spune să stăm departe de această latură arhaică a noastră. Dacă am deveni conștienți de viețile strămoșilor din noi înșine, ne-am putea destructura. Un strămoș ne poate lua în posesie și să ne ducă la moarte. Primitivul spune: „Nu lăsa o fantomă să intre în tine". Prin aceasta el exprimă două idei: „Nu lăsa un musafir să ajungă la inconștientul tău și nu da frâu liber unui suflet arhaic".

Venerația omului primitiv față de ceea ce noi numim inconștient colectiv este foarte mare. Pentru el este lumea fantomelor. Următoarea poveste, relatată de un explorator care a trăit printre eschimoși, este o exemplificare a acestei stări de teamă, împărtășită până și de vraci.[254] Exploratorul a ajuns la coliba unui eschimos din zona polară unde se făceau incantații asupra unui bărbat bolnav, pentru a îndepărta duhurile sau spiritele malefice care îl îmbolnăviseră. Era multă gălăgie, vrăjitorul sărea și alerga în jur ca nebun. Imediat ce l-a văzut pe explorator a tăcut și a spus: „Sunt numai prostii". A crezut că exploratorul este un alt vraci, deoarece doar un

---

[254] Este posibil ca sursa relatării lui Jung să fie *Neue Menschen; ein Jahr bei den Nachbarn des Nordpols* (1907), de Knud Rasmussen, a cărui carte se afla în biblioteca lui Jung, sau Rasmussen, *Across Arctic America* (1927), lucrare citată în seminarul de *Analiza viselor* (1928).

vraci are voie să se apropie de o colibă în care are loc un astfel de descântec. De asemenea, se obișnuiește ca vracii care se luptă cu spiritele să zâmbească și să își spună unul altuia că totul este o prostie, nu pentru că ei cred asta, ci folosesc lucrul ăsta ca un fel de glumă apotropaică. Este o caracteristică a eufemismului aceea de a-i proteja împotriva propriei lor frici.

Această frică instinctuală de inconștientul colectiv este, într-adevăr, foarte puternică în noi. Poate fi un flux continuu al imaginilor care vin de acolo și ne asaltează, semnalul de pericol apărând atunci când fluxul nu poate fi oprit. Dacă cineva a văzut vreodată așa ceva întâmplându-se, este îngrozit. În general noi nu ne putem închipui mare lucru despre aceste lucruri, însă primitivul știe totul. De cele mai multe ori suntem atât de deconectați de inconștientul colectiv încât plutim deasupra lui.

În ceea ce privește problema delicată de a localiza inconștientul colectiv, nu trebuie să vă gândiți că se mărginește doar la nivelul creierului, ci include și sistemul nervos simpatic. Doar acea parte care reprezintă moștenirea vertebratelor — adică ceea ce primim de la strămoșii noștri vertebrați — este considerată ca făcând parte din sistemul nervos central. Orice altceva este considerat ca fiind în afara sferei noastre psihologice. Se presupune că cele mai primitive straturi ale regnului animal se moștenesc prin intermediul sistemului simpatic, iar straturile ulterioare, care aparțin categoriei vertebratelor, sunt reprerezentate de sistemul cerebrospinal. Straturile umane cele mai recente formează baza conștiinței și pe această cale inconștientul colectiv poate să își facă apariția în conștiință. Doar la acest nivel putem considera inconștientul colectiv ca fiind psihologic. Folosim termenul „psihologic" ca atare pentru acele aspecte asupra cărora, cel puțin din punct de vedere teoretic, se poate exercita un control conștient. Pe baza acestui principiu putem afirma că mare parte din inconștientul colectiv nu este psihologic, ci parapsihologic. Nu putem face foarte des această distincție, deoarece, când m-am referit la inconștientul colectiv ca fiind „în afara" creierului nostru, s-a presupus că am spus că e ca și cum ar pluti undeva în aer. După această explicație vă va deveni clar faptul că inconștientul colectiv vă influențează mereu prin intermediul circumstanțelor trans-subiective, care se află, probabil, atât în interiorul, cât și în afara noastră.

Iată un exemplu despre modul în care inconștientul colectiv poate acționa asupra noastră prin faptul interior: să presupunem că un bărbat se află undeva în aer liber și o pasăre se așază lângă el. Într-o altă zi se află în același loc și apare o pasăre asemănătoare. De data aceasta pasărea îl intrigă într-un mod cu totul ciudat, este ceva misterios în legătură cu această a doua pasăre. Bineînțeles, omul obișnuit crede că impresia neobișnuită pe care i-a lăsat-o cea de-a doua pasăre ține tot atât de mult de exterior, cât și impresia banală pe care i-a produs-o prima pasăre. Dacă ar fi un primitiv, el va diferenția cele două impresii, spunând că prima este doar o pasăre, însă a doua este o pasăre „vraci". Însă noi știm că impresia neobișnuită lăsată de pasărea „vraci" este datorată unei proiecții din inconștientul colectiv al acelui bărbat.

De obicei, doar prin intermediul unor astfel de proiecții în exterior devenim conștienți de imaginile inconștientului colectiv. Astfel, presupunem că intrăm în contact cu un efect neobișnuit din afara noastră. Analiza acestui efect ne arată că reprezintă de fapt proiecția unui conținut din inconștient, și astfel ajungem să-l conștientizăm. Situația descrisă mai sus este una obișnuită atâta timp când ne referim la un individ care se identifică cu Eul sau conștiința sa. Însă, dacă se identifică mai mult cu umbra sa, el ar putea să conștientizeze acțiunea autonomă a conținuturilor inconștiente, fără a fi nevoie de proiecție. Dar dacă individul se identifică cu Eul său, chiar și o manifestare autonomă a inconștientului — care nu se manifestă nici prin proiecție și nici printr-un efect din exterior, ci își are originea în interiorul lui — îi apare ca fiind în lumea exterioară. Cu alte cuvinte, este nevoie de o legătură puternică cu inconștientul și de o înțelegere a acestuia pentru ca un om să își dea seama că originea experiențelor sale mitologice sau spirituale este în el însuși și că orice formă ar putea lua aceste experiențe nu vine din exteriorul său.

Folosind Diagrama 9, pe care tocmai am discutat-o, putem explica procesul de analiză. Analistul se apropie de pacient prin persona. Există anumite formalități de salut și un schimb de formule de politețe între cei doi. Astfel se ajunge la poarta conștientului. Apoi conținuturile conștiente sunt examinate cu atenție și astfel ajungem la inconștientul personal. Ajuns aici, terapeutul deseori se miră de faptul că multe din conținuturile de aici nu sunt conștiente, deoarece unui observator din afară îi par evidente. După cum am povestit mai înainte, la nivelul inconștientului personal se încheie analiza freudiană. Când închei analiza inconștientului personal te desprinzi de influențele cauzale ale trecutului. Acum trebuie să treci la partea de reconstrucție, iar inconștientul colectiv va vorbi în imagini și astfel va începe procesul de conștientizare a obiectelor inconștientului. Dacă reușești să treci de acest zid despărțitor construit de inconștientul personal, umbra se va unifica cu Eul și individul va deveni un mediator între două lumi. Acum se poate privi atât din „partea cealaltă", cât și din „partea aceasta". Acum nu este conștientizarea sinelui umbră,[255] deși trebuie să avem la dispoziție și imaginile inconștientului. Astfel că animus sau anima se manifestă acum, iar anima va aduce cu ea figura bătrânului înțelept. Toate aceste figuri vor fi proiectate în

---

255 Textul pare trunchiat. Poate „suficientă".

lumea exterioară, a conștiinței, iar obiectele din inconștient vor căpăta un corespondent în obiecte din exterior, astfel că cele din urmă, obiectele din realitate, vor dobândi un caracter mitologic. Acest fapt înseamnă o uriașă îmbogățire a vieții.

•

Deseori am fost întrebat despre structura „geologică“ a personalității, astfel că am încercat să o reprezint cumva. Diagrama 10 prezintă indivizii dezvoltându-se dintr-un strat comun, precum crestele munților ieșind din mare. Prima legătură dintre anumiți indivizi este cea a familiei, apoi urmează clanul, care unește mai multe familii, iar apoi o națiune, care

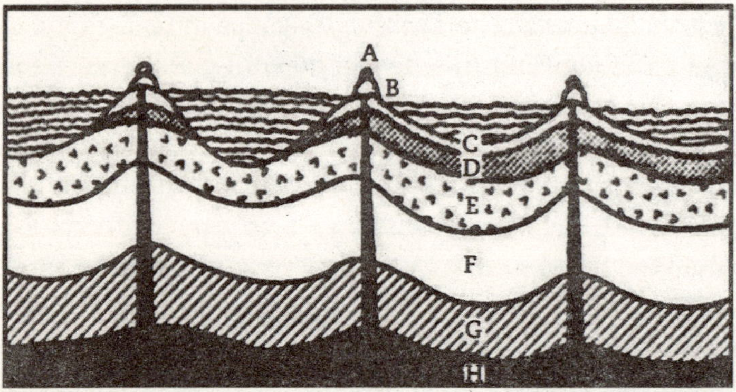

A = indivizi
B = familii
C = clanuri
D = națiuni
E = grupuri mari (omul european, de exemplu)
F = strămoșii noștri
G = strămoșii de regn animal în general

Diagrama 10

unește un grup și mai mare. În continuare putem vedea un grup mai mare de națiuni conectate, cum sunt cele pe care le putem include sub numele de „om european“. Coborând mai mult, am ajunge la ceea ce putem numi grupul maimuțelor sau al strămoșilor primate, iar după acesta am ajunge la stratul animal în general și, în cele din urmă, la focul din centru, cu care suntem încă în legătură, așa cum arată și diagrama.[256]

ANEXĂ LA PRELEGEREA A XVI-A

Se pare că au fost neînțelegeri semnificative cu privire la ceea ce am spus despre relația subiectului cu obiectul din exterior, precum și despre relația subiectului cu lumea imaginilor din inconștient. În materialul adițional prelegerii ținute sper că am putut să clarific aceste puncte, însă cum sunt de o importanță deosebită, merită să aprofundăm problema chiar dacă ne poate duce cumva foarte departe. Să privim chestiunea din perspectivă istorică, pentru a face mai multă lumină în privința relației subiectului cu obiectul exterior. Aceasta este o temă pe care filosofii au dezbătut-o încă din vechime. Principiul *esse in re* era punctul de vedere al lumii antice. Tot ceea ce percepem în afara noastră este atât de „în afară“ încât nu are cum să fie determinat de modul în care noi percepem. Este ca și cum ar fi raze care emană din ochii noștri luminând obiectul și făcându-l vizibil pentru noi, atât de puțin ia în considerare această perspectivă latura subiectivă a actului de a privi. Aceasta este și părerea omului fără educație din prezent.

---

256 *Notă de subsol din transcriere*: Cum au luat naștere mai multe neînțelegeri cu privire la această prelegere, dr. Jung a adăugat notițelor material adițional, precum și anexa următoare.

Această concepție a fost urmată de *esse in intellectu solo*, adică ceea ce vedem este o imagine din mintea noastră și nimic altceva. Nu se dă un răspuns la întrebarea dacă sunt lucruri și dincolo de minte. Aceasta conduce la solipsism și face din lume o enormă iluzie.

Concepția noastră este de *esse in anima*.[257] Acest principiu recunoaște obiectivitatea lumii din afara noastră, însă afirmă faptul că percepem din această lume imaginea care se formează în mintea noastră. Niciodată nu vedem obiectul așa cum este, ci o imagine pe care o proiectăm pe obiect. Știm cu siguranță că această imagine doar seamănă și nu este identică cu lucrurile obiective. Este incontestabil faptul că sunetul constă în unde, însă doar când undele ating o anumită frecvență, de exemplu de aproximativ șaisprezece pe secundă, le percepem ca sunete. Când frecvența este de șaisprezece sau mai rapidă, nu percepem undele, însă auzim un sunet. Sub această frecvență nu percepem niciun sunet, însă simțim aerul care se mișcă la nivelul pielii. Același lucru este valabil și pentru lumină, care are are proprietate de undă când este examinată cu aparate specializate, însă ochii noștri nu o percep deloc așa. Acestea arată cât de mult lumea, așa cum o percepem, este o imagine subiectivă, adică o imagine din interiorul nostru. Însă, în același timp, această imagine se află în legătură, o legătură indispensabilă, cu ceva de sine stătător, a cărui natură nu este dependentă de simțurile noastre și pe care ne este imposibil să o percepem. Orice percepem este o imagine în psihicul nostru. În acest sens chiar și realitatea

---

257 În 1921, Jung a scris: „Ce este în definitiv ideea, dacă psihicul nu îi mijlocește o valoare vie? Și ce este lucrul obiectiv, dacă psihicul îi retrage forța ce condiționează impresia senzorială? Ce este realitatea, dacă ea nu există în noi înșine, dacă nu *esse in anima*? Realitatea vie nu este dată în chip exclusiv nici prin atitudinea obiectivă, reală a lucrurilor, nici prin formula ideii, ci doar prin îmbinarea amândurora în procesul psihologic viu, prin *esse in anima*" (*Tipuri psihologice*, OC vol. 6, par. 77).

din exterior este doar în mintea noastră, însă doar în acest sens. Trebuie să evităm pe cât posibil să vorbim despre lume ca fiind constituită din imagini subiective, ca nu cumva să trasmitem impresia că susținem un idealism transcedental, ceea ce de fapt înseamnă *esse in intellectu solo.*

Concepția *esse in anima* recunoaște natura subiectivă a modului în care percepem lumea, iar în același timp are mereu la bază premisa conform căreia imaginea subiectivă reprezintă legătura necesară dintre ființa individuală, sau conștiința individuală, și obiectul străin necunoscut. Chiar sunt de părere că imaginea subiectivă este prima manifestare a funcției transcendente, care rezultă din tensiunea ce ia naștere între conștiința individuală și obiectul necunoscut.

Tot ceea ce am spus despre imaginea așa-zisei realități exterioare este valabil și pentru imaginile inconștientului colectiv: anume faptul că acestea reflectă influențele obiectelor existente în realitate și reprezintă reacțiile psihice la acestea, singura diferență dintre imaginea realității exterioare și arhetip constând în faptul că prima este conștientă, iar cealaltă inconștientă. De asemenea, arhetipul apare și în așa-zisa lume exterioară, dacă nu este „scos la lumină" în noi înșine printr-o tehnică analitică. Însă puteți aplica aceleași metode analitice și imaginii din exterior și veți observa cât de subiectivă este.

Mai există o altă diferență între imaginile realității exterioare și arhetipuri. Imaginile lumii din exterior formează conținutul memoriei noastre conștiente și al reminiscențelor artificiale — de exemplu cărți, documente etc. — în timp ce arhetipurile reprezintă înregistrări ale reacțiilor noastre la imagini subiective generate de simțuri. La nivelul memoriei noastre conștiente înregistrăm lucrurile în mod subiectiv, ca amintiri ale întâmplărilor reale, iar în inconștient înregistrăm reacțiile subiective față de percepția avută în plan conștient asupra întâmplărilor. Ipoteza mea este că și aceste reacții subiective se pot afla pe mai multe niveluri, reacții ale reacțiilor, și că ele alcătuiesc o stratificare a psihicului.

Să luăm un exemplu: faptul că religia creștină a dăinuit de-a lungul timpului a lăsat cu siguranță o reacție la nivelul inconștientului nostru; să o numim reacția *b*. Aceasta este o repercusiune a unei reacții pe care o putem numi *a*, care reprezintă relația noastră conștientă cu creștinismul de-a lungul timpurilor. Repercusiunea reacției conștiente, *b*, este cea care ajunge în straturile inconștiente și se manifestă în psihicul nostru ca arhetip.

Reacția b este modelată pe baza unui arhetip existent, care doar este transformat și reconfigurat de noua informație (b). Sau să luăm un alt exemplu: cel mai constant lucru care există în natură sunt răsăritul și apusul soarelui. Conștiința noastră păstrează amintirea realității acestui fenomen, însă inconștientul nostru a înregistrat nenumăratele răsărituri și apusuri sub forma unui mit al eroului. Mitul eroului este expresia modului în care inconștientul nostru a reacționat față de imaginea conștientă a răsăritului și apusului. Așa cum reacția *a* formează imaginea lumii exterioare, reacția *b* formează inconștientul colectiv, ce poate fi descris ca fiind un fel de fata morgana sau lume reflectată.

Însă am devaloriza inconștientul colectiv dacă i-am acorda doar o importanță secundară. Un alt mod de a vedea lucrurile, care ne permite să considerăm inconștientul colectiv ca fiind un fenomen primar, ceva *sui generis*, este următorul: dacă presupunem faptul că în spatele imaginii noastre despre lumea exterioară este o entitate absolută, în mod necesar trebuie să presupunem că și în spatele subiectului care percepe este o entitate. Când luăm în considerare această concluzie trebuie să afirmăm faptul că inconștientul colectiv este reacția *a*, prima reacție sau prima imagine a lumii, iar conștiința este cea secundară.

„SHE"[258]

La întâlnirea anterioară a grupului, dl Radin a prezentat povestea lui *She* și o descriere a personajelor implicate. Analiza a fost amânată până la următoarea întâlnire, care este prezentată aici.

Dr. Harding, care a prezentat analiza, a transmis hotărârea comisiei, și anume aceea de a aborda cartea ca și cum ar reprezenta conținutul unei anamneze să considere personajul Holly ca fiind partea conștientă a lui Haggard și să îl analizeze pe Holly prin intermediul materialului din povestire. S-a realizat o analiză foarte amănunțită, din care ceea ce urmează reprezintă doar un rezumat.

Holly a ajuns la momentul când ar fi trebuit să se dedice vieții academice. Adică, este pe punctul de a se lăsa pradă polului intelectual. Tocmai atunci apare chemarea inconștientului. Toate celelalte laturi ale vieții lui, la care renunțase, se mobilizează într-o ultimă încercare de a-i atrage atenția. Bătaia în ușă, această agitație din inconștient, i-a adus un mister ce nu putea fi atins atunci, precum și ceva viu, Leo, ceea ce îl obligă către o altă atitudine față de viață. Elementul misterios stă în stare latentă timp de douăzeci de ani, după care se revitalizează. Cutia este deschisă. Holly acceptă să țină cont de conținuturile inconștientului său și le parcurge strat după strat, până când ajunge la relicva de ceramică și la scarabeu. Cutia dezvăluie problema lui Holly așa cum a fost trăită de-a lungul timpurilor, conflictul dintre moralitatea convențională și ceea ce înseamnă cu adevărat viața.

Holly și Leo, partea tânără a lui Holly, străduindu-se din răsputeri să își manifeste existența, pornesc în căutarea ținutului Kor — ceea ce înseamnă că Holly va merge și mai

---

258 Pentru responsabilii prezentărilor, vezi prelegerea a XV-a (o săptămână mai devreme).

în profunzime în inconștient până va găsi figura animei, „Ea“, cea care domnește peste toate lucrurile pe care le-a negat în el însuși. Când, în cele din urmă, o găsește și o iubește pe „Ea“, Holly este pe punctul de a înnebuni. Se gândește la posibilitatea de a-și aduce simbolul din inconștient în lumea exterioară — poate să o ducă pe „Ea“ în Anglia?

Nenumăratele peripeții trăite în ținutul Kor, toate reprezentând evenimente importante din drumul dezvoltării psihice a lui Holly, culminează cu marea probă a arderii în flăcări. Holly și Leo decid cu înțelepciune să nu își asume riscul. Holly nu este pregătit pentru schimbarea fundamentală de atitudine ce i se cere. Însă nu mai poate fi niciodată individul banal de la început, deoarece a descoperit în el ceva legat de sensul profund al vieții.

•

Dr. Jung: Aș dori să mulțumesc comisiei și dr.-ului Harding pentru prezentarea romanului *She*. Au extras niște semnificații splendide și mi-a făcut o deosebită plăcere să ascult rezumatul lor.

Acum aș dori să fac câteva critici. De ce v-ați gândit că Holly este eroul? În orice caz, pot fi și alte perspective cu privire la aceasta. Cred că autorul a intenționat fără urmă de îndoială ca Leo să fie eroul. Acest lucru se observă foarte clar în volumul al doilea, în care Leo, acum cu o personalitate mult mai matură, este personajul principal. Desigur, apare întrebarea dacă autorul a reușit în intenția sa în volumul pe care îl discutăm sau este doar punctul lui de vedere, iar faptul că dr. Harding l-a identificat pe Holly ca fiind eroul poate sugera că Haggard nu a reușit în demersul său.

Dr. Harding: Nu se pune problema dacă Leo este eroul povestirii sau eroul psihologic?

Dr. Jung: Desigur că totul este imaginația lui Haggard și, în măsura în care probabil Haggard seamănă mai mult cu Holly decât cu Leo, se poate spune că Holly este eroul. Cu toate acestea, el încearcă să îl facă pe Leo eroul povestirii. Pentru că în realitate Haggard este prea mult ca Holly, Leo rămâne o figură din umbră, mai puțin dezvoltată. Cu alte cuvinte, el nu l-a trăit pe Leo.

Din păcate, ediția Tauchnitz[259] a romanului *She* nu conține un poem care apare în ediția în limba engleză și care ne oferă cu adevărat un indiciu cu privire la legătura dintre Haggard și poveste. În acest poem dedicat „Ei", el spune că „Ea" nu sălășluiește în ținutul Kor sau în grotele de acolo, și în niciun alt loc misterios, ci în inima în care se află mormântul iubirii pierdute. Aceasta ne indică semnificația pe care el a dorit să o dea romanului *She*. Este o poveste de dragoste, am putea spune propria lui povestea lui de dragoste, dar nu este relatată din perspectiva conștiinței, ci din perspectiva inconștientului, ca un răsunet față de o experiență trăită la nivel conștient, oricare a fost aceasta. Desigur, aceasta este o trăsătură caracteristică scriitorului introvertit. Astfel că romanul *She* este valoros pentru noi pentru că scoate la iveală aceste reacții inconștiente. În mod evident autorul a trăit o poveste de dragoste deosebită care nu s-a încheiat așa cum și-ar fi dorit. L-a lăsat cu tema din roman și aceeași problemă îl urmărește în majoritatea operelor sale. Poate că i s-a întâmplat când se afla în Africa.[260]

Putem să îi considerăm atât pe Holly, cât și pe Leo ca fiind figuri din inconștient, reprezentând aspecte diferite ale

---

259 „Collection of British and American Authors", publicată în engleză de o firmă germană comercială ce-și desfășura activitatea pe continent, și ale cărei produse nu puteau intra în America sau Anglia.

260 Sir Henry Rider Haggard (1856–1925) a fost detașat în Africa de Sud în perioada 1875–1880, ca asistent al guvernatorului coloniei Natal. După aceea, s-a întors în Anglia și s-a căsătorit cu o moștenitoare engleză. Romanele sale romantice i-au adus popularitate.

personalității lui Haggard. Când l-ați văzut pe Holly ca erou nu ați fost departe de o semnificație a cărții, după cum am spus, dat fiind că Haggard s-a identificat cu Holly. El, asemenea lui Holly, nu și-a dat seama de importanța poveștii sale de dragoste. Când are loc un astfel de lucru, când o persoană trăiește o anumită experiență emoțională și refuză să o ia în seamă, are loc o acumulare a materialului în inconștient. În mod evident asta s-a întâmplat cu Haggard.

Acum aș dori să discut câteva detalii. De ce oare acest conținut vechi apare la suprafață?

Dna Corrie: Iese din inconștientul colectiv.

Dr. Jung: Da, dar de ce apare?

Dna Corrie: Mai devreme sau mai târziu este ceva ce se întâmplă în cazul introvertiților.

Dr. Jung: Nu neapărat.

Dl Schmitz: Romanul *She* nu poate fi înțeles ca o revoltă a lui Haggard față de toată perioada victoriană și mai ales față de femeia de atunci? Rider Haggard a călătorit foarte mult în țări străine și era în măsură să răstoarne concepțiile ridicole din Anglia despre femeia tipică și să observe faptul că orice femeie are ceva din „Ea".

Dr. Jung: O parte din ceea ce spuneți ne aduce la miezul problemei. Anume dacă Rider Haggard nu ar fi călătorit în țări primitive, inconștientul colectiv nu s-ar fi activat așa cum s-a întâmplat. Nu ar fi avut o reacție așa de puternică. Desigur, există și o altă modalitate prin care inconștientul colectiv poate fi puternic stimulat. Dacă un om a trăit un episod psihotic e ca și cum în inconștientul lui s-a format o gaură, ca să zicem așa, și mereu există posibilitatea ca aspectul colectiv să iasă pe acolo. Însă nu era situația lui Haggard, inconștientul său s-a însuflețit prin contactul cu viața primitivă din jurul lui. Într-adevăr, este foarte interesant să observăm efectul pe care viața în țări primitive îl are asupra oamenilor civilizați care ajung acolo. Se spune despre mulți funcționari care se reîntorc din India în Anglia că vin acasă cu creierul prăjit. Însă, desigur că nu are nimic de-a face cu clima de acolo. Dorința lor de viață s-a pierdut în acel mediu străin. Acești oameni încearcă să trăiască conform valorilor cu care au fost educați într-o țară în care totul este așezat la polul opus, iar efortul acesta îi distruge.

Am avut mai multe cazuri ale unor bărbați care s-au întors din colonii după relații lungi cu femei băștinașe. Nu mai puteau iubi femei europene după o astfel de experiență. Vin cu tot soiul de simptome, indigestie etc., însă în realitate femeile băștinașe au cauzat această rupere de ei înșiși. Un primitiv ar spune că și-au pierdut sufletul. Într-o carte altminteri foarte modestă a lui Algernon Blackwood, este o poveste foarte bună, care ilustrează această situație. Cartea se numește *Incredible Adventures*,[261] iar povestea „Descent into Egypt". Sufletul bărbatului dispare treptat, nu mai există ca european.

Acesta este motivul pentru care inconștientul colectiv irupe puternic în conștiință la Rider Haggard. Faptul că relația sa de iubire are loc în contextul contactului său cu primitivitatea o complică. Însă cum poate fi complicată chestiunea legată de iubire de viața sa în Africa?

Dl Schmitz: Poate că „Ea" este la polul opus față de femeile portretizate de Dickens. E ca și cum ea poate fi înțeleasă ca o îndeplinire a dorinței. Desigur că nu și-ar dori o femeie ca „Ea", totuși înțelege că ea este necesară într-o anumită măsură, și anume faptul că o femeie trebuie să aibă o latură primitivă pentru a fi întreagă, la fel ca și în cazul bărbatului.

---

261 Londra, 1914. Blackwood (1869–1951) a scris multe povestiri scurte pe tema supranaturalului. Lucrările sale au fost comparate cu cele ale lui Gustav Meyrink.

Dr. Jung: Însă, dacă ar fi știut cum ar trebui să fie o femeie, asta l-ar fi ajutat.

Dl Schmitz: Nu îi era foarte clar lucrul acesta, astfel că inconștientul a dat formă acestei dorințe.

Dr. Jung: Tocmai din nesiguranța cu privire la acest lucru din inconștientul lui a luat naștere romanul. Însă de ce un bărbat în Africa ar fi mai puțin capabil să facă față unei chestiuni de dragoste?

Dl Robertson: Oare pentru că viața în Africa îl face să îi fie greu să își abordeze sentimentele în conformitate cu felul său de viață anterior?

Dr. Jung: Da, dacă nu privești situația într-un mod anume, problema poate fi pusă în termenii aceștia. Adică, atitudinea bărbatului față de tema iubirii se schimbă și devine cu adevărat o problemă înspăimântătoare pentru el.

Dl Bacon: Problema nu constă oare în faptul că el proiectează o anima primitivă pe o femeie care nu este primitivă?

Dr. Jung: Da, exact despre asta este vorba, iar atunci când se întâmplă acest lucru, femeia care nu este primitivă devine de-a dreptul isterică drept reacție la această proiecție.

Toată chestiunea legată de proiecția animei este o temă cât se poate de dificilă. Dacă un bărbat nu își poate proiecta anima, el este blocat în relația cu femeile. Este adevărat că poate avea o căsnicie onorabilă până la sfârșit, însă nu are acea scânteie de viață. El nu își trăiește pe deplin viața.

Revenind acum la poveste: ce credeți că simbolizează tatăl lui Leo?

Dr. Harding: În afară de a-l considera ca fiind unul dintre eroii din trecut, nu am încercat să analizăm.

Dr. Jung: Cu siguranță nu este un personaj cu trăsături puternice, de fapt el moare când începe povestea. Însă tocmai acest lucru este important pentru că noi știm că este necesar din punct de vedere psihologic ca tatăl să dispară când apare eroul, altfel dezvoltarea eroului este semnificativ îngreunată. Menționez acest lucru pentru că este de o mare importanță în religia egipteană, în jurul căreia se desfășoară povestea lui Haggard. Din acest motiv Osiris se transformă în spirit, stăpân al morților, iar fiul său, Horus, devine soarele care răsare. Este o temă eternă.

Dl Schmitz: Un excelent exemplu cu privire la nevoia fiului ca tatăl să nu-i stea în cale pentru a putea deveni el însuși se poate vedea în cazul lui Frederic cel Mare, care a fost foarte efeminat până în ziua morții tatălui său. De asemenea, Kubin[262] a început să scrie abia după ce tatăl lui a murit.

Dr. Jung: Este cu adevărat un moment crucial în viața unui bărbat. Adesea, în loc să se simtă eliberat pentru tot restul vieții de moartea tatălui, fiul devine nevrotic. Mitologia ține seama de faptul că este un moment critic. De fapt, toate marile momente ale vieții au fost reprezentate în mitologie deoarece aceasta ne prezintă rezolvarea pe care umanitatea a găsit-o la problemele sale.

Sunt de părere că ați interpretat corect semnificația cutiei. Faptul că există o cutie într-o alta sugerează un proces regresiv.

Ajungând la iubirea lui Kallicrates,[263] descoperim că întreaga poveste este prevestită din cele mai vechi timpuri. De ce este așa?

Dr. Bertine: Pentru că nu este o poveste individuală, ci repetă o temă arhetipală.

Dr. Jung: Într-adevăr. Este un adevăr etern. Ne spune că bărbatul trebuie să trăiască mereu această experiență. Aceasta

---

[262] Artistul expresionist și scriitorul Alfred Kubin a fost căsătorit cu sora lui Schmitz. Jung citează romanul acestuia *Die andere Seite* (1909) ca fiind „un exemplu clasic de percepție directă a proceselor inconștiente“ (*Jung: Letters*, vol. 1, p. 104: 19 noiembrie 1932).

[263] Kallicrates: un personaj din romanul *She*, nu arhitectul grec din sec. al V-lea î.H.

este o altă cauză a apariției în conștiință a conținutului din inconștient. Însă ce arhetip este revitalizat?

Este mitul lui Osiris, Isis și Nephthys. Mitul povestește cum Osiris se afla în pântecul mamei lui, Nut, împreună cu Isis, regina zilei, și Nephthys, regina nopții. În pântec s-a împreunat cu surorile lui. Aici este prezent un motiv recurent, conflictul dintre cele două pentru dragostea eroului. Prin urmare avem conflictul dintre „Ea“ și Amenartis. În romanul *Return of the She*[264] conflictul reapare, de data aceasta între „Ea“ și regina Tartarului, care vrea să se căsătorească cu Leo. Din nou este conflictul dintre zi și noapte, însă de data aceasta „Ea“ o întruchipează pe Isis, iar cealaltă pe Nephthys. Acesta este arhetipul pe care Africa l-a trezit în Haggard. El era un bărbat cât de poate de „respectabil“, iar căsnicia lui a fost fără îndoială una foarte convențională, însă putem înțelege din roman că cel mai probabil iubea o altă femeie.

Cine este Leo pentru autor? Holly este destul de bătrân, a ajuns la vârsta înțelepciunii, la care este prea în vârstă pentru a-și asuma riscurile pe care le implică situația. Drept urmare, autorul creează un personaj tânăr, Leo. Acesta abia dacă este mai mult decât un tânăr nechibzuit, însă este și un adevărat gentleman. Prin tinerețea sa, compensează figura bătrânului Holly și îi permite acestuia să fie prudent în ceea ce face. Mereu Leo este cel care își asumă riscuri, chiar până în punctul de a fi ucis de flăcări.

Știți care este semnificația aruncării în flăcări?

Dr. Schmitz: Mă gândesc că înseamnă focul pasiunii care preia conducerea.

Dr. Jung: Și ce înseamnă acest lucru? Nebunie completă, cum se zice în popor. Nu prea am văzut pe cineva care să nu aibă reacția aceasta față de inconștientul colectiv. Inițial

---

[264] Haggard, *Ayesha, or the Return of She* (1895).

trecutul pare lipsit de viață, însă pe măsură ce ne apropiem de el ne ia în posesie. Să luăm ca exemplu o casă veche. Cineva poate fi foarte încântat la început de vechimea ei, iar apoi, treptat, se acumulează o atmosferă de mister în jurul ei și înainte de a ne da seama ne confruntăm cu „fantome". Ceva legat de casă a activat inconștientul din noi. Dați-i o cantitate mică de libido, iar inconștientul colectiv începe să exercite o enormă putere de fascinație asupra noastră. Un alt exemplu, priviți influența istoriei asupra minții noastre.

Dl Radin: Destinul lui Walter Scott este exemplificativ pentru trecutul care pune stăpânire peste adaptarea conștientă a omului, pentru că, atunci când s-a mutat în Abbotsford și a început să trăiască în istorie, ca să spunem așa, și-a pierdut toți banii și capacitatea de a-și controla viața.[265]

Dra Corrie: „Ea" a spus că regatul ei era al imaginației.

Dr. Jung: Da, când te predai imaginației, de fapt ești pierdut pentru lumea aceasta. Curând nu mai poți să te înțelegi pe tine însuți, iar atunci calea către spitalul de nebuni este sigură. De aceea, când inconștientul colectiv este aproape de suprafață, este necesar ca cineva să găsească o formă de a-l exprima astfel încât să poată crea o punte cu realitatea. Altfel nu se mai poate ancora de nimic, iar individul cade pradă forțelor descătușate. Când oamenii se pierd în inconștientul colectiv, iar tu le poți oferi o modalitate prin care ei pot da formă gândurilor lor, pot reveni la starea de sănătate psihică din nou.

Acolo, în inconștientul colectiv, este pericolul de a fi prins de conținutul primitiv. Straturile primitive sunt atât de dense încât te pot copleși foarte ușor.

Cred că ați interpretat corect semnificația lui Job — omul obișnuit, corect, care se pierde ușor. Aceasta echivalează cu

---

265 Scott a achiziționat proprietatea Abbotsford în 1811. A publicat primul roman din seria Waverley în 1814 și a falimentat financiar în 1826.

a spune că Holly nu va mai putea avea același statut distins ca și înainte. Pentru a contrabalansa moartea lui Job, Leo primește mantia „Ei“. Leo capătă consistență, primește ceva de la „Ea“ doar după ce Holly renunță la atitudinea lui convențională, la Job.

Nu ați spus nimic despre Ustane.

Dr. Harding: Erau deja prea multe de spus și ea ni s-a părut mai puțin importantă.

Dr. Jung: Da, în poveste a și murit.

Consider că i-ați identificat corect pe Noot, Billali și Holly, ca imagini ale bătrânului înțelept. Holly este cel mai uman dintre ei. Haggard are tendința de a se identifica el însuși cu bătrânul înțelept prin intermediul lui Holly, însă în acest personaj manifestă mai degrabă pedanterie decât înțelepciune autentică. Este specific lui Holly să fi explorat mormintele, pe când Leo era pe punctul de a muri.

Ați menționat un pasaj despre un unicorn și o gâscă. Unde era?

Dr. Harding: Nu, nu era vorba despre un unicorn, ci despre o gâscă ce a fost împușcată după lupta dintre Leu și Crocodil. Gâsca avea un pinten pe cap și am spus că poate fi asemănată cu unicornul.

Dr. Jung: În mod sigur, uciderea gâștei are aceeași semnificație ca în povestea Graalului, după cum ați menționat. Este un semn sau o prevestire a unor lucruri care se vor întâmpla. Oamenii din vechime credeau că întâmplările ce urmează să aibă loc pot fi simțite înainte de a se întâmpla. Aici avem un animal ucis, de fapt un animal mitologic — un instinct. Când acesta este ucis, cineva va deveni mai conștient. În povestea lui Parsifal,[266] acesta, eroul inconștient, devine conștient

---

266 Parsifal sau Parzifal, eroul căutării Graalului din legenda arturiană, îi era cunoscut lui Jung din poemul lui Wolfram von Eschenbach și opera lui Wagner, ambele fiind citate anterior. (Jung a făcut referire la Parsifal într-o

împușcând lebăda. În romanul *She*, eroii devin conștienți de evenimentele neobișnuite pe care urmează să le trăiască. O pasăre este un animal simbol al minții, astfel că inconștiența se află la nivelul minții.

Aș dori să mai spun încă ceva despre tema nemuririi. Este profund legată de problema animei. Prin intermediul relației cu anima cineva poate dobândi o conștiință mai bogată. Anima ne conduce spre realizarea sinelui, ca totalitate a funcțiilor conștiente și inconștiente. Această realizare aduce cu sine o recunoaștere atât a elementelor moștenite, cât și a celor noi care alcătuiesc sinele. Altfel spus, odată ce reușim să înțelegem atât sensul conștiinței, cât și al inconștientului, devenim conștienți de viețile tuturor strămoșilor care au contribuit la propria noastră viață.

Atunci veți conștientiza nu numai stadiile umane anterioare din voi, ci și pe cele animale. Conștientizarea existenței inconștientului colectiv în fiecare ne dă o înțelepciune cu privire la capacitatea de reînnoire a vieții la nesfârșit. Vine din zorii întunecați ai lumii și continuă. Astfel că, atunci când trăim o realizare completă a sinelui, simțim și acea stare de nemurire. Chiar și în analiză poate apărea un astfel de moment. Este scopul procesului de individuație să conștientizăm continuitatea propriei vieți de-a lungul veacurilor. Ne dă sentimentul eternității pe acest pământ.

---

scrisoare către Freud, 117J, decembrie 1908, iar Graalul a fost menționat în *Wandlungen und Symbole*, 1912; cf. *Psihologia inconștientului*, cap. 6, și OC vol. 5, par. 150. Cf. de asemenea în *Tipuri*, OC vol. 6, par. 371). Pare că Emma Jung a început studiul legendei Graalului în anul în care a avut loc acest seminar: cf. Marie-Louise von Franz, în introducerea lucrării neterminate de dna Jung până la moartea sa, în 1955, și completată de von Franz, *The Grail Legend* (orig. 1960; trad. Andrea Dykes, New York și Londra, 1971). Din spusele lui von Franz, Jung nu a întreprins niciun studiu cu privire la legătura dintre Graal și alchimie din considerație pentru preocuparea soției lui. Parsifal este menționat în *Liber Novus* (p.302).

După cum dr. Harding a subliniat, acești bărbați nu sunt pregătiți pentru proba focului. Întreaga semnificație a „Ei" încă nu a fost integrată. Au încă de îndeplinit această sarcină, iar pentru aceasta trebuie să intre din nou în legătură cu inconștientul.

„THE EVIL VINEYARD"

Dr. Mann a expus prezentarea comisiei pe tema operei *The Evil Vineyard*. În continuare va fi redat doar rezumatul său cu privire la aspectele psihologice ale povestirii. Pornind de la evenimentele descrise, povestea ne vorbește despre o căsnicie în care nu a existat o relație autentică. Fata, având refulată instinctualitatea feminină, se căsătorește cu Latimer deoarece el este reprezentativ pentru lumea intelectuală care a fascinat-o în întregime. Ea nu îl iubește, ba chiar se teme de el. Latimer, cu douăzeci de ani mai în vârstă, caută ca prin ea să își retrăiască tinerețea; în loc de afectivitate, vine către ea doar cu sexualitate. Este descris caracterul straniu a ceea ce el trăiește pe măsură ce căsnicia sa, care se îndreaptă către un punct culminant de tensiune, îl aruncă într-o nevroză în care trebuie să retrăiască toate ticăloșiile unui celebru aventurier italian.

Deoarece el reprezintă inconștientul ei proiectat, pe scurt o imagine a animusului pentru ea, Mary nu se poate desprinde de el până când nu reușește să iubească cu adevărat un alt bărbat.

Privită simbolic, povestea este despre o femeie care cedează în fața aspectului negativ al animusului, pentru ca în final să fie salvată de apariția laturii pozitive. În toate privințele, personajul Mary a fost văzut ca o proiecție a identității autoarei.

Dr. Jung a fost de părere că membrii comisiei nu au reușit să înțeleagă semnificația psihologică mai profundă a cărții, iar motivul pentru care nu au reușit acest lucru a fost presupunerea lor cu privire la Latimer, faptul că nu era normal atunci când a întâlnit-o pe Mary. Dr. Jung a considerat că nu sunt suficiente argumente pentru a lua în considerare acest punct de vedere, iar a privi povestea astfel a limitat foarte mult înțelegerea ei. Trebuie privită la un nivel mult mai profund.

Dr. Jung: Aș dori să aud părerile bărbaților din comisie. Dl Bacon?

Dl Bacon: Eu am considerat că, dacă aș fi înțeles corect simbolurile, lucru pentru care nu m-am simțit pregătit, aș fi putut afla ceva foarte interesant despre autoare. M-am gândit că probabil trăise niște experiențe negative, iar cartea era o oglindă a conflictelor sale personale.

Dr. Jung: Cred că ar fi o greșeală să considerăm cartea a fi mai degrabă o poveste despre autoare. Nu știm cu adevărat cât din poveste este din motivele interioare ale autoarei sau cât de mult a preluat din legenda despre Casa di Ferro.[267] Se pare că ea ar fi trăit în Elveția și ar fi știut multe despre viața de aici. În cazul în care ar fi preluat subiectul de-a gata, nu ar fi corect să spunem că este simptomatic. Astfel că putem respinge presupunerile cu privire la conflictul interior al autoarei. Era mai probabil să privim romanul *She* din acest punct de vedere, însă aici legăturile sunt mai puțin cunoscute. Ar fi mai indicat să abordăm această poveste din perspectiva protagoniștilor, așa cum dr. Harding a procedat cu Holly. Așadar, voi analiza prima dată din perspectiva fetei, iar apoi dintr-a lui Latimer. Privită din cele două puncte de vedere, pot reieși elemente

---

267 Castello di Ferro (Castelul de fier), cum este de obicei denumit, din secolul al XV-lea, se află în Minusio, în împrejurimile orașului Locarno, pe malul lacului Maggiore. Cf. *Kunstdenkmaler der Schweiz*, vol. 73 (Basel, 1983), p. 219.

foarte diferite. Nu știu vreo carte în care să putem stabili o relație clară între autoare și figura animusului. Însă aici este prezentat un aspect important al relației. Putem deduce că scriitoarea a proiectat psihologia feminității în eroină, iar de aici putem încerca să reconstituim ceea ce femeia a trăit, precum și dezvoltarea animusului.

Dr. Mann, sunteți de părere că Latimer este adecvat ca imagine a animusului?

Dr. Mann: Da, deoarece este o imagine de putere.

Dr. Jung: Cred că este mai corect să spunem că a devenit o imagine de putere. Inițial apare ca un bărbat erudit care ei îi pare ca fiind un izvor de înțelepciune, un bărbat repezentând înțelepciunea însăși. Animusul nu este neapărat o figură a puterii. Anima, pe de altă parte, de obicei este o astfel de figură. Ea apare în acest fel încă de la început.

Însă reacția unei femei în contact cu înțelepciunea nu este neapărat o reacție de putere, așa cum pare că ați prezentat-o. Este chiar o dorință îndreptățită. Cred că autoarea a încercat să prezinte aici o fată care era înfometată în plan spiritual și care s-a îndreptat în mod justificat către un bărbat mai în vârstă. Desigur că oamenii mereu iau o astfel de situație și o transformă într-o poveste de dragoste, neadmițând faptul că o fată se poate duce către un bărbat și pentru altceva decât iubire. Când un astfel de lucru i se întâmplă în realitate unui bărbat, este foarte probabil ca el să facă presupuneri greșite. În mod evident sunt mai multe situații în care presupunerea este corectă decât cele în care este greșită, însă, cu toate acestea, trebuie să admitem faptul că sunt destule situații importante în care o fată să își dorească să învețe. Cred că și Mary căuta cunoaștere de la Latimer.

Apoi începe situația tragică. El nu bănuiește că ea dorește cunoaștere, crede că îl dorește ca bărbat și că doar se preface că este interesată, pentru a-l seduce. Acesta este conflictul tragic. El nu vede că ea este cu adevărat interesată și astfel îi întinde o capcană. Apoi vine greșeala ei. Ea nu este conștientă de instinctualitatea ei și nu îl iubește deloc. Este datoria ei să îi spună că el s-a înșelat, însă acceptă căsătoria și nu îi spune niciodată că nu îl iubește.

Pentru că nu a ținut seama de instinctele ei, acestea încep să crească în intensitate în inconștient. Apoi animusul începe să acționeze și, din acest moment, dă o turnură negativă manifestărilor ei inconștiente. Înainte ea era bine, și-a proiectat animusul în Latimer imediat ce l-a văzut. A fost ceva ce pur și simplu s-a întâmplat, iar dacă situația ar fi fost conștientizată s-ar fi putut încheia cu bine. Însă atitudinea lui față de fată era complet greșită pentru că era orb. Nu a conștientizat felul în care ea îl vedea de fapt și a presupus greșit că ea căuta în el un iubit. Un bărbat care este perfect conștient de propriile sale instincte nu ar trebui să facă o astfel de greșeală, însă este clar că el era un bărbat intelectual care trăia în mintea sa, cu o anima în întregime refulată. Când o întâlnește, o proiectează pe ea și nu se oprește nicio clipă să conștientizeze realitatea situației. Însă ea nu va purta proiecția animei lui și imediat el simte cum în ea crește ceva ce nu înțelege. Astfel suntem azvârliți în lupta dintre anima și animus.

Să abordăm mai întâi perspectiva ei în conflict. A păcătuit prin ignoranță, dat fiind că nu era conștientă de instinctele ei. Natura nu ia în considerare ignoranța ca scuză, pur și simplu pedepsește păcatul. Tratează problema așa cum este. Naturii îi este indiferent dacă persoana a ales calea greșită premeditat sau pur și simplu neintenționat. Putem spune că ignorarea instinctului de către Mary reprezintă un păcat moștenit, pentru că întreaga ei educație a fost în direcția excluderii înțelegerii vieții. Familia a făcut tot ceea ce a putut să o mențină în inconștiență și nu știe nimic despre rolul unei femei. Ea îl minte chiar cu inocență pe bărbat, iar apoi se comportă ca și cum ar fi soția lui, când, de fapt, nu este.

Într-o astfel de relație va avea loc la început o izbucnire a sexualității din partea bărbatului. Se trezește primitivismul din bărbat deoarece el trebuie să înfrângă femeia pentru a o determina să fie în slujba instinctelor lui. Desigur că reprezintă o greșeală iremediabilă, însă el este împins să facă acest lucru și orice bărbat o va face. Femeia se transformă în aspectul ei primitiv și astfel dorința sexuală instinctuală a bărbatului este stârnită. Negresele din anumite zone ale Africii își arată cu mândrie cicatricile dobândite ca urmare a bătăliilor sexuale cu bărbații. În acele momente bărbatul este cu totul avântat pe o direcție a brutalității. Însă un bărbat educat nu poate continua așa la nesfârșit. Îl copleșește și devine neputincios.

Atâta timp cât femeia poate fi ținută în această stare de supunere, ea se comportă ca un animal. Devine victima unei brute, obținând din aceasta o anumită satisfacție carnală. Însă nici ea, ca și bărbatul, nu poate continua să trăiască pe acest nivel de bază și ajunge să cedeze psihic.

Ce se întâmplă în continuare? Libidoul, nemaiavând nicio posibilitate de eliberare în afară, putem spune că se acumulează în inconștient ca un bulgăre. Devine un ou pe care ea îl îngrijește până când va apărea ceva. Ce se află în acest ou? Instinctualitatea feminină. Încep să ia naștere tot felul de fantasme în legătură cu imaginea unui bărbat tânăr care va veni și o va elibera de acest tiran. Fantasmele continuă pe această idee că este prizoniera unui tiran nemilos. Am întâlnit deseori acest conținut fantasmatic despre bărbatul tânăr și bătrânul care a pus micuța pasăre într-o cușcă aurită.

Ea se lasă în voia acestor fantasme, tot țesându-le, fără a ști însă de ce. Este puțin probabil ca femeia să fie conștientă de ele în această stare. Poate după vârsta de patruzeci sau patruzeci și cinci de ani ea se poate trezi și să își dea seama ce se întâmplă în mintea ei, însă în mod obișnuit nu este deloc conștientă de toate acestea. Așadar, apar aceste fantasme sexuale inconștiente, care constituie un excelent material din care poate lua naștere un complex în inconștient. Acest proces începe în inconștientul personal. După prima ei experiență sexuală ar fi putut deveni conștientă. Multe femei devin conștiente în acest mod. Însă când apare sexualitatea violentă, straturile mai profunde ale personalității sunt atinse. Aceasta ne duce înapoi la stadiul preuman. Libidoul nu mai este la suprafață, coboară în adâncimile psihicului.

Când o femeie ajunge la acest nivel, va începe să folosească evenimente din istorie pentru a-și exprima imaginile interioare. În loc să spună: „Soțul meu m-a violat“, va începe o poveste din timpuri străvechi în care a fost pusă în joc această tragedie. Acest element istoric ține de inconștientul colectiv. Apoi trebuie să vedem de ce este aleasă acea perioadă, în cazul de față Evul Mediu. Aici specificul psihologic al cărții are legătură cu perspectiva Evului Mediu. Pe de altă parte, dacă ne întoarcem în trecut pentru a identifica momentul din istorie în care începe refularea animei, suntem duși mult înaintea acestei perioade, dincolo de creștinism, până la păgânism. Aceasta este o temă mult prea complicată pentru a o discuta aici, însă sunt de părere că refularea animei are legătură cu subiectul domesticirii colective a omului. Pentru a se putea realiza o organizare statală, anima a trebuit să fie refulată. Tocmai de aceea povestea lui Kallicrates în romanul „*She*“ are loc prima dată în timpurile străvechi, însă nu până în perioada Babilonului sau a Egiptului antic, deoarece ele nu au fost organizate ca stat în adevăratul sens al cuvântului. Regele era la același nivel cu zeii, așa cum ne dovedesc templele babiloniene: într-o parte este regele, iar în partea cealaltă zeul. Pe unele basoreliefuri egiptene, regele este reprezentat dând ordine zeilor. Desigur că nu putea exista un stat într-o astfel de condiție psihică, ci avem de-a face doar cu cârmuirea gloatei prin puterea înspăimântătoare a spiritului mana. În *polisul* grecesc nu exista această atitudine; aici descoperim începuturile organizării statale. Dacă ar fi cârmuit anima, ar fi fost imposibilă formarea statului. Însă cum se întâmplă refularea treptată a ei? Ai contracte, promiți să nu te lupți în anumite situații, lași armele jos și nu țipi, ești politicos, nu calci pe bătături un alt om. Astfel se petrec lucrurile între oamenii primitivi și în acest mod toleranța are posibilitatea să se dezvolte. Prin respectarea acestor reguli anima bărbatului a început să fie refulată.

În povestea de față, cauza refulării instinctelor se află în psihologia omului din perioada medievală și pentru a descoperi motivul trebuie să ne întoarcem în acele timpuri. Aveți vreo idee cu privire la aceasta?

Dl Schmitz: Refularea instinctelor femeilor nu a apărut din dorința bărbatului ca femeia lui să fie castă cât timp el era la război?

Dr. Jung: Da, însă trebuie să explicați idealul exagerat de castitate din acele timpuri.

Dl Schmitz: Dacă ne întoarcem în urmă până în perioada matriarhatului, nu exista un ideal de castitate la femei. Însă, pe măsură ce s-a instalat patriarhatul, bărbații au devenit preocupați de paternitatea copiilor lor și astfel a apărut conceptul de soție fidelă, iar de aici la ideea de putere a fecioarei dată de castitate, precum Atena.

Dr. Jung: Așadar, faceți o legătură între cultul fecioarei și conceptul exagerat cu privire la castitate. Sunt de acord cu aceasta. Acest cult a adus cu el mijloace foarte violente de impunere a castității. Dacă ne uităm la triburile primitive, chiar și acolo unde este prezentă regula mai mult sau mai puțin strictă privind monogamia, se consideră că femeile sunt nestatornice atunci când bărbatul nu este atent, însă i se acordă o mare importanță acestui fapt doar dacă bărbatul este foarte atașat de soția lui. Se consideră de la sine înțeles faptul că o femeie nu este tocmai sinceră, însă bărbatului primitiv nu îi pasă în mod deosebit. Nici pe femeie nu o deranjează că bărbatul ei are relații și cu alte femei, atâta timp cât nu îi este luat. Cu alte cuvinte, gelozia nu este atât de prezentă. Odată cu idealul de castitate apare și gelozia.

Dl Bacon: La băștinașii din Nicaragua[268] soțul este excesiv de gelos pe soția lui, ba chiar devine foarte violent.

Dr. Jung: Da, există anumite concepții ale unor triburi care explică situații izolate, însă când studiați cazurile obișnuite veți descoperi că ceea ce am spus este adevărat. Însă sunt și alte exemple în care infidelitatea este pedepsită prin pedepse cumplite. Atitudinea noastră exagerată față de castitate a adus cu ea o cruzime pe măsură. Pedepsele primitive sunt deseori de o cruzime neobișnuită, așa cum se vede în practicile legate de vânătoarea de vrăjitoare. Însă ce spun propriile noastre legi cu privire la aceasta? În anul 700 nu era permisă arderea vrăjitoarelor, însă 700 de ani mai târziu, până în anul 1796, ele au fost arse. Apogeul a coincis cu apariția Litaniei lauretane,[269] care exprimă culminația cultului Fecioarei. Când apar astfel de fapte crude precum arderea vrăjitoarelor, din punct de vedere psihologic înseamnă că instinctul a fost denaturat. În realitate, instinctul este denaturat de o valorizare exagerată a castității. Ca urmare a acestei atitudini au avut loc torturi de-a dreptul diabolice.

Așadar, imaginația medievală din această carte se justifică prin refularea în întregime a instinctualității. Imagini ale

---

268 În tinerețea sa, Bacon a trăit în Nicaragua; vezi autobiografia sa, *Semicentennial* (New York, 1939).

269 Numită și Litania din Loreto (secolul al XVI-lea). Pentru analiza textului acesta, vezi *Tipuri* (OC vol. 6), par. 379, 390, 406.

timpurilor când fapte precum cele ale lui Henrico von Brunnen erau des întâlnite, sunt trezite din nou la viață. Ucigaș al soției lui și al amantului acesteia, el este o figură adecvată materialului fantasmat din inconștientul lui Mary, care crede despre ea că este prizoniera unui căpcăun. Când astfel de idei încep să se formeze, ele pun stăpânire pe gândire, inconștientul colectiv se însuflețește și oricine este afectat de acțiunea acestuia — orice apropiat al unei persoane aflate în starea aceasta. Este ca și cum inconștientul colectiv, activat, emite în exterior unde, influențându-i pe ceilalți. În poveste, soțul răspunde activării inconștientului colectiv din soția sa. Este luat în posesie de ceva ce nu înțelege și, pe măsură ce devine din ce în ce mai neliniștit, este urmărit de aceste imagini colective ale soției sale. El nu știe de unde vin. În plimbările sale dă peste acest loc, Casa di Ferro. Cunosc locul, este chiar neobișnuit; te întrebi ce a fost și poți simți realitatea legendelor despre loc.

Când Latimer a văzut locul, ceva s-a întâmplat cu el. Și-a spus: „Acesta este locul, iar eu sunt acel bărbat, Henrico von Brunnen". Este convingerea bruscă, cea care mereu apare imediat ce intrăm în contact cu un arhetip, este o experiență copleșitoare. Dacă fantasma partenerului pătrunde în tine, o asimilezi ca fiind a ta și, dacă dai peste realitatea care se potrivește cu fantasma, faci ceea ce a făcut și Latimer când a spus: „Sunt Henrico von Brunnen — acesta sunt eu". Gândul acesta i-a adus liniștire, însă în același timp a trebuit să îl trăiască. A căzut pradă fascinației fantasmei și a fost copleșit de aceasta. Nu mai era el însuși, ci devenise inconștientul lui. Din acest motiv a murit când a comis crima. Nu el a făcut-o, ci natura a înfăptuit-o.

Rezumând, în această poveste putem vedea proiectarea în întregime a inconștientului femeii în bărbat, acțiunea animusului. Apoi este refuzul tragic al iubirii. Toată energia instinctuală refulată activează straturile profunde ale inconștientului care generează sistemul imaginar pe care l-am văzut, până când bărbatul pe care este proiectat [cade] sub vraja acestuia și îl pune în act. Aceasta este povestea așa cum este văzută din perspectiva rolului femeii. Dacă privim din perspectiva bărbatului, este altfel.

Până să se căsătorească, Latimer a dus o viață de om erudit. Anima lui este în întregime refulată. Apoi pornește în căutarea „Ei" și o găsește în persoana acestei tinere fermecătoare. Dorința de a-și trăi tinerețea s-a activat în el. A întâlnit această fată atât de inocentă, învăluită în ceva nedeslușit și atât de inconștientă de instinctualitatea ei, încât a devenit pentru el o ocazie favorabilă de proiecție a animei. Într-un cadru atât de neclar și ambiguu poți proiecta oricât de multă fantezie, astfel că el a trasformat-o într-un obiect al lui. Ea i-a îndeplinit dorințele nespunând nimic. Cu cât ea devenea mai evazivă, cu atât anima avea mai mult ocazia să acționeze. Cu cât ea este mai adecvată în rolul de anima, cu atât mai puțin el ajunge la ea în realitate. Atunci el începe să facă presupuneri care iau locul realității. Devine cu totul confuz cu privire la ea, iar ea devine mai nedefinită chiar decât lumina vagă a lunii. Ea i-a refuzat dragostea și astfel el a început să caute acest ceva ce nu putea găsi. A început să călătorească prin toată Europa în căutarea acestui necunoscut. Deoarece ea s-a retras din relația cu el și a început să țească fantezii despre iubiți care o vor elibera de el, soția lui în realitate nu îi era fidelă. Treptat el a devenit sigur că ea nu îi era fidelă și a început să verifice dacă nu se întâlnește cu amanți noaptea. Astfel, urmând suspiciunile animei, a căzut și mai adânc în capcană. În cele din urmă a decis să o țină închisă. El a fost împins să facă toate acestea pentru a putea scăpa de chinul care îl sfâșia.

Dr. de Angulo: Pot înțelege sensul a ceea ce ați spus dacă presupunem că Latimer era un bărbat normal atunci când s-a căsătorit cu Mary, dar nu putem vedea povestea și în felul în care a interpretat-o comisia, și anume că Latimer era deja clivat și anormal prin atitudinea sa unilaterală atunci când a întâlnit-o prima dată? Experiențele lui din război l-au copleșit în întregime, ca urmare a început să își trăiască inconștientul, fapt ce l-a dus în cele din urmă la identificarea cu Henrico von Brunnen. Atunci Mary ar fi doar o întâmplare în viața lui. Ceea ce îl duce la nebunie este incapacitatea sa de a intra în contact cu afectivitatea lui. Tocmai pentru că el este atât de ireal atunci când Mary îl cunoaște, el devine o figură animus pentru ea.

Dr. Jung: Nu, nu văd niciun motiv pentru a considera că Latimer era anormal de la început. De altfel, ar însemna doar să ne ascundem în spatele cuvintelor spunând asta, căci această ipoteză nu explică nimic.

„L'ATLANTIDE"

Dl Bacon a citit prezentarea comisiei despre romanul *L'Atlantide*. Părerile au fost împărțite în ceea ce privește interpretarea psihologică. O perspectivă susținea faptul că romanul arată conflictul pe care Benoît îl trăia, între latura sa spirituală și tendința către recompense materiale. Se considera că, de exemplu, el distorsiona în mod intenționat mesajele din inconștient, pentru a scrie „bestselleruri". Privită din acest unghi, Antinéa nu a fost considerată a fi o adevărată imagine a animei — o creație a inconștientului, ci mare parte construită pentru a produce un efect artistic.

O altă perspectivă a unor membri din comisie era aceea conform căreia cartea reprezenta un conflict mai degrabă între ceea ce era rațional și ceea ce era irațional în psihicul lui Benoît, decât între punctul de vedere spiritual și cel materialist.

Dl Aldrich, nefiind de acord cu niciuna dintre cele două perspective, a avut o scurtă prezentare în care a susținut cu curaj faptul că Antinéa este o adevărată imagine a animei, dar și că reprezintă un simbol deosebit de important. Conform perspectivei sale, Antinéa nu era nici o femeie bună, nici una rea, ci era întreagă, având toate aspectele. El a rezumat prezentarea sa după cum urmează:

„Completarea firească a unei femei întregi este un bărbat întreg. Dacă bărbatul este incomplet dezvoltat sau refuză să îi ofere femeii mai mult din felul său de a fi, se poate aștepta ca ea să îl pedepsească. În romanul lui Benoît eroul este clivat: latura sa senzuală este personificată prin Saint-Avit, iar Morhange reprezintă o spiritualitate oarecum infantilă și convențională. Într-adevăr, eroul se duce la Antinéa și îi spune: «Îți ofer latura mea senzuală deoarece Natura mă împinge; însă nu am de gând să îți împărtășesc nicicum latura mea spirituală căci, conform moralității mele convenționale, dragostea pentru o femeie și spiritualitatea sunt opuse și nu pot fi unite». În mod firesc, aceasta a trezit un diavol în Antinéa — cum s-ar întâmpla cu orice femeie care are o oarecare individualitate. Evident, femeia cea mai potrivită pentru un bărbat este cea care este complementară stadiului lui de dezvoltare: mama este potrivită pentru copilul mic, soția pentru bărbatul care își câștigă propriul loc în lume și hetaira, femeia desăvârșită, partenera, pentru bărbatul care a atins deplina individualitate, Bărbatul Înțelept. Antinéa ar fi fost o minunată parteneră pentru un Bărbat Înțelept, însă pentru unul care nu a depășit stadiul de războinic ea a fost cât se poate de nepotrivită și fatală, precum ar fi o soție pentru un copil."

•

Dr. Jung: Cel mai interesant lucru legat de această carte este modul în care diferă de *She*, nu-i așa, dle Bacon?

Dl Bacon: Da, trebuie să mărturisesc faptul că mi-a fost greu să încerc să surprind diferențele, însă în primul rând în cartea lui Benoît tema desfătării este puternic accentuată.

Dna Raevsky: Nu numai asta, este foarte prezentă o senzualitate care se manifestă chiar și la Antinéa.

Dr. Jung: Da, dacă vă gândiți la detaliile exterioare, este o diferență uimitoare. În *L'Atlantide*, după cum spuneți, este o atmosferă de bogăție, frumusețea locului reiese din aceasta, modul în care oamenii sunt primiți este descris pentru a evidenția detaliile, în timp ce trăsăturile similare din „*She*" sunt abordate foarte puțin. Benoît este în mod vădit estetic. Nu ne-am putea imagina ca un scriitor anglo-saxon să acorde atâta atenție acestor detalii exterioare. În realitate și Haggard acordă multă atenție acestora, când, de exemplu, descrie o întâlnire la un ceai de după-amiază într-o situație absolut lipsită de sens, însă când o face are o anumită cumpătare. La Haggard este genul de senzualitate a unui sportiv, pe când la Benoît este senzualitatea de salon.

Când menționați senzualitatea din *L'Atlantide* ați găsit ceva, însă există o diferență și mai importantă între cele două romane. Benoît recunoaște din plin rolul sexualității, pe când la Haggard apare ca fiind un element extraordinar de complicat. La Benoît joacă un rol important, în timp ce în toate cărțile lui Haggard este indiscutabil minimalizat. Am putea spune că aici avem opoziția dintre perspectiva franceză și cea anglo-saxonă. Nu putem considera că accepțiunea anglo-saxonă este singura în acord cu zeii. Trebuie să înțelegem că și cea franceză are un sens. Astfel că merită să detaliem această problemă legată de atitudine. Pentru a putea face acest lucru trebuie să ne uităm la Antinéa. Nu sunt sigur că toți cei prezenți au o imagine foarte clară despre

Antinéa. Dle Bacon, ne puteți descrie prin ce diferă Antinéa de „Ea“?

Dl Bacon: Antinéa este un obiect mult mai fiziologic decât „Ea“, care este foarte vagă. Antinéa este reprezentată ca având o instinctualitate puternică.

Dl Aldrich: „Ea“ nu îmi spune nimic, pe când Antinéa este o femeie reală pentru mine. Cred că sunt singurul din comisie care nu a considerat-o ca fiind negativă. Dacă autorul s-ar fi putut pune de acord cu el însuși și nu ar fi tratat-o ca pe o personalitate clivată, ar fi descoperit că Antinéa este o fată foarte agreabilă.

Dr. Jung: Însă trebuie să recunoașteți că este destul de ciudat să ai un salon plin cu bărbați morți.

Dl Aldrich: Dar ea le-a acordat nemurire.

Dr. Jung: Mi se pare că această perspectivă este prea optimistă, însă este adevărat faptul că Antinéa[270] este de obicei devalorizată în mod nejustificat dacă sunt luate în considerare premisele ei. Ea este o regină atotputernică, care își poate satisface orice moft. O astfel de regină orientală poate fi foarte crudă, fără a fi imorală. Dacă o comparăm cu alte exemple asemănătoare, nu este chiar atât de rea. Mai mult de-atât, ea se află într-o situație dificilă. Este o femeie care nu s-a confruntat cu rigorile educației. S-a putut dezvolta pe de-a-ntregul, însă nu trebuie să presupunem că acesta este cel mai bun lucru la care se poate ajunge. Ea vede și apreciază valorile naturale, firești, este educată și inteligentă din punct de vedere intelectual, însă nu a avut parte de educație în ceea ce privește valorile superioare. Desigur, putem avea dubii dacă aceste valori superioare au sens sau nu, însă ar fi o greșeală să credem că pot fi complet ignorate. Dacă o comparăm pe „Ea“ cu Antinéa, putem vedea că tragedia este în legătură cu

---

270 În transcript: „Atlantida“.

această problemă a valorilor. „Ea“ este chinuită mii de ani până când le acceptă. Antinéa este foarte departe de a le vedea sau recunoaște existența și de aceea nici nu se luptă. Vedem astfel că Antinéa este pe un nivel mai jos decât „Ea“, de aceea o simpatizăm pe cea din urmă. Însă Antinéa are fascinația femeii băștinașe, toată puterea erotică și instinctualitatea care însoțește o astfel de femeie. La „Ea“ au dispărut toate acestea, pentru că ea se află deja sub influența lucrurilor.

Însă trebuie să ne amintim că Antinéa nu este o femeie reală, ci anima unui bărbat francez, și există o diferență specifică între francezi și anglo-saxoni. Dacă ar fi vreo carte care să facă lumină asupra acestei diferențe, aceasta este. Aș dori să aflu părerea voastră pe acest subiect. Cum vă explicați această deosebire?

Dl Schmitz: Cred că diferența dintre francezi și anglo-saxoni, de fapt dintre francezi și restul Europei, reiese din diferența relației lor cu lumea păgână. Francezii sunt singurii care au o legătură directă cu această lume. Când romanii au cucerit Galia, au impregnat-o cu cultura lor. Astfel că, atunci când a venit creștinismul, Franța era un teritoriu civilizat, spre deosebire de Germania. Germanii au rezistat culturii romane, astfel că nu există o continuitate a tradiției din lumea păgână. Creștinismul ne-a găsit la stadiul de sălbatici, iar păgânismul nostru a păstrat în el acest element sălbatic. Această diferență este prezentă de-a lungul întregii culturi franceze.

Dr. Jung: Ceea ce spune dl Schmitz este foarte adevărat. Acesta este motivul care explică diferența dintre perspectivele franceză și anglo-saxonă. Galia a fost civilizată din timpuri străvechi, având chiar o cultură romană bogată într-o perioadă în care Germania și teritoriul anglo-saxon se aflau într-un stadiu foarte primitiv de dezvoltare. În acele timpuri Parisul exista deja ca loc civilizat, unde veneau poeți, chiar împărați, de pe tot teritoriul Galiei. Cu alte cuvinte, era o civilizație roditoare. Vechii gali fuseseră asimilați de către populația romană. Dialectele celtice au dispărut, iar triburile germanice care soseau erau absorbite în populația romanizată și astfel au beneficiat și ei de civilizația romană. Pe această bază s-a dezvoltat creștinismul și nu pe o populație sălbatică, precum în Germania. Prin urmare, există o continuitate deplină între mentalitatea romană și cea a Evului Mediu. Nu există întrerupere. Chiar unii dintre primii Părinți ai Bisericii sunt francezi.

Pe lângă cea romană, a mai fost o puternică influență grecească ce a ajuns la Ron, precum și influențe culturale mediteraneene la începuturi. Toate aceste influențe ale lumii păgâne au avut un efect neobișnuit. Au consolidat straturile profunde ale psihicului într-o asemenea măsură încât creștinismul nu a putut să pătrundă în adâncime. Același lucru este valabil într-o măsură mai mare sau mai mică pentru toate populațiile mediteraneene, și anume faptul că au rămas mai mult păgâne decât creștine. Ar fi greu să îi spui acest lucru unui francez, deoarece francezii se consideră ca fiind adevărați catolici. Și așa și sunt, într-un fel; chiar și atunci când sunt foarte sceptici tot buni catolici sunt. Altfel Voltaire și Diderot nu ar fi atât de apreciați pe cât sunt. În acest fel, cineva poate fi catolic într-un mod negativ, poate să fie înveninat împotriva a ceea ce cândva respecta cel mai mult.

Cei din interiorul Bisericii au o atitudine cât se poate de autentică. Ei pun în centrul vieții lor catolicismul deoarece simt că le dă sens. Totuși, păgânismul este prezent și printre ei, astfel că putem întâlni printre cei mai credincioși francezi o apreciere deplină a sexualității. În prezent punctul lor de vedere cu privire la sexualitate este că este amorală.[271] Este foarte evident faptul că este acceptată, iar moralitatea abia intră în discuție. Un bărbat merge cu regularitate la biserică

---

[271] În manuscris: „a morală".

și își continuă practicile sexuale, deoarece pentru el sexualitatea nu are de-a face cu moralitatea. De aceea sexualitatea are acest statut privilegiat în Franța.

Cred că această deosebire explică toate diferențele dintre „Ea“ și Antinéa. Dat fiind că personajul Antinéa are trăsături atât de clare, putem reclădi ceva din atitudinea conștientă a autorului și astfel să putem înțelege bărbatul francez modern.

Mai sunt si alte figuri care aduc clarificări cu privire la psihologia omului francez. De exemplu, Le Mesge. Este un raționalist convins care trăiește într-o manieră cu totul irațională, ceva tipic francezilor. Este specific minții franceze să permită o anumită cantitate de iraționalitate în comportament. Nicăieri în lume nu poți vedea atâtea personaje comice în realitate. Cu toate acestea, punctele lor de vedere sunt raționale.

Apoi contele Bielowsky, în ciuda faptului că este polonez, este un personaj francez tipic celei de-a Treia Republici Franceze, un locuitor obișnuit al Parisului. Personajul său este în opoziție cu cel al lui Morhange, a cărui atitudine ușuratică față de Biserică este compensată de atitudinea similară a lui Bielowsky față de „viața înaltei societăți“. Personajul aflat la mijloc, între cei doi, este Le Mesge. Astfel de contradicții au nevoie mereu de un compromis, iar acesta vine printr-o mediere rațională. Însă este prea puțină viață, de aceea este introdus Saint-Avit, pentru a oferi energie vitală și pasiune.

Un bărbat francez își dă voie să aibă momente de „isterie“, în care își poate manifesta întregul arsenal oratoric. Spune o multitudine de grozăvii, într-un stil impecabil, după care își revine.

Dl Aldrich: Cum îl văd eu, Morhange are o spiritualitate șubredă. Nu cred că a trăit vreodată un sentiment religios.

Dr. Jung: Dumneavoastră sunteți anglo-saxon, iar el era catolic. Nu putem ști ce semnifică pentru ei Sacré-Coeur[272] și nici cum de se emoționează la vederea imaginii Fecioarei.

Putem spune că în *L'Atlantide* este o atmosferă neobișnuită și cu totul diferită de cea din romanul *She*. Am simțit profund lucrul acesta și mă întreb dacă și dumneavoastră ați simțit la fel. Când citești o astfel de carte te întrebi: „Către ce duce?" Pentru dumneavoastră ce înseamnă?

Dna Zinno: Mie mi se pare că duce mai degrabă spre moarte decât spre viață.

Dl Bacon: Pentru mine are o semnificație greu de definit, de calitate inferioară. Se termină ca și cum s-ar pregăti de o continuare.

Dna Zinno: Cred că „Ea" reprezintă încercarea de a pune în legătură irealul cu realitatea, pe când Antinéa rămâne blocată în ireal, adică în inconștient.

Dr. Jung: Ați atins un subiect foarte important aici. Antinéa nu încearcă să iasă, să meargă către lume și nici să lase lumea să ajungă la ea. „Ea" are de gând să stăpânească lumea, să ajungă la ea într-un fel. Aceasta este o însușire specifică anglo-saxonilor, dorința de a ieși în lume și de a o cuceri. Este o atitudine conștientă în Anglia și probabil că în cincizeci de ani va fi la fel și în America. Însă atitudinea franceză este să rămână acolo unde sunt. Francezii nu sunt preocupați să conducă lumea. Dorința lui Napoleon, care nu era cu adevărat francez, de a conduce Europa este un comportament nefiresc. Francezilor le pasă doar de țara lor.

Nu este de mirare că Antinéa rămâne acolo unde este. Ceea ce cred cu adevărat cu privire la această chestiune este

---

272 Fie catedrala Sacré-Coeur, din Montmartre, Paris, care fusese consacrată cu șase ani înainte și care poartă un puternici simbolism religios, fie devotamentul romano-catolic pentru Inima Sfântă (inima lui Christos — *N. red.*).

că nu există speranță. Se va repeta de o sută de ori și se va încheia. Antinéa va muri și va fi pe tron în toată splendoarea ei regală, cu toate podoabele. Este un fel de zeificare, ceva ce vedem la finalul unui film, ideea de glorificare. Avem un panteon de eroi morți și totul se termină odată cu acea sete zadarnică de glorie.

În *She* este prezentă senzația unei speranțe importante la final. Nu se știe, însă se așteaptă viitorul. Marea diferență dintre anima francezului și cea a anglo-saxonului este aceea că cea din urmă are o latură misterioasă de speranță. Prin urmare, la „Ea" este prezent un sentiment mai puternic al posibilității de dezvoltare spirituală în comparație cu Antinéa.

Antinéa este deposedată complet de acest atribut prin supoziția cu privire la nașterea ei. Supoziția rațională reprezintă, desigur, o puternică devalorizare a funcției arhetipurilor. Este atitudinea de tipul „nothing but".[273] Arhetipul nu are valoare. Această atitudine spune „Nu te poți baza pe arhetipuri, astfel că este mai bine să nu construiești nimic, pământul nu este sigur". Aceasta este o trăsătură specifică pe care trebuie să o luăm în considerare în analiza francezilor. Este foarte greu să îi facem să o ia în serios cum se cuvine. Raționalismul lor îi împiedică la fiecare pas. Au o părere precisă despre orice și știu despre ce este vorba până la ultimul punct. Ei se epuizează în această luptă. Din cauza faptului că știu cum funcționează totul, au tendința de a subestima datele imediate ale sufletului și să considere că totul este rezultatul unei civilizații vechi. Aceasta a fost atitudinea pe care au trebuit să o adopte în Evul Mediu compensator față de influența Antichității. La început creștinismul nu a fost suficient de puternic pentru a-i proteja, iar acest raționalism

273 Termen preluat de Jung de la William James: vezi „Despre problema tipurilor psihologice" (1913; OC vol. 6), par. 867.

a oferit sprijin Bisericii. Relația dintre acest raționalism și Biserică este ceva ce un anglo-saxon înțelege cu greu.

Dr. de Angulo: Ați vrea să comentați părerea prezentată în expunere de comisie conform căreia Antinéa nu este o imagine din inconștient, ci a fost pusă în mod voit în relație cu inconștientul?

Dr. Jung: Sunt de părere că Antinéa este parțial conștientă și parțial inconștientă. Când anglo-saxonul spune că ea este deformată de inconștientul personal al autorului, comentează trăsătura neobișnuită de rasă a personajului Antinéa.

Dna Jung: Ați vrea să spuneți câte ceva despre relația animusului cu nemurirea, la fel cum ați discutat despre anima și nemurire?[274]

Dr. Jung: Animusul pare a se duce doar până în secolul al XIV-lea, pe când anima este prezentă din cele mai vechi timpuri. Însă trebuie să spun că în privința problemei animusului sunt în general nesigur.

Dna Jung: Mie mi s-a părut că animus nu este un simbol al nemuririi, ci al mișcării și al vieții și atitudinea bărbatului este cea care îi conferă acea trăsătură deosebită animei.

Dr. Jung: Este adevărat că animusul este deseori reprezentat printr-un personaj aflat în mișcare — un aviator sau un impiegat de mișcare. Poate că este ceva ce ține de dovezile istorice că femeile sunt mai stabile, ceea ce duce la mai multă mișcare în inconștient.

Dl Schmitz: În mod sigur animusul nu ar fi putut fi refulat în perioada matriarhatului.

Dr. Jung: Nu putem fi siguri.

---

274 Emma Jung a ținut o prelegere pe tema animusului în noiembrie 1931, la Clubul psihologic, în Zürich. Lucrarea a fost publicată în *Wirklichkeit der Seele* (Psychologische Abhandlungen 4; Zürich, 1934); trad. C.F. Baynes, „On the nature of the Animus", *Spring*, 1941; republicată în *Animus and Anima*, E. Jung (New York, 1957), pp. 1–44.

Dna Zinno: Imaginile zeilor sunt imagini ale nemuririi, nu? Dacă există și figuri animus și apar în visele femeilor, cred că putem considera că și animusul poartă sensul nemuririi.

Dr. Jung: Da, este adevărat, însă rămâne o diferență extraordinară între animus și anima.

Dl Schmitz: Este nemurirea un atribut al individului?

Dr. Jung: Nu, doar ca imagine. Nemurirea ține de copilul animei. Atâta timp cât anima nu i-a dat naștere, ea are acest atribut. Când îi dă naștere, ea moare. Însă această problemă legată de anima și animus este mult prea complexă pentru a putea fi abordată aici.

Sfârșit

INDEX

1. INDEX GENERAL

A

Abelard, Pierre 159
aborigeni australieni 94
Adler, Alfred 95, 96, 160
Aegina 129
Africa 25, 26, 31, 241, 243, 244, 246
Agassiz, Louis 174
Aion 189
Alcibiade 135, 136
Aldrich, Charles Roberts 33, 47, 101, 123–126, 128, 145, 173, 174, 207, 215, 261, 263, 266
America de Sud 194, 278
americani 30–33, 35, 37, 40, 70, 174, 191, 194, 195, 200, 201, 278
analiză 9–11, 15, 20–23, 30, 32, 33, 36, 39, 41, 68–70, 82, 88–91, 99, 104, 117, 128, 129, 138, 140, 150, 152, 169, 175, 197, 198, 208, 214, 233, 239, 249, 251, 257, 268
  moștenire ereditară 91
Andreyev, Leonid 187
anglo-saxoni 194, 195, 201, 262, 264, 267, 269
anima 10, 22, 27, 90, 91, 98, 114–117, 142, 176, 179, 180, 182, 183, 201, 204–206, 209, 212, 214, 233, 236, 237, 240, 244, 249, 252, 253, 255, 256, 259–261, 264, 268–270
animale 124, 125, 151, 159, 164, 174, 176, 182, 184, 186, 188, 199–201, 206, 211, 231, 235, 248, 249, 254
  cal 124, 125, 158, 208, 211
  câine 33, 187
  crocodil 248
  gâscă 248
  insecte 119
  lebădă 249
  leu 186, 188, 189, 248
  lup de preerie 200
  pasăre 69, 101, 108, 109, 182, 183, 184, 193, 232, 249, 254
  porumbel 108, 109, 279
  scarabeu 120, 138, 239
  scorpion 182
  șarpe 120, 141, 164, 176, 177, 179, 182–186, 188, 189, 191–193
  taur 93, 124, 125, 128
  tigru 183, 186
  unicorn 248
  vite 190, 279
animus 22, 27, 117, 122, 123, 209, 233, 252, 253, 260, 269, 270
Apuleius 148, 187
arhetip 24, 36, 119, 181, 237, 238, 246, 258
artă modernă 123, 125, 126, 128, 130
Aschaffenburg 73
Atman 155, 162, 163

B

Bacon, Leonard 33, 47, 126, 215, 244, 251, 257, 260, 262, 263, 267

Bailey, Ruth 31
Barrett, John D. 41, 42
Baynes, Cary F. 8, 9, 12, 15, 16, 21, 23, 25, 26, 30, 31, 35, 38–41, 47, 153, 207. *Vezi* și de Angulo, Cary F.
Baynes, Charlotte A. 37, 47
Baynes, H. Godwin 31, 37, 40, 207
bătrân. *Vezi* bătrânul înțelept
bătrânul înțelept 22, 179, 182, 184, 201, 206, 212, 233, 248
Beckwith, George 9, 31, 47
beduini 182
Benoît, Pierre 22, 27, 214, 215, 260–262
benzen (inel de)/benzol 121
Bergson 121, 172
Bertine, Eleanor 31, 32, 47, 245
Biblia
  Marcu 179
  Matei 179
  Samuel 69
Blackwood, Algernon 243
Bleuler, Paul Eugen 75
brahmanism 154, 155, 162
Breuer, Joseph 74
Bullitt, William C. 34
Burnham, John C. 32

C

Campbell, B.F. 181
Carotenuto, Aldo 34
Casa (Castello) di Ferro 251, 258
castitate 256, 257
catacombe 119, 188
catedrală 119, 139, 190, 267, 279
Cather, Willa 34
cădelniță 139, 140
căsătorie 13, 38, 253
Chantecler 157
Christos 185, 186, 196
churinga 94
Coleridge, S.T. 91
Colonna, Francesco 142
conferințele de la Eranos 36, 37, 40, 42
Confucius 153, 159
conștiință și inconștient 66, 149, 150, 176, 180, 197, 231, 243, 246, 249
conuri 186, 187
Corrie, Joan 7, 9, 37, 47, 161, 190
Cowell, Henry 37
Cowell, Sidney 37, 45
crater 141, 182, 185, 186
Crăciun 108, 109, 196
creștinism 148, 149, 190, 196, 206, 238, 255, 264, 265, 268
Creuzer, Friedrich 84, 229
Cronos 189
culori 139, 192
cultura și tradiția chineză 183, 201
Cumont, Franz 190

D

Dalai Lama 181
Dante 186
Daudet, Léon 98, 104
Davis, Linda H. 34
de Angulo, Cary F. 37, 38, 40, 47, 207. *Vezi* și Baynes, Cary F.
de Angulo, Jaime 17, 31, 35, 39
de Angulo, Ximena Roelli 12, 16, 39, 45
Dell, W.S. 40
dementia praecox 57, 74–78, 90, 99, 103, 113, 140, 143, 217
Diavol 156, 170
Diderot 265
druizi 185
dualism 152, 162
du Bois, Cora 35
Duchamp, Marcel 127
Dumnezeu 14, 79, 86, 91, 94, 117, 128, 140, 144, 165, 166, 170, 175, 206, 217, 222, 223
Dunham 10, 48, 65

E

Eckhart, Meister 107
Egipt 69, 255
eidolon 128, 130
Elena 142, 212
Elena din Troia 142
Elveția 13, 31, 32, 48, 82, 110, 113, 124, 251
enantiodromie 11, 60, 91, 102, 115, 153, 173
Enantiodromie 11
energie. *Vezi* libido
energie atomică 178
Erda 183
Eros 177, 223, 225
erou 87, 92, 93, 119, 121, 124, 128, 130–132, 137, 138, 175, 176, 240–242, 245, 248, 261
eschimos 230
esse in re 235
Europa, europeni 33, 36, 39, 40, 110, 111, 178, 194, 200, 201, 225, 235, 243, 259, 264, 267, 279
Evans, Elida 32, 48, 145
Evul Mediu 128, 129. *Vezi și* omul gotic
Expoziția British Empire 207
extraversie 96, 135, 136

F

familia Fink 39, 47, 48
fantasmă 13, 14, 21, 64, 89, 90, 99, 101, 109, 114, 118, 121, 174–176, 180, 186, 195, 229, 254, 255, 258, 278
Fecioara, cultul 129, 256, 257, 267
femei 23, 31, 32, 59, 70, 74–77, 90, 97–99, 101, 111, 112, 114–117, 129, 130, 138, 142, 147, 150, 157, 179, 181, 185, 197, 202, 204–206, 208–213, 225, 242–244, 246, 250, 252, 254–259, 261, 263, 264, 270, 278, 279
Fierz-David, Linda 142
Flexner, Simon 34
Florența (Italia) 108
Flournoy, Théodore 85, 90
Franz, Marie-Louise von 45, 249
Freud, Sigmund (și analiză freudiană) 19, 20, 27, 32, 34, 49, 62, 70, 72–74, 76–82, 84–86, 89, 95, 96, 106–108, 118, 127, 160, 180, 190, 233, 249, 279
Froebe-Kapteyn, Olga 40, 41
Frost, Robert 34
funcții 88, 90, 91, 96, 121, 132, 137, 138, 140, 147, 149, 150, 167, 168, 170, 187, 198, 216, 218–220, 222–224
  inferioară 88, 90, 91, 96, 121, 140, 147, 149, 150, 167, 168, 187
  intuiție 88, 149, 150, 167–169, 180, 220, 224, 228
  senzație 81, 88, 110, 124, 131, 134, 149, 150, 168, 169, 179, 180, 193, 217, 220, 225
  simțire 96, 138, 149, 150, 168, 169, 180, 217, 218, 222–224, 225, 228
  superioară 88, 121, 132, 137, 138, 140, 147, 149, 150, 167, 170, 222
Füssli, J.H. (Henry Fuseli) 124

G

gândire 12, 13, 30, 66, 89, 90, 95–99, 105, 121, 126, 133, 137, 138, 149, 150, 153, 154, 156–159, 167,

169, 177, 179, 180, 217, 218, 220–225, 227, 228, 258
automată 89
direcționată sau logică 89
empirică 217
fantasmatică sau pasivă 89, 90, 99
speculativă sau intuitivă 217
gnosticism 37, 142, 181, 186, 189
Goethe 64, 174, 181, 229
Gordon, Mary 9, 48, 70
Graal 189, 248, 249
grotă 119, 120, 137, 138

H

Haggard, H. Rider: *She* 22, 27, 142, 180, 206, 214, 215, 239–243, 245, 246, 248, 262
Hannah, Barbara 17, 23, 31, 119
Harding, Esther 17, 23, 29, 31, 32
harta Râului Galben 158
Hartmann, Eduard von 19, 56, 58, 77
Hauer, J.W. 165
Hay, Marie: *The Evil Vineyard* 22, 215
Hélène Preiswerk 60
Henderson, Joseph 25, 32, 40, 41, 45
Henty, Dorothy 48, 147
Hepburn, Katherine Houghton 38
Heraclit 11, 159
Hercule 131
Hermes Trismegistus 109
Hesse, Herman 36
hetairă 97, 261
Hillman, James 60
Hincks 10, 48, 149, 152, 215
Hinkle, Beatrice M. 25, 32, 83
Hoffmann, E.T.A. 105
Houghton, Elizabeth 38, 48, 200, 215
Hubbard, Arthur John 138

I

I Ching 26, 40, 153, 158, 159
Ilie (în fantasmă) 20, 141, 174, 176, 177, 179–181, 184–186, 279
imagini primordiale 174, 221
inconștient 19–21, 27, 28, 36, 38, 41, 55, 57, 58, 60, 61, 64, 66–68, 70, 77, 78, 80, 81, 83–85, 87, 91–94, 96, 98–105, 108–116, 119, 122–125, 129, 130, 132, 136–144, 146–150, 156, 160, 175, 176, 178–182, 184, 187, 188, 191, 193, 195–199, 201, 203–209, 211, 214, 216, 219, 223, 227–235, 237–244, 246–250, 253–255, 258–260, 267, 269
inconștient colectiv 41, 83, 91, 105, 116, 122, 140, 141, 143, 144, 149, 178, 179, 206, 207, 211, 219, 229–232, 233, 238, 242, 243, 246, 247, 255, 258
India 243
indieni nord-americani 35, 39
instincte 83, 151, 172, 182, 248, 253, 257
introversie 12, 96, 122, 135, 173, 179
intuiție. *Vezi* funcții
Ioan Botezătorul 179, 181
Irod 179

J

Jaffé, Aniela 15, 27, 45, 49, 84, 164
James, William 268

Jarrett, James L. 49, 60
Jelliffe, Smith Ely 32
Joggi 33
Josephus, Flavius 179
Joyce, James și Lucia 41
Jung, C.G. 7 *și urm.*
Jung, Emma 16, 17, 23, 31, 48, 249, 269
Jung, Lorenz 45, 179

K

Kant 121, 221
Kekulé von Stradonitz, F.A. 121, 279
Keller, Adolf 31
Keller, Gottfried 215
Keller, Tina 31, 48, 150, 166, 167
Keyserling, Hermann 13, 37, 38
King, C.W. 189
Klingsor 142
Krafft-Ebing, Richard von 61, 62
Kubin, Alfred 245
Kundalini yoga 43, 165
Kundry 142

L

Lamprecht, Karl 158
Lao Zi 153–156, 162, 163, 181
Lee, Doreen B. 32
Leonardo da Vinci: *Mona Lisa* 16, 129
libido (energie) 19, 20, 25, 83, 89, 99, 101, 144, 148, 151, 162, 247, 254, 255
libidou 25, 57, 62, 65, 86, 89–91, 99, 124, 128, 151, 160–162, 171, 175, 179, 182, 214
Lippmann, Walter 34
Litania lauretană 257
Long, Constance E. 26, 30, 31, 55
Luther, Martin 66, 129, 144, 145

M

Maeder, Alphonse 17
mamă 93, 97, 129, 186, 261, 278
Mann, Kristine 9, 23, 31, 32, 36, 39, 45
Marele Canion 30, 119
Mayer, Julius Robert 156
McCormick, Fowler 31
McGuire, William 7, 29, 31, 32, 39, 49, 72, 79, 119, 199
Mellon, Mary 25, 41, 42
Mellon, Paul 41
Melville, Herman 142
Mencken, H.L. 34
Meyrink, Gustav: *Das grüne Gesicht* 22, 142, 214, 243
Michelangelo 156
Miller, Frank 85, 89–91, 95
mistere 62, 119, 149, 187–189
misterele dionisiace 188
mithraism 93, 190, 196
Moise 156, 181
Moltzer, Maria 32, 111
monism 152, 162
Mountain Lake 35
Müller, Friedrich von 61

N

nebunie 74, 90, 140, 185, 187, 246, 260. *Vezi și* dementia praecox
negri 183
nemurire 189, 249, 263, 269, 270
New Education 207
Nietzsche, Friedrich 49, 60, 61, 68, 69, 146, 154, 155, 182

O

Ogden, C.K. 33
omul de milioane de ani 68
omul gotic 129. *Vezi și* Evul Mediu

opuse 22, 63, 65, 78, 91–93, 116, 122, 127, 145, 151–156, 158–163, 170–172, 181, 189, 191, 212, 261, 278
Osiris 196, 245, 246

P

paranoia 77, 114
Parsifal 142, 189, 248, 249
pasărea semenda 183
Pavel, Sfântul (Saul) 142, 197
perioada victoriană 127, 242
persona 72, 123, 201–203, 229, 233
Peter Blobbs 138, 279
Picasso 127
Pitagora 138
pivniță 83, 84
Platon 64, 65, 128, 174, 221
populație mediteraneeană 265
Porter, George F. 31, 33
poveste rusească 187
Preiswerk, Hélène 60, 278
primitivi 94, 103, 114, 135, 139, 151, 172, 194, 195, 198–200, 205, 222, 229–232, 243, 247, 254, 256, 257, 264
principiul dinamic 139, 140
proiecție 96, 150, 152, 157, 158, 168, 169, 216, 232, 233, 244, 250, 253, 259
psihologie masculină 191
psihoză 62, 75, 76, 114. *Vezi și* nebunie

R

Ra 183
Radin, Paul 35–37, 48, 199, 215, 239, 247
Raevsky, Olga von 48, 262
Rafael 156
Rasmussen, Knud 230
raționalism 36, 268, 269
renaștere 14, 93, 132, 196
Rivers, W.H.R. 35
Roberson, Paul 34
Robertson, Kenneth 36, 37, 48, 148, 171, 172, 198, 215, 244
Robertson, Sidney 36, 37
Roelli, Ximena de Angulo. *Vezi* de Angulo, Ximena Roelli
romani 264
romano-catolicism 265, 267
Rousseau, J.J. 139

S

Sacré-Coeur 267
sadism 160
Salomea (fantasmă) 20, 141, 174, 176, 179–181, 185, 186, 279
sânge 110, 111, 120, 121, 186, 279
scheme 22, 37, 42, 51, 97, 170, 201, 208
Schmitz, Oskar A.H. 37, 38, 48, 212, 213, 242–246, 256, 264, 269, 270
Schopenhauer, Arthur 19, 56–58, 66, 67, 77, 151
Scott, Walter 247
Sergeant, Elizabeth Shepley 9, 33, 34, 48, 215
sexualitate și Freud 79–81, 86, 92, 97, 198, 229
Sfântul Duh 142, 144, 278
Shaw, Helen 26, 32
Shearman, John 45, 156
Siegfried: în vis, în opera lui Wagner 20, 121, 130–132, 137, 279
Sigg 26
simbol 65, 69, 92, 107, 120, 122–124, 131, 132, 144, 153, 158, 163, 164, 182, 183, 186, 188–191, 205, 240, 249, 251, 261, 269

Simon Magus 142
simțire. *Vezi* funcții
sine 7, 13, 16, 20, 25, 27, 36, 56, 63, 77, 86, 102, 154, 162, 177, 195, 216, 217, 229, 230, 233, 236, 249
sine-umbră 229, 230, 233
soare 79, 106, 120, 131, 138–140, 157, 178, 183, 186, 189, 193, 196, 208, 238, 245
Socrate 135, 136
Spencer, W.R. și Gillen, F.J. 94
Spielrein, Sabina 34, 111, 279
Spitteler, Carl 22, 69
Strauss, Richard 36
structura „geologică“ a personalității 234
subiectiv 19, 35, 79, 89, 125, 133–135, 171, 173, 218–220, 222, 224, 230, 232, 235–238
Swedenborg 164
șarpe 176, 179, 182–184, 186, 189

T

Tabula Smaragdina 109
taoism 153, 155, 162, 163
Tao Tê Ching 154, 156, 163
tapas 101
Tartini, Giuseppe 156
Taylor, Ethel 48, 195, 196
teozofie 163, 181
Terman, L.M. 36
Tertullian 148
tipuri 13, 26, 87, 94–97, 99, 105, 161, 169, 174, 223, 227, 268
Torquemada 160
tribul Taos Pueblo 30, 35

U

umbră 106, 127, 128, 209, 210, 229, 230, 232, 233, 241
Upanișade 154–156

V

vas 83, 186, 189
vise 9, 15, 18, 20, 23, 27, 29, 32, 36, 42, 43, 49, 62, 66, 81–85, 91, 98, 99, 106–109, 111, 113–115, 121, 125, 130, 137–139, 146, 158, 168, 181, 190, 196–198, 203, 206, 207, 229, 230, 270, 279
Voltaire 265
vraci 181, 200, 206, 230–232

W

Wagner 130, 142, 248
Ward, Harriet 9, 23, 25, 48, 144, 178, 215
Wehr, Gerhard 38
Wheelwright, Joseph 40, 45
White, Katherine S. 34
White, William Alanson 34
Whitney, Elizabeth 26, 37
Wilhelm, Hellmut 42
Wilhelm, Richard 26, 37, 40, 42, 153
Wolff, Toni 17, 36, 97, 98
Wolfram von Eschenbach 248

Y

Yin și Yang 154, 182, 183, 192, 193

Z

zeificare 268

2. CAZURILE REZUMATE

În ordinea prezentării. Sunt cazurile menționate de Jung, însă nu neapărat cele tratate de el.

1. H. Preiswerk, somnambulă și clarvăzătoare,
2. Femeia psihotică ce imita mișcările unui cizmar,
3. B. St., femeia cu demență paranoidă și halucinații,
4. Avocatul paranoid care a încercat să ucidă,
5. Tânărul elvețian care a sărit în caleașca împărătesei,
6. Sculptorul care a încercat să reprezinte Sfântul Duh,
7. Femeia care a înnebunit după ce s-a dus în Japonia, să stea cu soțul,
8. Pacientul bogat care spera la altceva decât griul vieții,
9. Bărbatul alcoolic care a văzut porci în copaci,
10. Mama ai cărei copii i „s-au întâmplat" pur și simplu,
11. Tânăra intuitivă care locuia, fără să fie conștientă, într-un bordel,
12. Pacienții intuitivi, cu senzația prea puțin dezvoltată,
13. Bărbatul cu fantasma de salvator,
14. Tânăr american ale cărui desene arătau lupta dintre opuse,
15. Băiatul austriac din America de Sud, nevrotic, adus în pragul de a face o crimă de către profesor,
16. Studentul la teologie care avea îndoieli cu privire la a deveni preot,
17. Bărbatul, nevrotic compulsiv, întreținut de femeia mai în vârstă, care credea că s-a analizat complet.

3. VISE, FANTASME ȘI VIZIUNI

În ordinea prezentării. Acestea sunt vise, unele trăie de Jung, celelalte notate în mod diferit.

1. Visul lui Freud legat de o temă, pe care Jung nu o poate menționa,
2. Casa cu mai multe etaje și pivnițe,
3. Radiolari,
4. Fantoma ofițerului vamal = Freud; și cruciatul,
5. Logia florentină; porumbelul alb care se transformă într-o fetiță,
6. Imagini ale Europei cuprinse de o catastrofă,
7. Fantasmă: vocea unei femei (Spielrein?) care îi spune lui Jung că ceea ce scrie este artă,
8. Imaginația în care sapă o groapă, intră într-o peșteră, fântâna de sânge,
9. Uciderea lui Siegfried,
10. Viziunea lui Kekulé despre inelul benzenului,
11. Visele lui Peter Blobbs,
12. Viziunile lui Ilie și Salomea (descrise ca vise),
13. Cireada de vite intrând în catedrală în timpul slujbei,
14. Visul studentului la teologie despre vrăjitorii negru și alb.